LES RÉGIMES PASSENT,
L'ÉTAT DÉVELOPPEMENTALISTE DEMEURE

Collection « Inter-National »
dirigée par Denis Rolland,
Joëlle Chassin et Françoise Dekowski

Cette collection a pour vocation de présenter les études les plus récentes sur les institutions, les politiques publiques et les forces politiques et culturelles à l'œuvre aujourd'hui. Au croisement des disciplines juridiques, des sciences politiques, des relations internationales, de l'histoire et de l'anthropologie, elle se propose, dans une perspective pluridisciplinaire, d'éclairer les enjeux de la scène mondiale et européenne.

Série Premières Synthèses – jeunes chercheurs (dernières parutions) :

Luis M. RIVERA-VELEZ, *IVG, mariage égalitaire et cannabis en Uruguay. Adoption de l'agenda des droits*, 2016.
Camille BING, *La détention des demandeurs d'asile au sein de l'Union européenne*, 2016.
Hadrien ROZIER, *L'action internationale des métropoles en question. Entre attractivité et pratiques de coopération*, 2015.
Bénédicte LAUMOND, *Police et surveillance de l'extrême-droite en Allemagne*, 2015.
Victor CHAUVET, *La triangulaire diplomatique Danemark-Groenland-Union européenne. La politique énergétique, environnementale et l'intégration régionale dans l'espace polaire européen*, 2014.
Cécile MARGUET, *Une famille au Cambodge. Rôle du souvenir et transmission des valeurs*, 2014.
Marine BOURGEOIS, *Gérer au quotidien l'attribution des logements sociaux. Enquête ethnographique dans un organisme HLM*, 2013.
Camille BOULLENOIS, *La révolution culturelle chinoise sous le regard des Français (1966-1971)*, 2013.
Victoire DEWAEGENEIRE, *La photographie humanitaire en question. Entre éthique du photographe et loi du tapage médiatique*, 2013. Concours Sciences-Po 2011-2012.
Stéphanie TRILLE, *La coopération territoriale en Europe. L'exemple de la frontière franco-espagnole*, 2013. Concours Sciences-Po 2011-2012.
R. FATHI, Représentations muséales du corps combattant de 1914-18. *L'*Australian War Memorial *de Canberra et l'Historial de la Grande Guerre de Péronne*, 2013. Concours Sciences-Po 2011-2012.
Flore LEMOINE-GOUÉDARD, *Le Mexique et l'Europe : droits de l'homme et coopération*, 2013.
Clara BAMBERGER, *Femmes et médias : une image partiale et partielle*, 2012.

Ruggero GAMBACURTA-SCOPELLO

LES RÉGIMES PASSENT, L'ÉTAT DÉVELOPPEMENTALISTE DEMEURE

Le cas de la Banque Nationale de Développement Économique et Social (BNDES) au Brésil

Préface de Patrick LE GALÈS

L'Harmattan

5-7, rue de l'École-Polytechnique, 75005 Paris

http://www.editions-harmattan.fr

ISBN : 978-2-343-11216-9
EAN : 9782343112169

No princípio era o ermo
Eram antigas solidões sem mágoa.
O altiplano, o infinito descampado
No princípio era o agreste:
O céu azul, a terra vermelho-pungente
E o verde triste do cerrado[1].

Vinícius de Moraes
Brasília, Sinfonia da Alvorada

[1] « Au début, c'était le désert / C'étaient d'anciennes solitudes sans douleur / Le haut plateau, la clairière infinie. / Au commencement était le sauvage : / Le ciel bleu, la terre rouge piquant / Et le vert triste de la savane. » Vinícius de Moraes, *Brasília, Symphonie de l'Aube*.

Pour ma mère,

Madeleine SCOPELLO

PRÉFACE

L'État brésilien a fait l'objet de travaux fameux comme forme originale d'État développementaliste, planificateur et parfois dirigiste, toujours interventionniste. Comme partout ailleurs, cet État est reconfiguré par des processus de mondialisation. C'est d'un tel État que la croissance brésilienne, notamment dans les années 1950 et 1960, a été fortement tributaire. Politiquement, certains gouvernements ont privilégié une logique libérale et d'autres, tels les gouvernements de Lula et Dilma Rousseff, ont relancé l'idée d'un État activiste.

Cet ouvrage est issu d'un remarquable mémoire de master à Sciences Po qui porte sur l'État développementaliste au Brésil contemporain, forme de gouvernance apparue d'abord en Asie, qui a fait de l'État le moteur même de la croissance économique.

Le point d'entrée choisi par l'auteur est constitué par les activités de la Banque Nationale du Développement Économique et Social (BNDES). Depuis sa création, en 1952, le BNDES a joué un rôle central dans la définition et la réalisation des objectifs économiques du Brésil, que ce soit par des campagnes de prêts massives ou par la gestion des processus de privatisation, mais surtout par la création d'un État actionnaire actif.

Le BNDES équivaut en partie, si ce n'est que sa taille l'excède largement, à la Caisse des Dépôts et Consignations en France ou encore aux Banques de développement ou à des institutions de planification économique développementaliste de l'Est asiatique. Les travaux sur cette institution motrice du développement économique sont pour l'heure plutôt rares : or il s'agit d'un point nodal pour la compréhension du rôle de l'État dans le capitalisme contemporain ainsi que dans l'étude du modèle de développement du Brésil et de son système politique.

Cette recherche repose sur une collecte large et rigoureuse de données variées, permettant d'analyser empiriquement les activités du BNDES et, par là même, d'appréhender les évolutions du rôle stratégique de l'État brésilien dans l'économie – rôle souvent indirect et caché mais néanmoins majeur et s'étant toujours accru au fil du temps.

L'État développementaliste brésilien s'est fort peu préoccupé des phases de « néolibéralisme » qu'il a eues à traverser, tout comme il a été peu impacté, dans son noyau dur, par les changements de régime politique. Le temps long permet de voir sa formidable résilience, de l'ère Vargas à la VIe République brésilienne, en passant par le régime militaire et la IVe République : *les régimes passent, l'État développementaliste demeure.*

Patrick Le Galès,
FBA, directeur de recherche au CNRS,
Centre d'Études Européennes / École Urbaine, Sciences Po.

ABRÉVIATIONS

ABDI	Agência Brasileira de Desenvolvimento Industrial
ABES	Associação Brasileira das Empresas de Software
ABIPA	Associação Brasileira da Indústria de Painéis de Madeira
ABRAF	Associação Brasileira de Produtores de Florestas Plantadas
ANP	Agência Nacional do Petróleo
APEX	Agência Brasileira de Promoção de Exportações e Investimentos
BACEN	Banco Central do Brasil
BNDES	Banco Nacional de Desenvolvimento Econômico e Social
BNDES-Exim	Programa BNDES para Exportação e Importação
BNDESPAR	BNDES Participações
BTN	Bons du Trésor National
CEPAL	Commission économique pour l'Amérique latine
CNDI	Conselho Nacional de Desenvolvimento Industrial
CNI	Confederação Nacional da Industria
CODEFAT	Conselho–Deliberativo do Fundo de Amparo ao Trabalhador
CUT	Central Unica dos Trabalhadores
DEM	Parti « Democratas »
EMBRAMEC	Mecânica Brasileira SA
FAT	Fundo de Amparo ao Trabalhador
FGTS	Fundo de Garantia de Tempo e Serviço
FIBASE	Financiamentos e Participações
FINEP	Financiadora de Estudos e Projetos

FMI	Fonds Monétaire International
IBAMA	Instituto Brasileiro do Meio Ambiente
IBASE	Instituto Brasileiro de Análises Sociais e Econômicas
IBGE	Instituto Brasileiro de Geografia e Estatística
IBRASA	Investimentos Brasileiros SA
IPEA	Instituto de Pesquisa Econômica Aplicada
ISA	Instituto Socio-Ambiental
ISI	Industrialisation par substitution aux importations
MPF	Ministério Publico Federal
PAC 1, PAC 2	Programa de Aceleração do Crescimento 1 e 2
PACTI	Plano de Ação em Ciência, Tecnologia e Inovação
PAISS	Programa Conjunto de Apoio à Inovaçao Tecnólogica Industrial dos Setores Sucroenergéticos e Sucroquimico
PBM	Plano Brasil Maior
PDE	Plano de Desenvolvimento da Educação
PDP	Politica de Desenvolvimento Produtivo
PIL	Programa de Investimentos em Logística
PIS-PASEP	Programa de Integração Social - Programa de Formação do Patrimônio do Servidor Público
PITCE	Política Industrial, Tecnológica e de Comércio Exterior
Plano SALTE	Plano de Saúde, Alimentação, Transporte e Energia
PMDB	Partido do Movimento Démocratico Brasileiro
PND	Plano Nacional de Destatização
Prosoft	Programa BNDES para o Desenvolvimento da Indústria Nacional de Software e Serviços de Tecnologia da Informação
PSDB	Partido da Social Democracia Brasileira
PSI	Programa de Sustentação do Investimento

PSOL	Partido Socialismo e Libertade
PT	Partido dos Trabalhadores
R$	Réais
R&D	Recherche & Développement
S/A	Société par Actions
SELIC	Sistema Especial de Liquidação e Custodia (Special Clearance and Escrow System)
TI Maior	Programa Estratégico de Software e Serviços em TI
TJLP	Taxa de Juro de Longo Prazo
TR	Taxa Referencial
UEMOA	Union économique et monétaire ouest-africaine

INTRODUCTION

État et marché

La place de l'État dans un monde où le marché prend toujours plus d'importance est une question centrale de la science politique[1]. L'intérêt pour l'État est né de l'étude des logiques qui généraient de nouvelles formes d'administration de l'État, pour des objectifs variés : imposer et lever l'impôt, faire et financer la guerre, maintenir des frontières ou établir une protection sociale. Concernant les relations entre l'État et les marchés, une première approche que l'on peut évoquer est celle de l'autonomie : comment État et société s'autonomisent-ils vis-à-vis du marché ?

L'autonomie de l'État par rapport à la société et aux marchés repose d'abord sur une bureaucratie décentralisée possédant des entreprises capables d'exercer des monopoles, ensuite sur la possibilité de faire des politiques publiques[2]. Il sera donc nécessaire de s'interroger sur la place des marchés qui, par nature, dépassent les frontières nationales.

La question de la constitution de l'État, de son renforcement et de son autonomisation, a été traitée sous l'angle du rapport entre guerre et État[3], entre État et dette[1] et entre État et

---

[1] L'article de Theda Skocpol « Bringing the State back in: Strategies of Analysis in Current Research » (dans Peter B. Evans, Dietrich Rueschemeyer and Theda Skocpol éds., *Bringing the State Back In*, Cambridge, Cambridge University Press, 1995, p. 1-37) est fondateur car il remet l'État au cœur de l'analyse politique américaine et sud-américaine et promeut aussi une démarche historique : « faire usage d'enquêtes comparatives et historiques théoriquement fondées afin de fournir de meilleurs concepts des États et de la manière dont ils opèrent » (p. 8).

[2] Voir Alice Amsden, *Asia's Next Giant: South Korea and Late Industrialization*, Oxford/New York, Oxford University Press, 1989. Voir aussi Theda Skocpol, with Margaret Weir and Ann Shola Orloff éds., *The Politics of Social Policy in the United States*, Princeton, Princeton University Press, 1988, et Theda Skocpol, « The Politics of American Social Policy, Past and Future », dans Victor R. Fuchs éd., *Individual and Social Responsibility: Child Care, Education, Medical Care, and Long-Term Care in America*, Chicago, University of Chicago Press, 1996, p. 309-340. Les deux derniers travaux portent sur les réponses keynésiennes à la Grande Dépression.

[3] Charles Tilly éd., *The Formation of National States in Western Europe*, Princeton,

marchés[2] : ce dernier point nous concerne ici tout particulièrement. Il faut se garder de voir une opposition stérile entre marché et État mais plutôt chercher à en dégager les relations : comment l'État s'appuie-t-il sur les marchés ? Comment les marchés bénéficient-ils d'un État plus fort ? Comment les États réagissent-ils aux développements des marchés ? Selon le sociologue néomarxiste Bob Jessop[3], l'État s'est reformé dans divers pays afin de soutenir les mécanismes et les acteurs de marché et fournit même un appui fondamental à la mondialisation. Ainsi, l'une des questions les plus débattues de la science politique, surtout américaine, concerne la place de la politique vis-à-vis des marchés[4].

Des économistes ont pu identifier l'État comme un facteur clé, sans pour autant explorer les mécanismes internes de constitution d'un État fort et orienté vers le développement. La notion d'État développementaliste a été élaborée par Chalmers Johnson[5] et par Alice Amsden[6] qui ont respectivement pris comme exemple le cas japonais et sud-coréen de développement

---

Princeton University Press, 1975 ; Id., *Contrainte et capital dans la formation de l'Europe : 990-1990*, Paris, Aubier, 1992 ; Id., *Trust and Rule*, Cambridge, Cambridge University Press, 2005 ; Id., « Cities, States and Trust Networks: chapter 1 of *Cities and States in World History* », *Theory and Society* 39/3-4 (2010), p. 265-280.

[1] Miguel Centeno, *Blood and Debt War and the Nation-State in Latin America*, Philadelphia, Pennsylvania State University Press, 2002.

[2] Peter Evans, *Embedded Autonomy. States and Industrial Transformation*, Princeton, Princeton University Press, 1995.

[3] Bob Jessop, *The Future of the Capitalist State*, Cambridge, Polity Press, 2002. Voir aussi Neil Brenner, *New State Spaces: Urban Governance and the Rescaling of Statehood*, Oxford, Oxford University Press, 2004.

[4] On ne peut omettre de citer Charles E. Merriam, *Prologue to Politics*, Chicago, The University of Chicago Press, 1939, et sa réflexion sur les rôles du politique (*the tasks of politics*) : « L'État est le gardien par excellence du bien politique, de la politique vraie et de ce qui est beau politiquement » (p. 79). On rappellera également deux autres textes fondateurs : Charles E. Lindblom, *Politics and Markets – The World's Political-Economic Systems*, New York, Basic Books/HarperCollins, 1977 ; Id., *The Market System. What It Is, How It Works, and What to Make of It*, New Haven & London, Yale University Press, 2001. Dans le premier ouvrage l'auteur s'intéresse, avec une optique libérale, au processus de décision à travers ce qu'il appelle la « polyarchie » (démocratie, dirions-nous) et le marché ; dans le second, il va plus loin, en soutenant que le marché est plus à même de poursuivre l'innovation et la richesse alors qu'il est faible pour la redistribution et la justice économique.

[5] Chalmers Johnson, *Miti and the Japanese Miracle – The Growth of Industrial Policy, 1925-1975*, Stanford, Stanford University Press, 1982.

[6] Alice Amsden, *Asia's Next Giant*, *op. cit.*

dirigé par l'État et l'administration. Pour ce qui est du Brésil, les études sur le développementalisme sont peu nombreuses ; pourtant, les présidences de Getúlio Vargas et de Juscelino Kubitschek ainsi que la dictature militaire ont constitué des exemples clairs de développement impulsé par l'État (*state-led development*), influencé par les restructurations administratives des pays asiatiques, comme l'a remarqué Atul Kohli[1].

L'État et l'économie

Eu égard aux relations entre État et marché, il existe d'importantes contributions pour penser le rôle de l'État dans l'économie et dans le marché lui-même. La réflexion menée par l'économie du développement sur le rôle que doit tenir l'État aide à aborder la question des évolutions de l'État développementaliste. L'économie du développement, née après la Seconde Guerre mondiale dans le contexte de reconstruction des pays européens et du Japon, vise à identifier des méthodes pour accroître l'accumulation du capital et le bien-être de la population. Le cas du développement brésilien[2] illustre le passage d'une position de dépendance, au sein de la division internationale du travail, à une position de développement dépendant, reposant sur une triple alliance entre l'État, les investisseurs nationaux et les investisseurs internationaux. Dans cette alliance le rôle de l'État doit être moteur. En termes de sociologie de l'État, ce rôle croissant incite à s'intéresser aux théories néoclassiques et hétérodoxes de l'économie afin de comprendre quelles sont les pratiques de gouvernance de l'économie mises en œuvre. En un mot, dans quel contexte l'État développementaliste naît-il au Brésil ? Si pour les économistes néoclassiques, le rôle de l'État doit être réduit à celui de *custodian* ou de « facilitateur », pour les économistes hétérodoxes ce rôle ne doit pas se limiter à ces quelques

---

[1] Atul Kohli, *State-Directed Development: Political Power and Industrialization in the Global Periphery*, Cambridge, Cambridge University Press, 2004.

[2] Cf. Peter Evans, *Dependent Development: The Alliance of Multinational State and Local Capital in Brazil*, Princeton, Princeton University Press, 1979 ; Fernando Henrique Cardoso et Enzo Faletto, *Dépendance et développement en Amérique latine*, Paris, Presses universitaires de France, 1969.

prérogatives. Ceux-ci lui accordent un rôle beaucoup plus important, critiquant notamment les politiques d'ajustement structurel qui n'ont favorisé ni une croissance durable ni une amélioration des conditions de vie de la population. À l'inverse, comme le montre Alice Amsden[1], l'État sud-coréen a été un entrepreneur qui a violé toutes les règles de l'économie classique, ce qui ne l'a pas empêché de croître de façon extraordinaire. Ses qualités entrepreneuriales sont illustrées par la création de la Pohang Iron and Steel Company, entreprise d'acier compétitive internationalement, et le développement d'autres secteurs liés à l'acier, comme les chantiers navals et l'industrie automobile.

Les travaux de Peter Evans sont parmi les plus aboutis sur l'État développementaliste. Evans n'entre pas dans le débat sur le degré d'intervention souhaitable de l'État, mais sur la façon dont il agit. Son ouvrage, *Embedded Autonomy. States and Industrial Transformation*[2], répond au néolibéralisme qui, dès les années 1970, prône une réduction de l'État afin d'améliorer la croissance économique. L'*embeddedness* dont il est question dans l'ouvrage d'Evans – terme que l'on peut tenter de traduire par « imbrication » – porte sur les liens étroits de coopération entre État et marché. Evans se place en opposition au modèle néo-utilitariste qui fait de l'État la somme d'intérêts individuels, un État rentier, incapable de réaliser le bien commun, contrairement au marché qui, lui, pourrait permettre des transformations structurelles. Il s'en dégage donc l'idée qu'il faut réduire au minimum l'action de l'État. Au contraire – soutient Evans – la formation d'une bureaucratie efficace et rationnelle a pour but de réduire les effets négatifs de l'État, exerçant par exemple une contrainte sur les fonctionnaires ou en créant un esprit de corps propice. Des économistes institutionnalistes en revanche, tel Polanyi, Gerschenkron et Hirschman[3], travaillent sur le rôle de l'État dans le

---

[1] Alice Amsden, *Asia's Next Giant*, *op. cit.*

[2] Peter Evans, *Embedded Autonomy*, *op. cit.*, p. 22-25.

[3] Cf. Karl Polanyi, *The Great Transformation*, Boston, Beacon Press, 1944 ; Alexander Gerschenkron, *Economic Backwardness in Historical Perspective*, Cambridge, MA,

développement et ont jeté les bases pour la formulation d'un nouveau modèle. L'État est, selon eux, l'acteur le plus à même de stimuler l'économie et de l'organiser, en finançant lui-même, ou en incitant à financer, les acteurs privés.

En comparant les politiques économiques menées dans la seconde partie du XXe siècle dans les pays en développement (Japon, Corée du Sud, Inde, Taiwan, Nigéria, Brésil), on peut se demander pourquoi, avec des politiques économiques relativement similaires[1], le Japon et la Corée ont remporté un si grand succès tandis que des résultats médiocres ont été obtenus au Brésil et en Inde. La question que se pose Evans, soucieux de dépasser l'opposition entre État et marchés, entre libéralisme et interventionnisme, n'est pas de savoir en quelle mesure l'État doit agir dans l'économie mais comment : quelle organisation étatique et administrative, quelle configuration des relations État-société sont-elles les plus propices au développement économique et à l'industrialisation ?

L'historien de l'économie Alexander Gerschenkron, qui a étudié les systèmes bancaires de différents pays, n'a pas pour autant concentré son attention sur les banques de développement. C'est ce concept qu'il convient d'introduire afin d'aborder la Banque Nationale de Développement Économique et Social du Brésil (BNDES), avant même d'explorer les relations plus larges entre État et société. Il est des pays, d'après Alice Amsden[2], où l'action développementaliste de l'État passe par la création d'un environnement fiscal favorable (Russie, Thaïlande, Malaisie) et d'autres où l'État fournit un crédit bon marché (Brésil, Corée, Mexique) : « Les gouvernements se sont orientés en tâtonnant vers un nouveau mécanisme de contrôle

Belknap, 1962 ; Albert Hirschman, *The Strategy of Economic Development*, New Haven, Yale University Press, 1958.

[1] Les politiques sont plutôt semblables d'après Jessica Gordon Nembhard (*Capital Control, Financial Regulation, and Industrial Policy in South Korea and Brazil*, Westport, CT/London, Praeger, 1996), qui les compare ainsi que leur application. D'importantes différences persistent, notamment en matière d'ouverture commerciale et de libéralisation financière entre la Corée du Sud et le Brésil.

[2] Alice Amsden, *The Rise of the 'Rest'. Challenges to the West from Late-Industrializing Economies*, Oxford/New York, Oxford University Press, 2001, p. 125.

qui a remplacé la 'main invisible'. Le nouveau mécanisme a, en fin de compte, partagé le crédit avec l'entreprise privée dans l'attente d'un âge d'or d'expansion industrielle. » Alice Amsden[1]affirme également que l'un des outils de l'État développementaliste, depuis la Deuxième Guerre mondiale, est la banque de développement ; elle note aussi que les principales cibles de ces banques, après la guerre, étaient les infrastructures, que ce soit en Inde, au Mexique, en Corée du Sud ou au Brésil.

Notons, quant à nous, que le concept de banque de développement diffère de celui de banque d'investissement. La banque de développement peut créer les secteurs et les entreprises qu'elle finance ; elle constitue ainsi un élément central de l'État développementaliste. À l'inverse, la banque d'investissement répond à une demande, n'engendre pas des secteurs et se soucie de la rentabilité bien plus que la banque de développement. Enfin, des critères tels que la concentration régionale, la concentration par taille d'entreprise ou les objectifs de développement n'entrent pas en compte dans la banque d'investissement, qui est privée, à la différence de la banque de développement qui est publique. Selon Carlos Lessa, premier président du BNDES du gouvernement Lula, le Brésil est le meilleur exemple d'un pays de la « périphérie » ayant réussi à créer une base industrielle complète, avec le BNDES comme protagoniste de cette réussite.

Dans *Dependent Development*[2], Peter Evans écarte plusieurs modèles dans le but de comprendre la réalité brésilienne. Ni le modèle impérialiste ni le modèle de la dépendance ne conviennent. Selon Evans, le modèle impérialiste se réfère à l'époque où le Brésil, pour s'assurer un minimum de croissance, dépendait exclusivement d'un système d'exportation vers le Royaume-Uni. Après la Seconde Guerre mondiale, ce modèle devient obsolète. Le concept de dépendance est utilisé par les sociologues et les économistes pour aborder le développement

---

[1] Alice Amsden, *The Rise of the 'Rest'*, *op. cit.*, p. 125-132.

[2] Peter Evans, *Dependent Development*, *op. cit.*, chapitre 1.

en Amérique latine. Ce concept, tel qu'il est défini par Cardoso[1], distingue deux types de pays : les pays centraux, qui produisent les biens finis, et les pays périphériques, qui produisent des matières premières pour les pays centraux. Citons Dos Santos : « Un pays dépendant est un pays dont le développement est tributaire d'une autre économie[2]. » Plus encore, un pays central n'est pas dépendant des exportations d'un pays périphérique. Selon la théorie des avantages comparatifs, les biens du pays central seront, plus tard, produits dans la périphérie, lorsque la technologie sera devenue une routine. Mais le centre gardera toujours une avance technologique en termes d'innovation que la périphérie ne pourra jamais rattraper. Le seul avantage comparatif des pays périphériques est leur main-d'œuvre bon marché, c'est pourquoi ils tendent à conserver un bas niveau de vie pour la presque totalité de la population.

Le Brésil, selon Evans, passe du modèle de dépendance classique au modèle de développement dépendant – similaire à celui de développement associé-dépendant (*associated dependent development*) de Cardoso –, caractérisé par une industrialisation dans la périphérie. Pour Evans, la dépendance classique était une réalité jusqu'en 1943 et a été suivie par une transition vers le marché international-dépendant (*dependent international market*). La Grande Dépression, en détruisant la demande des pays centraux, stoppe les exportations de la périphérie et rend nécessaire son autonomisation, à travers une industrialisation par substitution aux importations. Le développement dépendant est une nouvelle forme de dépendance qui n'exclut pas le développement[3] ; le pays peut alors entrer dans la semi-périphérie[4] et devenir une nouvelle

---

[1] Fernando Enrique Cardoso et Enzo Faletto, *Dépendance et développement en Amérique latine*, *op. cit.*
[2] Teotonio Dos Santos, « The Structure of Dependence », *American Economic Review* 60/5 (1970), p. 235-246 (ici, p. 236).
[3] Peter Evans, *Dependent Development*, *op. cit.*, p. 32-33.
[4] Immanuel Wallerstein, « The Rise and Future Demise of the World Capitalist System: Concepts for Comparative Analysis », *Comparative Studies in Society and History* 15/4 (1974), p. 387-415 ; Id., « Dependence in Interdependent World: The Limited Possibilities of Transformation within the Capitalist World-Economy », *The African Studies Review* 17/1 (1974), p. 1-26 ; Id., « Semi-Peripheral Countries and the Contemporary World Crisis », *Theory and Society* 3/4 (1976), p. 461-484.

force impérialiste régionale[1]. Le développement dépendant est aussi

> « un type particulier de dépendance caractérisé par l'association ou l'alliance du capital international et local. L'État rejoint cette alliance en devenant un partenaire actif, et la triple alliance qui en découle est un facteur fondamental pour l'émergence du développement dépendant[2]. »

Dans ce contexte, la politique économique repose sur une triple alliance entre l'État, le capital local et le capital international.

> « Le capital international est une partie intégrante de l'économie brésilienne, et ses représentants sont une partie intégrante de la politique brésilienne et de l'ordre social. Le capital étranger partage, avec le capital local – qu'il soit privé ou contrôlé par l'État –, un intérêt dans le développement futur de l'industrie locale[3]. »

L'État est obligé de rassurer le capital local et les investisseurs étrangers avec des fondamentaux économiques orthodoxes – cela s'est vérifié même lors de la présidence Lula. Dans ce contexte de dépendance classique, l'économie est très faible, avec 2/3 d'exportation et peu de diversification[4]. Dans la dépendance classique, le marché intérieur ne produit pas de croissance et les capitaux étrangers, surtout britanniques, sont peu soucieux de réaliser des investissements industriels lourds, considérant que ceux-ci doivent être opérés dans le centre. L'industrialisation a lieu, mais seulement – comme le dit Evans – « dans l'ombre des plantations ».

---

[1] Peter Evans, *Dependent Development*, *op. cit.*, p. 33 résume Mauro Marini, « Brazilian Subimperialism », *Monthly Review* 23/9 (1972), p. 14-24.

[2] Peter Evans, *Dependent Development*, *op. cit.*, p. 32.

[3] Peter Evans, *Dependent Development*, *op. cit.*, p. 9.

[4] « La dépendance vis-à-vis d'un seul produit d'exportation était l'un des principaux traits de la dépendance classique ; une extrême dépendance vis-à-vis des importations était également une caractéristique centrale. L'intégration du Brésil au marché international le plaça dans la curieuse position d'être un pays agricole qui devait importer de la nourriture (principalement de l'Angleterre). Tandis que les deux tiers de sa production agricole étaient exportés, le Brésil devait importer de grandes quantités d'haricots, de riz… » (Peter Evans, *Dependent Development*, *op. cit.*, p. 59).

En route vers l'État développementaliste

En 1930, cependant, l'État brésilien n'avait pas d'action économique. Fortement influencé par les grandes familles des planteurs de café, il n'était pas caractérisé par une politique d'intervention forte. Evans cite l'exemple du président Washington Luis, lui-même planteur de café, qui n'intervint pas lors du crash de 1929 pour relever le prix de cette denrée. Cet État oligarchique fut remplacé par le premier régime de Vargas (1930-1945), qu'Evans considère comme une « coalition particulière de propriétaires terriens et d'autres encore, comme les '*tenentes*', dont l'orientation était plus technocratique »[1] – coalition qui n'était plus dans les mains de la bourgeoisie industrielle et détenait aussi un plus fort contrôle sur la société civile. Bien qu'interventionniste, le premier régime Vargas ne possédait pas un projet industriel et souhaitait maintenir le Brésil à sa place habituelle dans la division internationale du travail. L'intervention de l'*Estado Novo* (1937-1945) consista à la fois dans la régulation et la création d'entreprises d'État, parmi lesquelles Llyod Brasileiro et VASP.

Plusieurs autres ouvrages s'intéressent au développement impulsé par l'État (*state-led development*)[2], à la force ou à la faiblesse de l'État et au type de politique adoptée : dirigisme ou néolibéralisme, ou une troisième voie mal définie. Le concept d'État développementaliste vise un État qui assoit sa légitimité sur la mise en œuvre de politiques publiques, économiques et sociales, efficaces dans un but de développement. Le concept de développement dirigé a été défini par Johnson et Amsden. Dans *MITI and the Japanese Miracle*[3], Johnson écrit :

> « L'efficacité de l'État japonais dans le domaine économique s'explique en premier lieu par ses priorités. Pour plus de cinquante ans, sa priorité a été le développement économique. (...) Un État qui voudrait atteindre les mêmes résultats que le

---

[1] Peter Evans, *Dependent Development*, *op. cit.*, p. 86.

[2] Atul Kohli, *State-Directed Development*, *op. cit.*; Vivek Chibber, « Bureaucratic Rationality and the Developmental State », *American Journal of Sociology* 107/4 (2002), p. 951-989 ; Id., « Reviving the Developmental State? The Myth of the 'National Bourgeoisie' », *Socialist Register* 41 (2005), p. 226-246.

[3] Chalmers Johnson, *MITI and the Japanese Miracle*, *op. cit.*, p. 305-306.

Japon doit adopter les mêmes priorités que celui-ci. Il doit premièrement être un État développementaliste – et ensuite seulement un État régulateur, un État-providence, un État égalitaire ou n'importe quel autre type d'État fonctionnel que la société souhaite adopter. »

Johnson se penche surtout sur le volet administratif de l'État développementaliste alors qu'Alice Amsden, dans *Asia's Next Giant*[1], étudie principalement le type de politiques économiques en accordant une grande importance à l'orientation de l'État développementaliste coréen vers l'exportation. D'après Dani Rodrik[2],

> « Des observateurs comme Amsden (1989) et Wade (1990) ont soutenu que les réformes des années soixante étaient allées bien au-delà de la libération des marchés et de l'avantage comparatif. Selon ces auteurs, les gouvernements, dans les deux pays [Brésil et Corée du Sud], avaient des priorités industrielles claires. Ils n'hésitèrent pas à intervenir (par des subsides, des restrictions commerciales, des normes administratives, ainsi que par le biais des entreprises publiques ou par l'allocation de crédit) pour rediriger l'avantage comparatif dans la direction souhaitée. Néanmoins, il est intéressant d'observer que les partisans de l'orthodoxie économique et les révisionnistes s'accordent sur l'importance d'une stratégie orientée vers l'exportation par le truchement d'entreprises disciplinées et une croissance plus forte de la productivité. »

Rodrik offre une des principales contributions pour comprendre l'État développementaliste en remettant en cause l'explication proposée par Amsden[3] qui était principalement centrée sur l'exportation. Pour Rodrik, le progrès économique

---

1 Alice Amsden, *Asia's Next Giant*, *op. cit.*

2 Dani Rodrik, « Getting Interventions Right: How South Korea and Taiwan Grew Rich », NBER Working Paper n° 4964 (12/1994), p. 2.

3 Rodrik se réfère ici à Robert Wade, *Governing the Market: Economic Theory and the Role of Government in East Asian Industrialization*, Princeton, Princeton University Press, 1992. Wade s'intéresse au débat entre néoclassiques et interventionnistes concernant le développement. Sa principale question est : comment l'État a-t-il atteint ses objectifs ? Les néoclassiques imputaient le succès des NICs (Japon, Taiwan, Corée, Hong Kong, Singapour) à leurs liens avec les marchés et à une intervention minimale de l'État. Les interventionnistes rendent à l'État ce qui est à l'État, en insistant sur son rôle dans la stimulation des marchés libres (cf. aussi Chalmers Johnson, *MITI and the Japanese Miracle*, *op. cit.*).

du pays résulte des politiques pour l'investissement. Ce raisonnement permet de comprendre que le BNDES n'agit pas comme une banque d'exportation mais plutôt comme une banque d'investissement.

Dans une approche assez similaire à celle de Johnson, mais davantage centrée sur l'administration, Robert T. Daland a fourni deux contributions[1] utiles sur le plan historique et sociologique, concernant le prurit institutionnel et législatif visant la constitution d'un État développementaliste au Brésil et la création d'élites bureaucratiques dédiées au développement[2]. Les ministères de la Planification, les commissariats, d'autres instituts ainsi que les hiérarchies se font et se défont : grandeur et misère d'un État développementaliste qui naît sur le temps long, entre 1950 et 1980 environ.

L'étude du rôle de l'État dans le développement, selon la sociologie de l'État, permet de toucher les tendances lourdes des modèles de développement et des évolutions à long terme auxquelles les États sont confrontés en temps de mondialisation. Au début de l'ère développementaliste au Brésil, notamment sous Vargas, les relations entre l'État et la société sont typiques de ce que Kohli appelle le *cohesive-capitalist state* (État capitaliste cohésif). Cet État est efficace pour le développement économique, il est fort et centralisé, et capable de contrôler les intérêts privés et la bureaucratie[3], contrairement aux États néo-patrimoniaux. Il s'agit d'aider les affaires sans les étouffer, de canaliser l'investissement non par des permis bureaucratiques mais par des encouragements financiers, donc intégrés au

---

[1] Robert T. Daland, *Brazilian Planning. Development Politics and Administration*, Chapel Hill, N.C., The University of North Carolina Press, 1967 et Id., *Exploring Brazilian Bureaucracy: Performance and Pathology*, Washington D.C., University Press of America, 1981.

[2] Sur la sociologie des élites du BNDES, le travail de Daland est complété par une thèse d'Elisa Klüger, *Sobre elites de Estado no Brasil contemporâneo: trajetórias e representações de diretores do Banco Nacional de Desenvolvimento Econômico e Social (1994-2011)*, soutenue à l'USP en 2013. Klüger s'intéresse aux carrières des directeurs des départements du BNDES pendant quinze ans ; cela n'a toutefois pas un intérêt direct pour notre propos.

[3] Sur ce sujet, on peut utilement lire Ben Ross Schneider, *Business Politics and the State in Twentieth-Century Latin America*, Cambridge, Cambridge University Press, 2004, surtout p. 60-66.

marché. Le Brésil de Vargas est un État de ce type, qui se rapproche du Japon et de la Corée de l'époque.

Cette forme d'État se caractérise par des structures d'autorité qui infiltrent profondément la société. Historiquement, ces États ont obtenu rapidement sécurité nationale et croissance économique, en s'appuyant, pour réaliser cette dernière, sur des liens tissés avec les groupes de producteurs et de capitalistes. Cela s'accompagne d'un contrôle fort des activités syndicales et d'une bureaucratie efficace. L'on constate aussi le recours à un certain autoritarisme, voire à la répression, afin de canaliser les forces de l'État et des élites économiques dans la direction voulue. La Corée du Sud, par exemple, avait eu recours à un anticommunisme violent (Syngman Rhee et ses successeurs, comme Park Chung-hee), tout comme l'Estado Novo au Brésil et le Japon de l'entre-deux-guerres. Dans l'optique de Kohli[1], le premier stade de cohésion de l'État est la centralisation (1930-1945), le second est l'institutionnalisation d'administrations du développement tel que le BNDE[2] et le Banco Central do Brasil.

> « L'État central a, historiquement, dû faire face à des périphéries très puissantes qui ont utilisé ses ressources pour alimenter des réseaux de patronage politique. Ainsi, une étude a fort bien montré que, entre 1930 et 1964, les parlementaires brésiliens sont parvenus à faire échouer la quasi-totalité des réformes de l'administration publique, dès lors qu'elles risquaient de mettre en péril le système des dépouilles[3]. »

Cette cohésion a permis aux élites de mettre en œuvre les politiques économiques décidées. Des liens étroits se sont tissés entre l'*Estado novo* et la dictature militaire : la méthode visait à contrôler la FIRJ et la FISP[4] en générant de la cohésion sociale[5].

---

[1] Atul Kohli, *State-Directed Development*, *op. cit.*

[2] Le « S » (pour « social ») est ajouté au sigle en 1982.

[3] Olivier Dabène, *Amérique latine, la démocratie dégradée*, Bruxelles, Complexe, 1997, p. 114.

[4] FIRJ = *Federação da Indústrias do Estado do Rio de Janeiro* ; FISP = *Federação da Indústrias do Estado do São Paulo.*

[5] Voir Philippe Schmitter, *Interest Conflict and Political Change in Brazil*, Stanford, Stanford University Press, 1971 ; Ruth Berins Collier and David Collier, *Shaping Political Arena*, Notre Dame, University of Notre Dame Press, 2002.

Par conséquent, la création du BNDE ne répond pas qu'à un impératif économique mais aussi à un impératif politique : avoir de la légitimité. On peut la concevoir comme un outil d'homogénéisation des groupes sociaux, mais nous n'entrerons pas dans ce débat d'historiens. Les années 1950, notamment depuis la création du BNDE, voient poindre le *desenvolvimentismo* (développementalisme), sur fond de la *teoria da segurança nacional* (théorie de la sécurité nationale) dont le but est d'éviter que le pays périphérique soit mis à la merci des pays étrangers pour un certain nombre de biens, surtout pour la production de l'acier, nécessaire au développement. Cette théorie reste en vigueur de 1950 à 1964, et prend davantage d'importance pendant la dictature militaire. Celle-ci, malgré un discours libéral qui met l'accent sur l'entreprise privée, accroît le rôle régulateur et entrepreneurial de l'État dans l'économie. D'après Schmitter, cité par Evans[1], le régime militaire signe le retour du système 'gétulien' (en référence à Getúlio Vargas) :

> « Il est cependant vrai que, pendant les années trente et quarante, furent jetées les bases qui auraient ensuite permis à l'État de jouer son rôle dans la triple alliance des années soixante et soixante-dix. Sans ces bases, la poursuite du développement dépendant par les militaires aurait été une tâche bien plus redoutable[2]. »

---

[1] Peter Evans, *Dependent Development*, *op. cit.*, 1979, p. 94.

[2] Voir aussi Mauricio Mesquita Moreira, *Industrialization, Trade and Market Failures: the Role of the Government Intervention in Brazil and South Korea*, New York, Saint Martin's Press, 1995. Cet auteur dresse une comparaison entre le Brésil et la Corée du Sud, décortiquant des données micro et macro économiques et montrant l'influence de l'État dans la constitution d'industries censées guider le développement (chimie lourde et haute technologie, par exemple). Par ailleurs, chaque auteur propose sa propre périodisation de l'évolution de l'État développementaliste brésilien, mais ces périodisations s'arrêtent trop souvent à 1987. La périodisation de Bresser Pereira (Luiz Carlos Bresser Pereira, *Economic Crisis & State Reform in Brazil – Toward a New Interpretation of Latin America*, Boulder/London, Lynne Rienner Publishers, 1996) est concurrencée par d'autres périodisations du rôle de l'État dans l'économie, principalement par celle de Werner Baer, *The Brazilian Economy. Growth and Development*, 6e édition, Boulder/London, Lynne Rienner Publishers, 2008. De façon générale, on distingue les périodes suivantes : Vargas-Kubitschek ; les militaires ; les présidents « néolibéraux » (Sarney, mais surtout Collor de Mello, voire Cardoso) ; la gauche (Lula, Rousseff). À ces mandats présidentiels majeurs s'ajoutent les présidences de second rang, plus courtes mais néanmoins utiles pour notre sujet (Linhares, Café Filho, Coimbra da Luz, Janio Quadros, Mazzili, Goulart...), car elles ont influencé, parfois durablement, le rôle de l'État dans l'économie. Bresser Pereira distingue le

L'ouvrage de Kathryn Sikkink[1] se penche davantage sur les idées qui donnèrent naissance au développementalisme au Brésil et en Argentine ; son étude est capitale pour aborder ces questions du point de vue de la théorie économique et de la sociologie des élites. C'est une approche différente qui permet de comprendre les bases théoriques des acteurs – hommes politiques, économistes, militaires ou fonctionnaires – qui furent à l'origine du développementalisme, et surtout le rôle de la production de savoir de la CEPAL[2]. Celle-ci a fourni le socle analytique à des politiques industrielles et commerciales hétérodoxes, telles que l'industrialisation par substitution aux importations (ISI). Des travaux d'histoire économique prêtent une attention soutenue au rôle de l'État brésilien et à sa réforme. Luiz Carlos Bresser Pereira analyse la crise économique des années 1980 comme étant le fruit d'une crise fiscale de l'État qui n'aurait pas suffisamment épargné, à cause de la stratégie d'industrialisation par substitution aux importations[3].

L'intérêt du BNDES comme point d'entrée

Dans ce travail nous allons nous intéresser aux transformations de l'État développementaliste brésilien à l'heure de la mondialisation et de la libéralisation économique. On explorera plus précisément une modalité d'intervention de l'État, le crédit dirigé – ou subventionné – et, plus précisément encore, une administration publique brésilienne de première importance, la Banque Nationale de Développement Économique et Social (BNDES). À partir de données statistiques, nous souhaitons montrer que le crédit est l'un des instruments les plus efficaces de l'État développementaliste tel qu'il a été conceptualisé, et en quelle mesure celui-ci répond à la demande de prêts à long terme. C'est le crédit public, par le

national-developmentalism de Vargas et de Kubitschek de la période de *modernizing-authoritarian* qui caractérise celle des militaires (1964-1984).

[1] Kathryn Sikkink, *Ideas and Institutions. Developmentalism in Brazil and Argentina*, Ithaca, Cornell University Press, 1991.

[2] CEPAL = Commission économique pour l'Amérique latine et les Caraïbes.

[3] Luiz Carlos Bresser Pereira, *Economic Crisis & State Reform in Brazil*, *op. cit.*

biais du BNDES, qui nous donnera accès aux modalités de reformulation du rôle de l'État.

En décembre 1999, d'après les rapports annuels de la Banque centrale du Brésil, les opérations de crédit ne correspondent qu'à 24,9 % du PIB et à 30 % en 2005[1]. En outre, ce crédit est plus coûteux pour l'État car il est subventionné. Étudiant le cas de la Corée du Sud et de Taiwan, et à l'encontre de la plupart des spécialistes, Dani Rodrik[2], s'appuyant sur des études économétriques, constate que l'explication de la croissance par les exportations n'est pas la meilleure, et qu'il vaut mieux rechercher ses causes dans l'augmentation de l'investissement permise par l'État. Dans le cas du Brésil, nous pouvons affirmer que l'une des principales tâches de l'État développementaliste est de générer ce boom d'investissement.

Déjà au début du XXe siècle, comme l'écrivait Peter Evans, il y avait au Brésil un manque de capital local, accru par la frilosité des investisseurs étrangers. En forgeant l'expression de « triple alliance », Evans[3] fait référence à l'alliance entre État, capital local et capital international. La position dépendante du Brésil dans la division internationale du travail fait que, d'une part, il est tributaire de la consommation et de l'investissement des pays centraux (le Royaume-Uni pour le café et les États-Unis), brutalement interrompus par la crise de 1929 ; d'autre part, le capital local peine à développer des projets nécessaires à l'économie tels que des routes, des chemins de fers, des exploitations minières ou pétrolières. Ce sont des projets de long terme, extrêmement coûteux et risqués. De nos jours encore, l'économie brésilienne est caractérisée par une crainte envers l'investissement à long terme et par une forte aversion au risque. La Mission article IV du FMI pour le Brésil, en 2013, estimait que la croissance était largement tributaire de l'augmentation de l'investissement, le plaçant ainsi au centre du modèle de développement du pays. La carence en crédit est une réalité structurelle au Brésil et l'un des principaux freins au développement. Le crédit public apparaît donc comme le levier

---

[1] Entretien avec Luiz Gonzaga Belluzzo.
[2] Dani Rodrik, « Getting Interventions Right », *art. cit.*
[3] Peter Evans, *Dependent Development*, *op. cit.*

essentiel de l'État développementaliste qui a fait augmenter les prêts des banques publiques de 25 % en 2013 contre seulement 10 % pour les banques privées[1].

Au Brésil, le crédit pour le financement des entreprises est en grande partie réalisé par des opérations du BNDES[2]. Parmi les différentes formes de crédit se distinguent le *Crédito livre* (crédit libre) et le *Crédito direcionado* (crédit dirigé) ; le premier a son taux de rémunération fixé par les marchés financiers et les acteurs privés, tandis que le second est une allocation obligatoire (*compulsorio*) de capitaux destinée à des secteurs, des entreprises ou des régions choisies par l'État ou par l'administration. D'après Ernani Teixeira Torres Filho[3], en 2006, 1/3 du crédit bancaire reçoit une forme de directionnement de la part de l'État. Le crédit dirigé vise à réduire l'absence de prêts à long terme, car le système financier brésilien concentre la plupart de ses emprunts sur le court terme[4]. Quelques chiffres permettent de replacer le BNDES dans le contexte plus large de l'État et du marché du crédit : sur 202,1 milliards de crédit dirigé en 2005, 61 % ont été opérés par le BNDES. Rappelons que tout État dirige le crédit bancaire, ne serait-ce que par les taux directeurs. Aussi, le marché du crédit privé est rigide, car 90 % des prêts sont accordés par des banques alors que, dans d'autres pays, d'autres types d'institutions financières peuvent accorder le crédit[5]. Libéraux et développementalistes s'opposent sur l'effet des politiques de crédit dirigé, accusées de freiner le crédit libre et la croissance.

---

[1] Sur le déclin des prêts des banques privées voir Mission article IV, 2013, point 7.

[2] Le financement pour l'habitation dépend du Sistema Financeiro da Habitação (SFH), qui est la principale institution finançant la Caixa Econômica Federal (CEF), tandis que le crédit rural dépend du Sistema Nacional de Crédito Rural (SNCR) qui reçoit principalement ses financements par la Banque centrale (BACEN).

[3] Ernani Teixeira Torres Filho, « Crédito direcionado e direcionamento do crédito: situaçao atual e perspectivas », *Revista do BNDES* 13, n° 25 (juin 2006), p. 35-50.

[4] Au Brésil, le crédit dirigé est destiné à l'habitation (secteur géré par la Caixa Econômica Federal), l'agriculture (secteur géré par le Banco do Brasil) et l'industrie (ce dernier secteur est géré par le BNDES).

[5] Voir Pérsio Arida, « Mecanismos compulsórios e mercado de capitais: propostas de política-econômica », Rio de Janeiro, Casa da Garças, mai 2005 (texte soumis à discussion n° 8), p. 1-9, au sujet du rôle de l'oligopolisation du marché bancaire sur l'offre de crédit et la hausse des taux directeurs.

Le crédit libre, en revanche, a ses taux d'intérêt déterminés par le marché, qui seront toujours supérieurs à ceux du crédit dirigé. Ces derniers taux sont déterminés par l'État afin d'être attractifs pour un prêt à long terme, donc sur un investissement qui, par son caractère risqué et sa rémunération tardive, n'attire pas les investisseurs. L'intention sous-jacente est de stimuler l'économie et surtout certains investissements que personne ne voudrait prendre en charge. D'après le Rapport Mission Article IV[1], l'explosion du crédit public pose des problèmes de crédibilité de la politique fiscale du pays (les prêts publics coûtent très cher à l'État) :

> « Depuis la crise mondiale, la politique des prêts a contribué de façon significative à la dette publique brute. Des prêts subventionnés accordés par le Trésor aux banques publiques, et en particulier au BNDES, expliquent l'augmentation substantielle de la dette publique fédérale. Les transferts du Trésor ont ajouté 8 % du PIB au stock de la dette publique brute pendant la période 2008–2012. »

Cette expansion du crédit public est structurée par les transferts de capitaux opérés par le Trésor national. Avant 2008, cependant, les banques publiques se finançaient largement par des fonds de nature fiscale : le SBPE[2], le FGTS[3], et le FAT[4]. À partir de la crise financière de 2008, le rôle de l'État dans le financement des banques publiques devient plus important, avec des transferts accrus opérés par le Trésor national, destinés surtout au BNDES[5]. En 2012 le volume de crédit au Brésil a augmenté, mais d'une façon plus modérée qu'en 2010 et en 2011. En décembre 2012, 2,368 milliards ont été prêtés, avec une augmentation sur un an de 16,4 %, alors que l'augmentation en 2011 avait été de 18,8 % et de 20,6 % en

---

[1] FMI Rapport Mission Article IV sur le Brésil, p. 211-222.

[2] SBPE = Sistema Brasileiro de Poupança e Empréstimo ; il s'agit d'un système constitué par les institutions qui captent des capitaux dirigés par la Banque centrale.

[3] FGTS = Fundo de Garantia de Tempo e Serviço.

[4] FAT = Fundo de Amparo ao trabalhador.

[5] Mission article IV : « En 2012, le Trésor a prêté 1 % du PIB au BNDES et 0.5 % à la Caixa et au Banco do Brasil. À la fin de 2012, du fait de ces opérations, le total net des obligations des banques publiques envers le Trésor constituait les 9.2 % du PIB, dont 8.4 % étaient du BNDES. »

2010. Cette masse de crédit représente 53,8 % du PIB en 2012 contre 45,4 % en 2010[1].

Travailler sur le BNDES, c'est travailler sur une banque de développement située au cœur de l'État développementaliste depuis 1952, date de sa fondation. Le BNDES opère dans l'économie soit comme actionnaire minoritaire, par sa filiale d'investissement actionnaire, le BNDESPAR, soit par des opérations de crédit de grande ampleur à des taux d'intérêt inférieurs à ceux des banques privées. D'après les données de Sérgio Lazzarini[2] que nous reprenons ici, le BNDES a déboursé en 2009 30 % de plus que la Banque mondiale, et le BNDESPAR détenait 92,8 milliards de réais (59 milliards de dollars) en titres, à savoir 4 % de la capitalisation boursière totale du marché des actions au Brésil.

La Constitution de 1988 maintient les instruments étatiques de la politique de développement, créés dans les décennies antérieures : banques sociales, monopoles publics, fonds publics liés aux entreprises publiques par exemple. Ce cadre, selon Carlos Lessa[3], président du BNDES de janvier 2003 à novembre 2004, a été remis en cause par les amendements à la Constitution – 74 *emendas constitucionais* (amendements constitutionnels) et plus de 30.000 *medidas provisórias* (mesures provisoires) – qui modifient la réglementation. L'intérêt du BNDES réside, selon Lessa, dans le fait qu'il n'a pas été structurellement modifié mais que ses orientations stratégiques et opérationnelles ont évolué. De plus, son financement étant de nature fiscale, le BNDES n'est pas directement affecté par les marchés financiers et constitue ainsi un levier d'action politique durable.

Aborder la question de recherche par le biais du BNDES nous conduira à considérer l'évolution du crédit public. Ce crédit, peu coûteux, créant des distorsions de prix sur les marchés, est alloué aux entreprises en fonction d'objectifs

---

[1] Rapport de la BACEN, 2012, p. 9.
[2] Sérgio G. Lazzarini, *Capitalismo de laços. Os donos do Brasil e suas conexões*, Rio de Janeiro, Elsevier Editora, 2011, p. 49.
[3] Entretien avec Carlos Lessa.

sectoriels ou régionaux stratégiques. Face à ces données on peut se demander si l'État est devenu néolibéral. Sans doute pas, d'autant plus que « néolibéral » est un type pur et non une réalité empirique. Mieux vaut se demander comment l'État conjugue actuellement la tradition développementaliste (de Vargas, 1930-1945 ; 1951-1954, à Sarney, 1985-1990), la tradition néolibérale (de Sarney à Cardoso, 1990-2003) et la nouvelle approche *de gauche* des questions de développement (depuis Lula, 2003-2011). On pourrait nous reprocher d'avoir adopté une optique trop étroite, mais l'importance à la fois qualitative et quantitative du BNDES nous paraît justifier cette approche.

Administrer le développement : une approche sociologique

Étudier l'État développementaliste, surtout lorsque l'on aborde cette question par le biais d'une institution, implique de prêter attention à l'aspect purement administratif de la politique économique de développement. Parmi ceux qui s'occupent de développement économique, une innovation théorique a été de prendre comme sujet l'administration. Vivek Chibber[1] explique comment les acteurs économiques ont pris conscience du rôle de l'État. Ce consensus au sujet du rôle de l'État se situe dans un contexte de pensée qualifié de révolution keynésienne[2] : on est persuadé que l'État est la panacée contre les failles du marché. Cependant, si le développement guidé par l'État a pu donner de bons résultats en Asie de 1950 à 1980, par exemple en Corée, à Singapour et au Japon, il a aussi pu conduire à des catastrophes. Chibber met en relation le développement économique avec les capacités de l'État d'assurer une cohésion interne. Ses capacités ne sont toutefois pas infinies et, pour obtenir un développement économique efficace, plusieurs conditions doivent être réunies[3] : en l'absence de celles-ci, la corruption risque de vider l'État de sa substance. En somme, le développement est impossible si

---

[1] Vivek Chibber, « Bureaucratic Rationality and the Developmental State », *art. cit.*; Id., *Locked in Place: State-Building and Late Industrialization in India*, Princeton, Princeton University Press, 2003.

[2] Cf. Peter Hall, *Governing the Economy: the Politics of State Intervention in Britain and France*, Oxford, Oxford University Press, 1986.

[3] Voir Peter Evans, *Embedded Autonomy*, *op. cit.*

l'État manque d'une forte cohésion et d'une homogénéité de vues. En effet le développement présuppose que les élites politiques aient des buts pour le bien commun, sans interférence des groupes d'intérêts et sans déperdition de ressources. Si cette cohérence interne fait défaut, l'État ne peut avoir une direction claire en vue de l'industrialisation. Aussi, il ne peut avoir cette cohérence s'il ne se munit pas d'une administration rationnelle, capable de travailler dans le sens des buts communs imposés.

Il ne faut cependant pas se contenter, comme l'affirme Chibber, d'étudier la rationalité bureaucratique des agences de développement. Chibber souligne à quel point l'agence indienne est rationnelle, et similaire en cela à l'agence coréenne, mais à quel point des *outputs* sont opposés, justement à cause de la rationalité. L'intérêt théorique de l'article de Chibber est de considérer la question de l'administration du développement au niveau méso-macro, afin d'apprécier les rapports de pouvoir entre administrations. Les activités de développement, par exemple celles de l'*Economic Planning Board* en Corée et de la *Planning Commission* en Inde, peuvent briser les routines et les pratiques à très grande échelle, générant ainsi des réactions de la part d'autres administrations, des vengeances budgétaires et des rétorsions venant des politiques. Nous retrouvons une situation analogue au BNDES. Bien entendu, la rationalité administrative n'est pas un critère suffisant de réussite d'une institution ou d'échec d'une politique publique. Compte aussi l'environnement institutionnel, parfois chaotique, tel qu'il est décrit par Robert T. Daland[1]. Le modèle de développement économique brésilien repose sur l'administration, sans elle il n'y a pas d'investissements publics, privés ou étrangers : pour cette raison, l'administration revêt un rôle extrêmement important. À bien des égards, une politique économique ne peut être efficace sans une administration efficace.

Les sociologues qui ont examiné l'administration brésilienne y ont décelé corruption et inefficacité[2]. L'absence d'indépendance

---

[1] Robert T. Daland, *Exploring Brazilian Bureaucracy: Performance and Pathology*, Washington D.C., University Press of America, 1981.

[2] Deux économistes brésiliens, Antonio Guerreiro Ramos et Nelson de Mello e Souza, ont étudié les questions relatives aux administrations publiques et à la sociologie

bureaucratique – ou sa présence – a attiré leur attention car elle peut être révélatrice de plusieurs pathologies. Dans le cas du BNDES, on peut mesurer l'indépendance bureaucratique de diverses façons : elle peut être idéologique, technique ou financière. On la mesure par le pouvoir de nomination, par l'interférence entre le pouvoir exécutif et les décisions de la banque (y compris le droit de veto), et aussi par les interférences entre la banque et les groupes d'intérêt. Enfin, on peut évaluer son indépendance par l'allocation des fonds dans son bilan et par la politique fiscale. Dans ce travail nous avons fait le choix de procéder de manière historique, en faisant appel, au fur et à mesure, aux concepts pertinents de la sociologie des administrations.

Au Brésil, le rôle de la bureaucratie n'est pas exactement celui auquel on pourrait s'attendre. Le pays, depuis 1950, se caractérise par une bonne qualité des administrations économiques, alors que d'autres administrations laissent à désirer. Robert T. Daland parle de « pathologies »[1] de l'administration brésilienne et en fait une variable explicative des défauts de la planification économique. Il résume ainsi ses fonctions :

> « (1) Le rôle de l'administration brésilienne est de promouvoir un ascenseur social pour la classe moyenne ayant un bon niveau d'instruction, (2) de fournir des revenus permanents pour la partie de la classe moyenne qui soutient le régime en place, (3) de fournir un niveau minimum de services, et (4) de

politique. Pour saisir la dynamique de l'administration brésilienne, Ramos (Antonio Guerreiro Ramos, *Administração e Estratégia do Desenvolvimento*, Rio de Janeiro, Editora da Fundação Getúlio Vargas, 1966) insiste sur l'importance de la caractérisation anthropologique ou sociologique des fonctionnaires. Dans un article publié en 1963 (Nelson de Mello e Sousa, « Public Administration and Economic Development », dans Robert T. Daland éd., *Perspectives of Brazilian Public Administration*, volume I, Los Angeles, Getúlio Vargas Foundation and University of Southern California, 1963), De Mello e Souza examine les tendances de la bureaucratie, étudiant ses rapports avec la politique et la société civile, sans estimer toutefois que ces liens relèvent de pathologies. Il nous semble en revanche que, s'il y a lieu de critiquer à plusieurs reprises la bureaucratie brésilienne, il ne faut toutefois pas tomber dans une sorte de culturalisme dénigrant.

[1] Le terme est utilisé par Daland dans *Exploring Brazilian Bureaucracy*.

donner à l'entreprise privée des opportunités fondées sur le pouvoir de certains bureaux[1]. »

Daland incrimine aussi le manque de hiérarchie entre administrations et l'incompétence des fonctionnaires de niveau bas-intermédiaire, qui ne savent ni ce que fait leur administration ni quel est leur rôle. Ce problème de hiérarchie se retrouve au BNDES : la duplication des administrations est tendancielle au Brésil[2]. Nous ne sommes donc pas en présence d'un système wéberien, et cela nous conduit à considérer l'importance de la rationalité dans le développement économique. Dans ce cadre, on aura d'autant plus tendance à regarder le BNDES comme un écart par rapport à la norme alors que, paradoxalement, cette norme correspond déjà à un écart indu par rapport au modèle rationnel. L'administration économique brésilienne est connue pour avoir un management efficace des contrôles à l'importation et un conseil des taux de douane performant. Vargas et Kubitschek utilisaient, pour l'application des plans, des poches d'efficacité et leur déléguaient des pouvoirs très étendus : ce fut le cas du BNDE, des ministères économiques, des entreprises publiques et d'autres instituts ou groupes. Le but était de créer un environnement économique fertile pour l'entreprise privée, en aidant et non en contrôlant les affaires[3]. Au début de l'ère développementaliste, surtout sous Vargas, les relations entre l'État et la société sont typiques – ainsi qu'on l'a rappelé plus haut – du *cohesive-capitalist state*. Que vaut ce modèle dans le cas brésilien ? Que devient-il avec la mondialisation financière et la libéralisation ?

---

[1] Robert T. Daland, *Brazilian Planning, op. cit.*, p. 210.

[2] Le Conselho de Desenvolvimento de Kubitschek est doublé par le COPLAN de Quadros, la Superintendance de la réforme agraire (SUPRA) et l'Instituto Nacional de Desenvolvimento Agrario (INDA).

[3] La rationalité de la bureaucratie est primordiale dans le choix d'une cible d'investissement : encore maintenant, dans l'indice *doing business*, la place du Brésil est limitée à cause de l'administration et du *jeitinho*. Ce terme désigne un mécanisme social, propre au Brésil, par lequel on permet à une personne d'obtenir quelque chose en passant outre les règles établies.

L'État développementaliste en contexte néolibéral

Tout au long de ce travail, on utilisera souvent le terme de « néolibéralisme ». On n'entrera pas dans le débat de savoir si le gouvernement Cardoso a été « néolibéral » – cela serait l'objet d'une étude à part entière. Définissons néanmoins le terme de « néolibéralisme » tel que nous allons l'utiliser. David Harvey définit le néolibéralisme comme

> « Une théorie des pratiques de politique économique qui pose que le bien-être des individus peut progresser en libérant leurs forces entrepreneuriales à l'intérieur d'un cadre institutionnel caractérisé par des droits forts de propriété privée[1]. »

Une telle théorie présuppose un État faible, discret, qui n'empêche pas l'accumulation économique. Le sociologue Colin Crouch donne un exemple de paradigme néolibéral[2] et tente de prouver que la démocratie est érodée par un *hold-up* des grandes entreprises privées : l'État disparaît à cause du néolibéralisme, les entreprises influencent la gouvernance mondiale limitant les marges de manœuvre des États et intervenant directement dans les politiques publiques. Crouch observe aussi que les élites politiques sont de plus en plus indifférenciées, avec des élites de la finance reconverties en élites politiques.

Ce paradigme théorique s'applique difficilement à des cas concrets. Tout d'abord, il importe de ne pas confondre néolibéralisme et libéralisme et de ne pas amalgamer ces concepts avec ceux de mondialisation, de capitalisme ou de financiarisation. Le libéralisme économique remonte à Adam Smith (1723-1790) et Jeremy Bentham (1748-1832) qui préconisèrent une intervention limitée de l'État, en raison de la capacité du marché à se réguler tout seul. Le néolibéralisme est né à une autre époque et impose certains types de politiques telles que le démantèlement des services publics, de l'État

---

[1] David Harvey, *A Brief History of Neoliberalism*, Oxford, Oxford University Press, 2005, p. 2. On peut aussi se référer à Robert Brenner, *Merchants and Revolution: Commercial Change, Political Conflict, and London's Overseas Traders, 1550-1653*, Princeton, Princeton University Press, 1993.

[2] Colin Crouch, *Post-Democracy*, Cambridge, Polity Press, 2004. Id., *The Strange non Death of Neoliberalism*, Cambridge, Polity Press, 2011.

providence, des syndicats et des privatisations. Dans l'équation néolibérale, l'efficacité et la croissance sont les composantes principales, et les questions de la justice sociale et des inégalités importent peu. Face à un tel paradigme, dont il faut limiter l'ampleur, contrairement à Crouch, se posent les questions suivantes : comment le néolibéralisme génère-t-il de nouvelles politiques publiques ? En quoi consistent-elles ? Comment juger si elles sont effectivement impulsées par le néolibéralisme ? Patrick Le Galès[1], dans un article au sujet de trois instruments d'action publique britanniques[2] qui permettent d'évaluer les collectivités territoriales, montre que la logique néolibérale a imposé un rôle coercitif et normatif à l'État central, contre les collectivités, considérées coupables du « déclin » anglais. Ainsi l'auteur de conclure, citant Steven Vogel[3] :

> « *Freer markets, more rules*... Ces trois instruments et leur usage révèlent non pas un retrait de l'État, non pas un État qui se contenterait d'être le gardien des règles du jeu, mais un État qui se recentralise en mobilisant un nouveau répertoire d'instruments[4]. »

Le néolibéralisme peut ainsi aller de pair avec la constitution d'un État fort, comme ce fut le cas du Royaume-Uni à l'époque de Margaret Thatcher. Polanyi[5] explique en quoi la création du marché présuppose une action de l'État et non sa démission (contrairement à ce que pourrait écrire un tenant de la thèse de l'hyperglobalisation). Il n'y a donc pas de paradoxe entre, d'une part, la présence de réformes néolibérales et, d'autre part, une reformulation du rôle de l'État.

D'après un article de Pierre-Louis Mayaux et Antoine Maillet[6], les réformes néolibérales au Brésil[1], notamment

---

[1] Patrick Le Galès, « La restructuration de l'État en Grande-Bretagne », dans Pierre Lascoumes et Patrick Le Galès dir., *Gouverner par les instruments*, Paris, Presses de Sciences Po, 2005, p. 237-271.

[2] Compulsory Competitive Tendering (CCT), Best Value for Money and Comprehensive Spending Assessment (CPA).

[3] Steven Vogel, *Freer Markets, More Rules: Regulatory Reform in Advanced Industrial Countries*, Ithaca, Cornell University Press, 1996.

[4] Patrick Le Galès, « La restructuration de l'État en Grande-Bretagne », *art. cit.*, p. 267.

[5] Karl Polanyi, *The Great Transformation*, *op. cit.*

[6] Pierre-Louis Mayaux et Antoine Maillet, « Gérer l'héritage de l'État néolibéral. Les gauches latino-américaines face aux régulateurs indépendants », dans Olivier Dabène,

l'agencification, ont vidé l'État de sa substance politique. Les auteurs émettent trois hypothèses de comportement du gouvernement de gauche face aux agences : soit le gouvernement de gauche ne réforme pas ou peu leur fonctionnement, soit la gauche a évolué dans ses représentations en faveur du secteur privé, soit elle a adopté une méthode pragmatique. Au lieu de réformer les agences, trop indépendantes du pouvoir et pas assez des milieux d'affaires, la gauche fait en sorte d'en exploiter le fonctionnement. En effet, ni la présidence de Lula ni celle de Rousseff n'ont su reformer le statut des agences et leurs caractéristiques juridiques. Dans le discours des politiques de gauche fraîchement arrivés aux commandes de l'État, les agences apparaissent comme les vraies détentrices du pouvoir[2]. La mise sous dépendance, la dernière remontant au projet de loi du 12 avril 2004 (PF 3337/2004), n'a pas été votée. Mayaux montre quel lien s'établit entre la satisfaction que les milieux d'affaires manifestent vis-à-vis des agences et l'utilisation qu'en font les partis en contexte de marchandage : il cite un article de *Folha de São Paulo*[3] où l'on spécifie à quels partis appartiennent les diverses agences. Celles-ci sont utilisées pour des nominations-rétributions ou pour des investissements à qui de droit. Certes, le BNDES n'est pas une agence, mais ce n'est plus une *autarquia*. Il s'agit maintenant d'une entreprise publique fédérale.

Dans ce cadre d'influence néolibérale, puis de gauche, l'État cesse d'être un intervenant direct et se mue en simple régulateur s'appuyant sur des agences autonomes dépolitisées. Nous essayerons de répondre à la question : le BNDES est-il devenu une agence néolibérale ? En droit, l'*autarquia* est moins autonome que l'agence, il s'agit plutôt d'un exécutant efficace que d'un opérateur indépendant. Certaines *autarquias* peuvent

---

dir., *La Gauche en Amérique latine, 1998-2012*, Paris, Presses de Sciences Po, 2012, p. 203-235.

[1] Celles-ci commencent en 1980, sous les militaires, et sont accélérées par Sarney avant d'atteindre leur sommet sous Cardoso. Elles consistent en un plus grand nombre de privatisations et en une plus grande indépendance des agences.

[2] Cf. « Lula critica agências e diz que fara mudanças », *Folha de São Paulo*, 20 février 2003.

[3] « O planalto quer limitar poder das agencias reguladoras », *Folha de São Paulo*, 23 mars 2011.

être des agences (auquel cas elles sont à mi-chemin entre indépendance fonctionnelle et indépendance totale) mais toutes ne le sont pas. Le BNDES n'est pas une agence en droit mais il importe de savoir s'il est devenu une quasi-agence de par son indépendance.

Une littérature variée mais présentant des lacunes

Dans tous les travaux mentionnés peu de pages portent sur le BNDE/S[1]. Celui-ci, en effet, n'a pas été considéré comme un objet individuel d'étude : cela est étonnant, ne serait-ce que par la taille de cette institution. Nous estimons, en revanche, que son importance dépasse largement son statut d'entreprise publique fédérale et qu'il peut nous apprendre beaucoup sur la stratégie de réorientation du système 'gétulien'.

Si le BNDES est ignoré, cela est dû au fait que les divers auteurs cités veulent embrasser l'État développementaliste dans sa totalité : cette tâche nous semble impossible. Nous choisissons donc, plus modestement, de nous concentrer sur une partie de l'État. Notre démarche a des limites, atténuées par l'importance du BNDES, mais permettra de mieux fonder les analyses sur des données précises. On peut observer que ce qu'Evans, Sikkink, Kohli, Bresser-Pereira ou Daland ont dit sur le BNDES se recoupe, sans véritablement se compléter. En un mot, le BNDES n'est pas considéré comme un objet de science politique et est toujours cité de façon transversale, à l'occasion de réflexions plus larges. Peu d'articles proposent une étude approfondie du BNDES et de son rôle, et ne présentent aucune analyse sociologique de cette banque qui soit replacée dans une trajectoire historique et dans le contexte plus vaste de l'analyse sociologique de l'État. Il s'agit le plus souvent d'articles de teneur informative et ponctuelle, qui nous ont surtout été utiles au début du travail[2].

---

[1] Rappelons que le sigle du BNDES a été complété par un « S » en 1982 dans le but de rajouter une dimension sociale au développement économique.

[2] Quelques références : Eliza J. Willis, « Explaining Bureaucratic Independence in Brazil: The Experience of the National Economic Development Bank », *Journal of Latin American Studies* 27/03 (1995), p. 625-661 ; Werner Baer & Annibal V. Villela, « The Changing Nature of Development Banking in Brazil », *Journal of Interamerican Studies and World Affairs* 22/4 (1980), p. 423-440 ; David C. Bruce, « Brazilian Technocrats

Nationalisme économique et développement

Des approches diversifiées de l'État développementaliste permettent de replacer son étude dans un cadre théorique plus ample. Le nationalisme économique suppose une compétition pour la richesse et le bien-être dans une perspective nationale où le rôle de l'État est prépondérant ; de la sorte, une relation étroite se tisse entre succès économique et puissance de l'État. Un exemple est constitué par l'État japonais. Chalmers Johnson[1] observe que celui-ci se mue en État développementaliste afin d'assurer sa survie aussi bien économique que militaire : c'est « une économie mobilisée pour la guerre qui n'est jamais démobilisée en temps de paix ».

L'objectif du nationalisme économique est la puissance industrielle, fondement de la puissance militaire : l'État développementaliste est donc à l'origine de la puissance de l'État et il est aussi son fruit. Il faut toutefois prendre soin d'étendre la réflexion de l'État développementaliste au

---

and Economic Development Policy », *Public Administration and Development* 5/2 (1985), p. 169-175 ; Kathryn Hochestetler & Alfred P. Montero, « Inertial Statism and the New Developmentalist State in Brazil », communication tenue au Colloque de la *Latin America Studies Association Conference*, 23-26 mai 2012, San Francisco. Bien qu'ils n'aient pas une approche théorique très intéressante pour notre propos, ces articles sont d'une grande valeur informative car ils relient les évolutions du BNDES aux théories économiques et aux idéologies politiques depuis 1952. Un certain nombre de thèses et de mémoires existent sur le sujet, notamment celui de Bento Antunes (Bento Antunes de Andrade Maia, *O papel do BNDES: críticas ao crédito e ao FAT*, Campinas, SP, Faculdades Campinas, 2007) qui reprend les termes du débat autour du crédit dirigé. Ce travail nous a été utile car il resitue ce débat dans la réflexion économique et politique au Brésil depuis 1987 et permet de l'incarner, au-delà des considérations purement économiques qui ne sont pas de notre ressort. La thèse de Claudia Curralero (Claudia Curralero, *A atuação do Sistema BNDES como instituição financeira de fomento no período 1952-1996*, Tese [mestrado em economia] – Instituto de Economia, Universidade Estadual de Campinas, Campinas, 1998) nous a permis d'avoir des perspectives historiques précises. Un nombre limité d'articles existe aussi autour de questions financières ponctuelles (taux des crédits principalement) relatives au BNDES, le plus significatif étant sans doute le travail déjà cité de Pérsio Arida, « Mecanismos compulsórios e mercado de capitais ». Ernani Teixeira Torres Filho, « A reforma do sistema FAT-BNDES: críticas à proposta Arida », *Revista do BNDES* 24 (décembre 2005), p. 31-42. Id., « Crédito Direcionado e Direcionamento do Crédito: Situação Atual e Perspectiva », *Revista do BNDES* 25 (juin 2006), p. 35-50, répond à Arida dans la *Revista do BNDES* qui est reconnue comme une revue d'économie académique. Néanmoins, peu d'études se sont penchées sur le BNDES d'un point de vue sociologique.

[1] Chalmers Johnson, *MITI and the Japanese Miracle*, *op. cit.*, p. 22.

développementalisme en général, qui peut être présent dans un État qui n'est pas développementaliste ; on peut aussi trouver, au sein d'un même État, des poches de néolibéralisme comme d'interventionnisme. Des exemples de nationalisme économique à teneur développementaliste existent dans de très nombreux pays aux histoires différentes[1].

Pour notre propos, notons simplement que le nationalisme économique est l'une des principales forces qui soutiennent l'État développementaliste[2], car il stimule un pays à rattraper son retard : cela est particulièrement vrai dans le cas sud-coréen. Il est essentiel de considérer ce point, car le nationalisme permet de légitimer les politiques développementalistes en faisant accepter les sacrifices nécessaires au développement. L'État développementaliste est tout sauf un État technocratique. C'est un État politiquement très fort, nationaliste, qui se sert d'institutions hautement technocratiques pour réaliser ses visions à long terme. Comment interpréter, dans ces conditions, le degré de nationalisme de la politique économique de l'État brésilien ? En quoi l'État développementaliste brésilien est-il nationaliste ? Quel est le rôle du BNDES dans la poursuite d'objectifs « nationalistes » ? Si la légitimité de l'État développementaliste est soutenue par un certain nationalisme, quelle est la place des aspects démocratiques et participatifs dans la constitution de ses politiques économiques ?

État développementaliste et démocratie

On ne peut séparer l'étude d'un État développementaliste de la question démocratique. Bien souvent, les États développementalistes naissent dans des contextes autoritaires,

[1] Le Dirigisme en France et le MITI au Japon sont des exemples d'intervention de l'État avec une teneur de nationalisme économique. En Argentine, des politiques de tarification ont été mises en place en 2001 durant la crise financière et la dévaluation ; aux USA, des taxes pour protéger la production nationale d'acier ont été utilisées. En Malaisie, des contrôles ont été imposés en 1997 sur les échanges de devises. Au Brésil, les exemples sont innombrables : contrôles tarifaires, taux de changes fixes avant 1995, crédit dirigé du BNDES. D'autres pays d'Asie, notamment la Chine, fournissent des exemples supplémentaires.
[2] Thandika Mkandawire, « Thinking about Developmental States in Africa », *Cambridge Journal of Economics* 25 (2001), p. 289-313, surtout p. 291.

que ce soit au Brésil sous Vargas, en Corée du Sud sous Park Chung Hee, ou encore en Chine.

Le postulat développementaliste de départ est que la croissance économique est un bien supérieur à la qualité de la démocratie, et c'est sur cette croissance que se construit la légitimité de l'État. Les politiques économiques de l'État développementaliste ont pour but d'atteindre la croissance dans l'équité[1], en générant ce que Haggard[2] a appelé des « coalitions de croissance ». Ces coalitions regroupent les élites politiques autour d'un objectif commun, vital pour elles, qui est le développement. C'est sur ces coalitions que les États développementalistes en Asie ont assis leur légitimité. Comme l'écrit Johnson,

> « La source de l'autorité dans l'État développementaliste n'est pas l'un des trois éléments de la 'sainte trinité' de Weber : source d'autorité traditionnelle, source légale rationnelle et source charismatique. Il s'agit plutôt d'une autorité révolutionnaire : celle d'un peuple engagé dans la transformation de son ordre social, politique et économique. La légitimité de l'État dérive des résultats qu'il a obtenus et non pas de la façon par laquelle il est parvenu au pouvoir[3]. »

Adrian Leftwich, professeur au département de *Politics* de l'Université de York, a proposé une définition de l'État développementaliste dont la force est d'intégrer le politique comme facteur clé de réussite : « le développement est inéluctablement politique »[4]. Leftwich établit six facteurs de consolidation de l'État développementaliste[5], certains d'entre eux peuvent éclairer notre propos. L'État développementaliste,

---

[1] Huck-ju Kwon, *The Welfare State in Korea. The Politics of Legitimation*, Basingstoke, Macmillan, 1999.

[2] Stephan Haggard, « The East Asian NICs in Comparative Perspective », *Annals of the American Academy of Political and Social Science* 505 (1989), p. 129-141 ; Id., *Pathways from the Periphery. The Politics of Growth in Newly Industrializing Countries*, Ithaca, Cornell University Press, 1990.

[3] Chalmers Johnson, « The Developmental State. Odyssey of a Concept », dans Meredith Woo-Cumings éd., *The Developmental State*, New York, Cornell University Press, 1999, p. 32-60, *op. cit.*, p. 53.

[4] Adrian Leftwich, *States of Development. On the Primacy of Politics in Development*, Cambridge, Polity Press, 2000.

[5] Adrian Leftwich, *States of Development*, *op. cit.*, p. 160-165.

qui naît dans des contextes sociaux où la société civile est faible et amadouée par l'État, est gouverné par une élite développementaliste dont le but est d'atteindre la croissance. Or la légitimité de l'élite développementaliste dépend surtout de ses résultats. L'État développementaliste est habituellement un État qui se soucie peu des droits de l'homme et utilise la répression ; cela advient surtout dans les États développementalistes non démocratiques, en Afrique par exemple. Cependant, selon Leftwich[1], le caractère non démocratique de l'État développementaliste ne remet pas en cause sa légitimité si les résultats sont présents. Le caractère démocratique de l'État développementaliste n'a jamais été un point central dans la littérature sociologique, sans doute à cause du fait que ces États ne sont pas démocratiques. Leftwich[2] remarque qu'« il n'y a pas nécessairement une relation entre démocratie et développement », démocratie et État développementaliste peuvent même s'opposer :

> « Les prérequis institutionnels pour une démocratie stable et consolidée sont structurellement différents de ceux qui sont nécessaires pour obtenir une croissance rapide et capable de transformer la structure économique (...). Mais ces changements sont très différents par rapport à ceux qui sont nécessaires pour la démocratie. Car (...) la démocratie est essentiellement un système de pouvoir conservateur, en quête de stabilité et non de changement[3]. »

En revanche, selon Matthew Lange et Dietrich Rueschmeyer[4], la démocratie a un rôle prépondérant dans l'efficacité de l'État développementaliste ainsi que dans sa légitimité. Lorsqu'on se penche sur le lien entre État développementaliste et gouvernance démocratique, l'analyse de Thomas Pempel[5], qui étudie comment l'État choisit ses cibles de développement, se révèle également utile.

---

[1] Adrian Leftwich, *States of Development*, *op. cit.*, p. 174.

[2] Adrian Leftwich, *States of Development*, *op. cit.*, p. 133.

[3] Adrian Leftwich, « Democracy and Development. Is there Institutional Compatibility? », *Democratization* 12 (2005), p. 686-703, *op. cit.*, p. 692 et 695.

[4] Matthew Lange & Dietrich Rueschemeyer éds., *States and Development. Historical Antecedents of Stagnation and Advance*, New York, Palgrave Macmillan, 2005.

[5] Thomas Pempel, « The Developmental Regime in a Changing World Economy », dans

Si les angles pour étudier l'État développementaliste sont variés, ils sont néanmoins complémentaires. Nous nous concentrerons principalement sur les relations entre État en développement et marché. À ce titre, considérons deux études, dues à Sérgio Lazzarini et à Jonah D. Levy, qui ont été pour nous très significatives et qui nous ont permis d'élaborer un cadre théorique. Cependant, la complémentarité des autres approches sera également mise à profit afin d'étayer nos analyses.

Le BNDES et le capitalisme d'État

Sérgio Lazzarini a fourni l'une des approches les plus intéressantes sur le BNDES. Cet auteur, qui a une formation d'administrateur d'entreprise, propose une analyse politique de l'action du BNDES que Marcus Vinícius Gomes, professeur à l'Université fédérale du Rio Grande do Norte (UFRN), nous a conseillé de lire. Lazzarini focalise son attention sur les liens entre les entreprises, la politique et le BNDES. Dans ses contributions[1] il aborde la question du rôle du BNDES dans le Brésil moderne, se fondant sur des statistiques du BOVESPA[2]. Il note, par exemple, qu'il existe des « biais » dans l'orientation du capital-investissement (*private equity*)[3] du BNDES et des prêts. Son livre, *Capitalismo de laços*[4], constitue à l'heure actuelle l'étude la plus aboutie sur le capitalisme au Brésil. Son

---

Meredith Woo-Cumings éd., *The Developmental State*, *op. cit.*, p. 137-181.

[1] Sérgio Lazzarini, Aldo Musacchio, Rodrigo Bandeira-de-Mello, Rosilene Marcon, « What Development Banks Do? Evidence from Brasil 2002-2009 », Harvard Business School, Working Paper 12-047, 8/12/2011 ; Sérgio Lazzarini, Gianmarco I.P. Ottaviano, Felipe Lage de Sousa, « The Effects of BNDES Loans on the Productivity of Brazilian Manufacturing Firms », *ibid.*, mai 2011 ; Sérgio G. Lazzarini and Aldo Musacchio, « Leviathan as a Minority Shareholder: A Study of Equity Purchases by the Brazilian National Development Bank (BNDES), 1995-2003 », Harvard Business School, Working Paper 11-073 (12/2010).

[2] Le BOVESPA (*Bolsa de Valores de São Paulo*) est l'indice de la bourse de São Paulo, la plus importante d'Amérique du Sud.

[3] Une opération de *private-equity* vise, pour un investisseur, à entrer au capital d'une entreprise qui a besoin de fonds propres pour se développer. De façon générale, il s'agit pour l'investisseur (institutionnel, privé ou particulier) d'acheter des titres, comme des actions : l'entreprise où l'argent est investi voit donc son capital augmenter. En échange, elle versera chaque mois un dividende à l'investisseur. Ce dividende est variable, selon les résultats de l'entreprise.

[4] Sérgio G. Lazzarini, *Capitalismo de laços*, *op. cit.*

concept de *capitalismo de laços* vise à définir les relations entre l'État (banques publiques, fonds) et les entreprises privées : « Un *'laço'* doit être entendu de façon plus générale comme une 'relation' entre des acteurs sociaux dans un but économique. »[1] On pourrait traduire cette expression en français par « capitalisme des liens ». Il faut reconnaître une certaine nouveauté au concept[2]. Ces liens sont aussi bien économiques (participation actionnaire) que personnels et politiques (Lazzarini étudie les réseaux dans les conseils d'administration). Cet ouvrage apporte le modèle le plus utile pour aborder notre sujet. On y montre que l'État est devenu un acteur majeur du capitalisme brésilien, surtout depuis l'arrivée de Lula au pouvoir. *A minima* il s'agit d'une continuation de l'*embeddedness* analysée par Peter Evans. Mais s'agit-il d'un capitalisme d'État ?

Certes, la littérature fournit les outils théoriques et empiriques pour comprendre l'État développementaliste de 1950 à 1985, mais la recherche a ignoré deux points essentiels : elle ne s'est pas interrogée sur l'évolution de l'État développementaliste depuis Sarney jusqu'à Rousseff, et n'a pas non plus considéré son caractère spécifique au Brésil. Le concept d'État développementaliste a été forgé sur des cas asiatiques, et a été appliqué en Afrique et en Inde : il sera donc nécessaire de

---

1 Sérgio G. Lazzarini, *Capitalismo de laços*, *op. cit.*, p. 4.

2 Peter Hall et David W. Soskice (Peter A. Hall & David W. Soskice éds., *Varieties of Capitalism. The Institutional Foundation of Comparative Advantage*, Oxford, Oxford University Press, 2001) ont identifié deux formes de capitalisme. Le premier type est le capitalisme des économies libérales de marché (Royaume-Uni, États-Unis). Dans ces économies, les entreprises ne dépendent pas de l'État mais des marchés pour se financer, se préoccupent de profits rapides et sont confrontées à la libre concurrence. Le second type est le capitalisme des économies de marché (Allemagne, Japon), dans lequel les firmes sont davantage protégées. Il est difficile d'identifier lequel de ces types purs s'adapte le mieux au cas brésilien. D'autres études (par exemple, Vivien A. Schmidt, *The Futures of European Capitalism*, Oxford, Oxford University Press, 2002) identifient une troisième forme de capitalisme : celle des économies de marché influencées par l'État (Linda Weiss, *The Myth of the Powerless State: Governing the Economy in a Global Era*, Cambridge, Polity Press, 1998 ; Meredith Woo-Cumings éd., *The Developmental State*, *op. cit.*) : c'est l'État développementaliste (France, Italie, surtout Corée du Sud, Taiwan, Brésil). Ici les relations entre les travailleurs, les entreprises et l'État sont plus verticales, et l'intervention de l'État est celle d'un stratège qui conserve le rôle des marchés financiers mais cherche à protéger ou à améliorer les performances des entreprises privées nationales.

recentrer l'étude sur le cas particulier du Brésil et sur son mode de fonctionnement politique spécifique.

À l'exception des ouvrages de Bresser-Pereira et de Lazzarini, portant sur la période Cardoso-Rousseff, et de quelques articles que nous avons cités, peu d'études ont traité du devenir de l'État développementaliste depuis Vargas et Kubitschek jusqu'à l'époque de la mondialisation – nous entendons par mondialisation un contexte économique où s'accroissent des échanges de flux, de marchandises et d'idées. Sans entrer dans le débat sur la datation de la mondialisation, il faut néanmoins noter ses accélérations successives (1980, 1990) tout en remarquant ses continuités avec le XIXe siècle[1]. Les tenants de la thèse de l'hyperglobalisation[2], comme Kenichi Ohmae[3], arguent que la mondialisation réduit l'autonomie des États : les capitaux, totalement libres et les investisseurs, parfaitement informés[4], pourraient délaisser des pays n'adoptant pas des politiques leur convenant. Nous n'entrerons pas non plus dans ce débat, préférant simplement retenir non pas une convergence des États vers plus de néolibéralisme, mais une divergence de trajectoires[5] qui les met néanmoins en concurrence dans leur développement. La mondialisation financière, l'importance croissante des flux de capitaux et de marchandises, la libéralisation économique et commerciale imposée par les normes de l'Organisation mondiale du commerce, doivent être tenues en compte. Notre but, néanmoins, ne sera pas d'en étudier l'importance.

---

[1] Layna Mosley, *Global Capital and National Governments*, Cambridge UK/New York, Cambridge University Press, 2003, chapitre « History Repeating itself », p. 249-304.

[2] Au sens de Colin Hay, « Globalization's Impact on States », dans John Ravenhill éd., *Global Political Economy*, 3 rd édition, Oxford, Oxford University Press, 2011, chapitre 10, p. 314-346.

[3] Kenichi Ohmae, *The Borderless World: Power and Strategy in the Interlinked Economy*, London, Harper Collins, 1990, écrit (p. 24) : « L'État-nation est devenu une structure non naturelle et inefficace pour l'organisation de l'activité humaine et le contrôle de l'effort économique dans un monde sans frontières. Il ne représente aucun intérêt économique partagé ; il ne définit aucun flux significatif de l'activité économique. »

[4] En vérité il n'en est rien : cf. Layna Mosley, *Global Capital, op. cit.*, chapitre « Financial Market Influence on Government Policy: Theory and Hypotheses », p. 25-50 et Linda Weiss, *The Myth of the Powerless State, op. cit.*, chapitre « The Limits of Globalization », p. 167-187.

[5] Colin Hay, « Globalization's Impact on States », *art. cit.*, p. 322.

Ainsi, les pays en développement, comme le Brésil mais aussi, par exemple, la Corée, sont en concurrence et cherchent à maximiser leur développement économique. Dans le cas du Brésil, il faut tout autant parler de mondialisation économique que de libéralisation politique, avec la fin de la dictature en 1985 et l'arrivée au pouvoir de gouvernements élus dont l'approche étatique de l'économie est différente. Dans ce contexte économique international et politique, une évolution de l'État développementaliste est probable mais elle n'a pas été observée par des chercheurs en sciences sociales. Il y a certes des articles épars de sociologues ou d'économistes, mais bien des questions n'ont été ni abordées ni résolues. Plusieurs modèles théoriques de sociologie de l'État existent pour comprendre ce que devient le dirigisme économique à l'ère de la mondialisation, mais ceux-ci ne nous satisfont pas.

L'État comme soutien au marché

Ce que l'État devient fait débat, tout comme ce que devient l'État développementaliste[1]. Travailler sur le développement économique implique une étude sur les capacités de l'État, sur son rôle dans le développement et sur la façon dont il se réforme afin de mieux assurer sa légitimité par le développement. Le paradigme néolibéral dégagé par Crouch[2] et Hay[3] doit être convoqué pour expliquer les évolutions de l'État développementaliste. Par conséquent, s'intéresser à l'État revient à se demander quelles stratégies sont ou doivent être utilisées. Précisons que nous ne parlons pas de bonne ou de mauvaise gouvernance pour obtenir la croissance économique ou encore pour consolider la démocratie.

Un article de Jonah D. Levy (« The State after Statism – From Market Direction to Market Support »[4]) nous a été très

[1] Peter Evans, *Embedded Autonomy*, *op. cit.* Linda Weiss, *The Myth of the Powerless State*, *op. cit.* ; Meredith Woo-Cumings éd., *The Developmental State*, *op. cit.*

[2] Colin Crouch, *Post-Democracy*, *op. cit.*

[3] Colin Hay, *Demystifying Globalization*, London, Macmillan/St Martin's Press, 2000.

[4] Jonah D. Levy, « The State after Statism – From Market Direction to Market Support », dans Jonah D. Levy éd., *The State after Statism: New State Activities in the Age of Liberalization*, Cambridge, Mass./London, Harvard University Press, 2006, p. 367-393.

utile. Levy cherche à répondre à la question « Qu'est devenu le rôle économique de l'État dans les démocraties prospères dans cette ère post-étatique ? » et analyse comment les États reconfigurent un rôle moderne après la fin de l'étatisme qui aurait échoué. D'après Andrew Shonfield[1], cité par Levy, le capitalisme moderne signe un changement dans la balance entre intervention privée et publique[2], au sein de démocraties industrialisées. L'auteur apporte deux conclusions distinctes : d'abord, l'économie, dans son évolution récente, génère une demande pour une reformulation de l'intervention de l'État mais en aucun cas une demande simpliste de son retrait. Ensuite, la logique de marché, intrinsèquement libérale, a paradoxalement provoqué une montée de l'activisme de l'État[3]. La thèse de Levy est que les développements contemporains de l'économie ont créé une nouvelle demande pour une nouvelle intervention de l'État, et que le développement des logiques libérales a produit davantage d'activisme étatique[4]. Ce faisant, le leadership étatique reste indispensable, et l'on sort d'un débat classique sur le retrait de l'État de la sphère économique.

Cependant, l'approche de Levy se heurte à la réalité des pays en développement, son analyse étant fondée sur des pays tels que les États-Unis ou l'Allemagne : les pays en développement partent d'une plus grande situation de pauvreté avec un État plus

---

[1] Andrew Shonfield, *Modern Capitalism: the Changing Balance of Public and Private Power*, Oxford, Oxford University Press, 1965.

[2] Jonah Levy, « The State after Statism », *art. cit.*, p. 3 : « Les activités de l'État se sont actuellement déplacées d'un rôle de direction du marché à un rôle de soutien. Néanmoins, le soutien du marché n'équivaut pas à un retrait de l'État. Au contraire, cette réorientation a engendré une série de nouvelles activités de l'État qui ont principalement apparu depuis le tournant pro-marché des années soixante-dix et quatre-vingt. »

[3] La mondialisation, loin de réduire l'État, en a multiplié les tâches. L'innovation technologique, quel que soit le niveau, a par exemple donné à l'État un rôle important de financeur. Les évolutions sociales demandent que l'État développe ces nouvelles tâches.

[4] L'État, au titre de ses nouveaux rôles (économiques, sociaux, correctifs et constructifs), développe une vocation corrective (réparer les différents types de capitalisme, reconfigurer les marchés du travail) et une vocation constructive (aider les sociétés à passer du fordisme au post-fordisme, augmenter la concurrence sur les marchés). L'article de Levy explique aussi que le *developmental state* et le *corporatist state* ne sont plus d'actualité et sont remplacés par le *corrective state* et le *constructive state*, ou États néo-développementalistes. Ces types purs ne conviennent pas exactement à la réalité, dit-il, mais permettent en tout cas de penser des stratégies autres que celles du développementalisme.

faible, et, dans ces pays aussi, l'étatisme, qui a porté les politiques d'industrialisation par substitution aux importations, a échoué. En revanche, le néolibéralisme (Washington Consensus) s'est, selon Levy, imposé. Le déplacement du dirigisme de marché au support de marché s'opère néanmoins, et laisse la place à de nouveaux rôles de l'État. Levy oppose drastiquement la situation des pays nouvellement industrialisés avec celle des pays en développement d'Amérique latine, par exemple. Au vu de la littérature sociologique sur les transformations de l'État, il semble qu'il ne faille pas se focaliser sur la mondialisation. On doit plutôt considérer que l'État ne dirige plus mais influe sur le marché dans une logique qui vise à maximiser son intérêt en contexte de mondialisation. Celle-ci n'est plus un danger dont il faut se protéger mais quelque chose dont il faut tirer habilement parti.

Dans une optique d'économie politique, l'étude du poids de l'État a souvent été utilisée pour rechercher les effets du néolibéralisme, et, de façon plus générale, pour identifier une réduction générale de l'État. En revanche, les travaux de Franseze[1] et de Castles[2] mettent en évidence que le poids de l'État n'a pas diminué et que les choses sont bien plus complexes. S'il est vrai que la gestion budgétaire est éminemment politique, on se rend compte rapidement que les facteurs budgétaires ne sont pas les seuls qui comptent. Comptent aussi les facteurs politiques : institutions, groupes d'intérêt, partis politiques.

La question de recherche que nous souhaitons traiter est à l'intersection de deux questions largement examinées dans la littérature : d'abord, l'effet de la mondialisation sur l'État, ensuite, la transformation de la stratégie des États développementalistes. La seconde question est reliée à celle du gouvernement du marché par l'État. Wolfgang Streeck et Kathleen Thelen[3] considèrent que la libéralisation est une force

---

[1] Robert Franzese, *Macroeconomic Policies of Developed Democracies*, Cambridge, Cambridge University Press, 2002.

[2] Francis G. Castles, *The Disappearing State? Retrenchment Realities in an Age of Globalization*, Cheltenham, Edward Elgar, 2007.

[3] Wolfgang Streeck & Kathleen Thelen éds., *Beyond Continuity: Institutional Change in Advanced Political Economies*, Oxford, Oxford University Press, 2005.

sous-jacente qui influence les changements institutionnels (ils en évoquent cinq types). Cette création d'un libre marché demande un double mouvement : établir le marché, puis l'établir dans des normes sociales, comme l'avait noté Jonah D. Levy. On retrouve ce raisonnement appliqué avec succès à divers cas empiriques, par exemple par Naughton[1] au sujet de la réforme économique chinoise, par Rodrik[2] ou encore par Garret[3].

Détachons-nous de tous ces modèles, de tous ces types purs et de toutes ces catégories que la littérature propose pour poser une question simple : des divergences de trajectoire existent entre divers pays qui ont connu des politiques développementalistes et qui n'ont pas tous emprunté de la même façon la voie du capitalisme moderne. Au Brésil, l'étatisme d'industrialisation par substitution aux importations de Vargas et de Kubitschek laisse-t-il vraiment la place à une politique de soutien du marché (*market support*) à cause des nouveaux impératifs économiques et sociaux[4] ?

Hypothèses

Nous structurerons notre réflexion autour des hypothèses suivantes :

Premièrement, le gouvernement Cardoso n'a pas remis durablement en cause le rôle de l'État développementaliste et le processus de privatisation s'est accompagné d'une entrée massive de l'État dans le capital des entreprises aboutissant à ce que nous appellerons un État développementaliste caché (*hidden developmental state*). Cette notion a été l'objet d'un article de Fred Block « *Swimming against the Current: The Rise of a*

[1] Voir Barry Naughton, *Growing out of the Plan: Chinese Economic Reform, 1978-1993*, Cambridge, Cambridge University Press, 1995.
[2] Dani Rodrik, « Getting Interventions Right », *art. cit.*
[3] Geoffrey Garrett, *Partisan Politics in the Global Economy*, Cambridge, Cambridge University Press, 1998.
[4] Par « nouveaux impératifs économiques » j'entends à la fois : compétition internationale, mondialisation commerciale et financière, donc volatilité des taux d'intérêt et des capitaux étrangers, toujours plus nécessaires, mais aussi lutte contre les inégalités.

Hidden Developmental State in the United States »[1] qui porte sur le financement, plus ou moins discret, du gouvernement fédéral américain au secteur privé. L'auteur étudie principalement le secteur de la haute technologie, et mentionne que ce type de financement public est très différent des expériences développementalistes observées dans les pays émergents. Pour revenir au cas brésilien, comment comprendre que les privatisations pilotées par le BNDES aient laissé la place à un *capitalismo de laços* dans lequel capital public, local et international s'entremêlent si fortement ? Comment l'État a-t-il reconfiguré son rôle ? Le BNDES est-il la clé de voûte d'un capitalisme d'État brésilien qui repose sur des relations d'appartenance et sur des réseaux interpersonnels dans les conseils d'administration des fonds publics, des banques et des entreprises ?

Deuxièmement, les gouvernements du Parti des travailleurs, parti « de gauche », ont accru le rôle de l'État à travers le BNDES, que ce soit par des opérations de crédit ou d'investissement en *private equity*. On tâchera de comprendre en quoi consiste la synthèse entre le BNDE structuraliste de l'époque Vargas, de Kubitschek et des militaires – dont le but était de créer de nouveaux secteurs –, le BNDES de l'époque néolibérale – concentré sur les privatisations – et le BNDES du PT dont la position est plus complexe : une banque de développement qui ne crée pas la demande mais qui répond aux sollicitations de financement. Comme l'écrit Roger Bastide[2], l'étude du Brésil suppose toujours une « réconciliation des contraires » :

> « Le sociologue qui étudie le Brésil doit apprendre à penser la simultanéité des contraires, non pas sous la forme de la dialectique à laquelle nous sommes habitués : sous une forme qui attend encore ses propres catégories logiques. Le vieux est dans le neuf, dans la dictature comme dans le régime constitutionnel. »

[1] Fred Block, « Swimming against the Current: The Rise of a Hidden Developmental State in the United States », *Politics & Society* 36/2 (2008), p.169-206.

[2] Roger Bastide, « Trois livres sur le Brésil », *Revue française de science politique* 5 (1955), p. 110-118.

Ou encore, comme Frédéric Louault le dit si bien,

> « L'histoire du Brésil repose sur les compromis et la souplesse, même dans les moments interprétés a posteriori en termes de rupture (comme l'indépendance de 1822, l'abolition de l'esclavage en 1888 ou la 'Révolution' de 1930)[1]. »

Il faut garder cela à l'esprit lorsque l'on examine le devenir de l'État développementaliste ainsi que l'évolution des prêts du BNDES, ses investissements, ses priorités sectorielles et sa politique opérationnelle.

Il nous faudra examiner attentivement les relations entre État développementaliste et nationalisme. Nous estimons, en effet, que l'État développementaliste présente des outils qui permettent de protéger l'industrie ou le capital national et d'orienter ainsi le BNDES vers un rôle ponctuel de protectionnisme. Que reste-t-il de nationalisme dans le développementalisme du BNDES ? Si l'on entend le nationalisme comme un protectionnisme qui refuse les règles des marchés financiers mondialisés, qu'est-ce qu'il peut nous dire de l'État développementaliste brésilien ?

Troisièmement, comment la stratégie de développement adoptée par le BNDES se place-t-elle au sein de la société civile ? Quels liens se tissent-ils entre l'État développementaliste et les structures sociales, notamment les élites politiques et les élites économiques ? Notre hypothèse est que le BNDES, en tant que tête de proue de l'État développementaliste, promeut un modèle de développement qui place le développement économique comme cible principale en dépit de conséquences sociales ou environnementales d'une extrême gravité, telles que l'utilisation de main-d'œuvre « assimilée à l'esclavagisme ».

Nous tâcherons de prendre à contre-pied la littérature sur la « modernisation du capitalisme », qui elle-même prend à contre-pied la littérature sur l'*hyperglobalization* (hyperglobalisation). En effet, d'une part, des éléments tendent à dire que l'État

---

[1] Frédéric Louault, « Un renouvellement brésilien en trompe-l'œil ? », dans Olivier Dabène dir., *La Gauche en Amérique latine 1998-2012*, *op. cit.*, p. 37-74.

brésilien a transformé son rôle : l'augmentation des politiques de redistribution en constitue un exemple ; d'autre part, l'action de l'État dans l'économie (par exemple celle du BNDES) ne semble pas – *a priori* – avoir très sensiblement changé[1].

Dans le premier chapitre, nous retracerons l'histoire du BNDES et de l'État développementaliste afin de montrer que l'intervention publique dans l'économie est une tendance lourde de la politique brésilienne depuis 1930. Dans le deuxième chapitre, l'analyse des activités du BNDESPAR, la filiale de participation actionnaire du BNDES, nous permettra d'observer que cette tendance n'a pas été altérée par le néolibéralisme. Dans le troisième chapitre, nous serons cependant forcés de constater que le BNDES n'est pas une banque développementaliste « structuraliste » : son rôle sur le choix de secteurs nous apparaîtra faible, ce qui nous conduira à redéfinir le rôle de l'État développementaliste. Enfin, dans le quatrième chapitre, on abordera la politique sociale du BNDES et ses relations avec la société civile : cela nous permettra de voir que l'État développementaliste agit en rupture avec certaines strates de la société, au profit de cibles économiques considérées comme « supérieures », et que cela est à la base de la légitimité de l'État développementaliste.

Comment travailler sur le BNDES ?

Travailler sur le BNDES suppose tout d'abord de réunir un très grand nombre de données provenant de différentes sources, très éparpillées et difficilement disponibles. Notre choix d'utiliser des sources très variées vise à restituer une image aussi fidèle que possible des activités du BNDES. L'intérêt de notre travail est là car, contrairement à la plupart des productions sur le développementalisme, il se fonde sur un angle, certes réduit mais précis, qui permet de « saturer » le terrain en recueillant des informations. Sans l'avoir saturé

[1] Augmentation constante des dépenses, plus forte depuis l'arrivée de Lula ; concentration des prêts dans le Sud et Sudeste pour les grandes entreprises ; priorité sectorielle qui passe des entreprises d'extraction et de matières premières au tertiaire ; quasi absence des dépenses de santé et dépenses sociales (mais ce n'est pas le principal rôle du BNDES).

complètement, compte tenu des dizaines de milliers de pages de littérature grise, la documentation consultée nous a permis de dessiner un portrait assez précis de cette institution et de son rôle.

Les données écrites : les activités du BNDES

J'ai utilisé de très nombreux rapports publiés par le BNDES (bilans du BNDES, articles de la revue *BNDES Setorial* sur les activités de la banque, et d'autres types de documents). Des rapports publiés par la Banque centrale du Brésil sur le cadre général du crédit m'ont été profitables car ils m'ont offert la possibilité de mieux appréhender la place du BNDES dans le système financier national, ainsi que ses politiques sectorielles[1]. L'utilisation des statistiques descriptives[2] a été nécessaire pour comprendre les faits dans leur globalité. La méthode suivie a eu pour but d'agréger des informations disparates, venant de sources différentes, afin de reconstituer les activités du BNDES. J'ai aussi fait une utilisation très importante d'articles de presse, environ trois cents, émanant de divers bords politiques (*Veja* !, *Dinheiro*, *Folha de São Paulo*, *Jornal do Brasil*, *O Globo*, *Exame*, *Istoé Dinheiro*...) pour m'informer, trouver de nouvelles pistes ou des cas intéressants à creuser qu'il m'a ensuite fallu sélectionner afin de n'utiliser que les plus significatifs pour mon propos. Internet a été une source essentielle pour réunir des articles de presse ; pour ce faire j'ai surtout utilisé le moteur de recherches journalistiques Factiva proposé par la bibliothèque de Sciences Po.

---

[1] De ces longs rapports annuels j'ai extrait les données statistiques. La lecture des rapports portant sur des secteurs et des sujets très divers a correspondu environ à un mois de travail à temps plein. En ce qui concerne les statistiques, j'ai recherché des données sur les sites du BNDES, de la Banque centrale, de l'IPEA et de l'IBGE (IPEA = Instituto de Pesquisa Econômica Aplicada; IBGE = Instituto Brasileiro de Geografia e Estatística), que j'ai ensuite analysées. Le travail sur les données quantitatives n'a pas donné lieu à des traitements statistiques sophistiqués, mais a demandé bien souvent d'agréger des catégories afin de simplifier la lecture et d'en apprécier la signification.

[2] http://www.bndes.gov.br/SiteBNDES/bndes/bndes_pt/Institucional/BNDES_Transparente/Estatisticas_Operacionais/

Le BNDES comme lieu de pouvoir : un paramètre à prendre en compte.

Pour compléter le travail sur les données écrites, il a été indispensable de recueillir des témoignages oraux d'acteurs du développement économique, parmi lesquels ceux d'un grand nombre d'anciens ou d'actuels fonctionnaires du BNDES. Cependant, travailler sur les activités de cette institution, et l'avoir fait au début de l'année 2014, a posé un problème : le BNDES est l'un des centres névralgiques de l'économie du Brésil et des plus sensibles stratégiquement, pour plusieurs raisons. Avoir effectué ce travail quelques mois avant la présidentielle, c'était pénétrer non seulement dans un des lieux de pouvoir les plus importants du Brésil, mais aussi des plus critiqués par les médias. Le terrain a donc été très difficile d'accès.

Même géographiquement parlant, l'on comprend assez bien ce qu'est le BNDES et ce qui s'y joue (on peut se référer à l'Annexe 1 pour quelques photographies du lieu). L'Avenida República do Chile (2 fois 3 voies) croise l'Avenida República do Paraguai (2 fois 2 voies). C'est ainsi que, dans le centre chaotique de Rio de Janeiro, bien loin des plages de la « zona sul », se concentre l'un des plus grands pouvoirs économiques du Brésil (de l'Amérique du Sud ?). Au numéro 100 de l'Avenida República do Chile se dresse le bâtiment principal du BNDES, avec ses vingt-cinq étages de vitres noires au-dessus du niveau de la rue, ses trente-deux ascenseurs, un héliport, un parc, et ses cinq étages en sous-sol. À sa gauche, de l'autre côté de l'Avenida República do Paraguai, se trouve Petrobras avec ses trente étages. En face, à 80 mètres, c'est l'Edifício Ventura composé de deux tours de vingt-cinq étages partagés entre Petrobras et le BNDES, protégé par une dizaine de gardes dans un hall somptueux en marbre blanc de 100 mètres par 25.

Lorsqu'on arrive au BNDES, on doit laisser son passeport à l'entrée et l'on est accompagné jusqu'à une salle de réunion où aucun document ne traîne. Les personnes interrogées s'en sont toujours tenues à des informations qu'elles considéraient comme publiques et non sensibles, et m'ont souvent fait comprendre qu'elles ne pouvaient pas me dire ou me montrer certaines données car elles étaient confidentielles. À aucun moment les entretiens n'ont permis d'accéder à des informations véritablement « cachées » : « ce que je te dis, tu ne peux pas l'utiliser », ou encore, « je te montre ces statistiques, j'ai dû couper et additionner car les autres sont confidentielles ». Les personnes interviewées ont cependant toujours montré un réel souci d'aider et d'expliquer, en restant toutefois dans le cadre de ce qu'elles se considéraient autorisées à dire par leur hiérarchie.

Entrer en contact : la première étape du travail

J'ai eu des rendez-vous avec des personnes de diverses orientations, qui travaillent ou ont travaillé au BNDES : des fonctionnaires actuels à divers niveaux (des échelons intermédiaires jusqu'à la présidence), des fonctionnaires retraités, dont quelques-uns appartenaient à cette institution à l'époque de Cardoso, et des anciens présidents du BNDES, parfois reconvertis dans le privé. Un premier contact a été établi par mail en janvier 2014, en vue de préparer mon terrain. J'ai envoyé des mails assez standardisés à une cinquantaine de personnes travaillant ou ayant travaillé au BNDES, en sollicitant un rendez-vous pour « discuter des activités du BNDES depuis 1985, dans le cadre des recherches pour mon mémoire de master sur le rôle de l'État dans l'économie ». L'accès aux anciens présidents du BNDES et aux superintendants a été plus aisé : le président Carlos Lessa et le superintendant Ernani Teixeira Torres Filho m'ont reçu dans leurs maisons ; certains d'entre eux m'ont fourni les coordonnées de personnes susceptibles de répondre à mes questions. J'ai pu également trouver directement sur internet les adresses mail et parfois le téléphone d'autres acteurs liés de près ou de loin à mon sujet, comme des écologistes, que j'ai pu interviewer. J'ai pareillement contacté par mail des députés et des sénateurs, mais sans résultats probants – mis à part quelques exceptions –, car les mails sur le site de la Chambre des députés et du Sénat sont dans leur immense majorité inactifs, et ce type d'acteur s'est montré réticent à me répondre. Le mail m'a aussi permis d'entrer rapidement en contact avec des hommes politiques et des syndicalistes. Aucune entreprise privée, en revanche, n'a jamais souhaité répondre à mes questions malgré plusieurs relances à différents niveaux. En tout, j'ai pu avoir des échanges avec environ quarante-cinq personnes, en en ayant contacté environ deux cents[1].

Le type d'interviewés

Il est nécessaire de dire quelques mots sur le « type » d'interviewés (la liste est donnée dans les Annexes 7 et 8) afin de mieux saisir le sens de leurs propos. Sans vouloir classer les personnes que j'ai rencontrées selon leur formation (l'économie d'inspiration interventionniste de l'UFRJ[2] et de l'Université de Campinas, ou celle d'inspiration libérale de la Fundação Getúlio Vargas à Rio de Janeiro) et leur relation avec le BNDES, il s'impose de distinguer diverses tendances de pensée. Afin de préparer mes entretiens, je m'étais informé de la période pendant laquelle mes futurs interviewés avaient travaillé au BNDES. Il était improbable, par exemple, qu'un assesseur de la présidence du BNDES de l'époque de Cardoso eût étudié à l'UFRJ et qu'il ne fût pas libéral.

J'ai pu ainsi identifier plusieurs tendances. Tout d'abord, les « libéraux » (certains diraient néolibéraux) ; ces personnes ont été titulaires de postes importants au BNDES sous Cardoso, comme Pérsio Arida, ancien président du BNDES, et Elena Landau, directrice du programme de privatisation. Parmi les « développementalistes traditionnels et nationalistes », mentionnons Carlos Lessa, ancien président du BNDES, et Ildo Sauer, ex-directeur de gaz et énergie chez Petrobras. D'autres sont proches des « structuralistes », pour eux la banque doit pouvoir créer de nouvelles entreprises et de nouveaux secteurs. Il existe un développementalisme, plus orienté vers le soutien au marché, incarné par des fonctionnaires du BNDES tels que Demian Fiocca, ancien président du BNDES, Luiz Carlos Prado et Marcelo Miterhof, conseillers du président Carlos Lessa pour

---

[1] L'utilisation du mail a découlé du fait que, au début, je ne parvenais pas à amasser assez de contacts, ou alors très lentement, ce qui me posait un sérieux problème d'accès aux informations. Le chiffre de deux cents paraît grand, mais j'ai utilisé le mail en copie cachée afin d'accélérer ma démarche.

[2] UFRJ = Universidade Federal do Rio de Janeiro.

l'un, du président Luciano Coutinho pour l'autre. Bien sûr, ces catégories ne sont mentionnées ici qu'à titre indicatif et ne sont pas fermées. Nous n'avons pas cité certains de nos interviewés car il nous a paru difficile de les faire entrer dans ces cases. À l'extérieur du BNDES j'ai rencontré des personnes, dont Adriana Ramos et João Robert Lopes Pinto, qui appartiennent à une sorte de « nouveau libéralisme » : ils abordent le BNDES du point de vue de la critique contre un État trop présent dans l'économie et peu respectueux de la nature tout en soulignant le risque d'interconnexions opaques. J'ai aussi assidûment consulté les sites et les blogs internet des mouvements environnementalistes.

Ce sont des recherches en plusieurs directions que j'ai menées pour travailler sur le BNDES car les données sont éclatées et lacunaires. Il faut donc constituer un « patchwork » de faits, de chiffres et de récits pour ancrer l'analyse dans l'empirie et retracer avec précision les contours de l'État développementaliste. Seulement ainsi j'ai pu me focaliser sur les activités présentes et passées du BNDES.

CHAPITRE I

LE BNDES, FER DE LANCE D'UNE TRADITION DÉVELOPPEMENTALISTE BIEN ANCRÉE AU BRÉSIL

> La Banque de Développement est l'un des alliés fondamentaux du plan économique et financier du gouvernement, géré par le ministre de l'Économie. Monsieur Getúlio Vargas, donnant vie à cette nouvelle institution, fait un acte de gouvernement dont la portée historique ne se révélera intégralement qu'avec les années.
>
> *O Globo*, 25 juin 1952

> On ne peut pas raconter l'histoire des avancées obtenues par le pays dans ces cinquante dernières années sans revenir constamment au BNDES.
>
> Pedro Sampaio Mala,
> *Ministre de l'Économie*
> (1995-2002)

Une perspective d'institutionnalisme historique nous paraît nécessaire pour aborder l'histoire du BNDES, un regard sur le passé se révélant indispensable pour comprendre le fonctionnement présent de cet organisme. Nous allons considérer le financement du BNDES tenant à l'esprit le fait que le financement du développement par l'État est une pratique qui renforce l'État lui-même. Pareillement, les logiques étatiques et les théories économiques qui ont sous-tendu l'action du BNDES et celle des divers gouvernements depuis 1945 devront être tenues en compte. L'on s'interrogera aussi sur les raisons qui ont conduit à la création du BNDES ainsi que sur le type de relations entre État et marché qui sont apparues au cours de son histoire[1]. Les legs des gouvernements Vargas, Dutra et Kubitschek sur la conduite des affaires économiques mériteront également notre attention.

Cela nous permettra de fonder nos raisonnements, dans les chapitres suivants, sur une base plus solide dans le but d'apprécier les évolutions de l'économie politique du Brésil, sans se laisser distraire par des modifications à court terme qui ne remettent pas en cause les tendances lourdes qui traversent l'histoire.

Financer le BNDES

L'histoire du modèle de financement du BNDES est en partie celle de la fondation de l'État développementaliste. Il n'est pas d'État, encore moins d'État développementaliste, sans la capacité de lever et de diriger l'impôt.

Dans l'étude de l'État comme forme politique, une approche intéressante de sa genèse se fonde sur le rôle des guerres et des conflits territoriaux qui *font* les États. Charles Tilly a établi un paradigme fiscal-militaire[2] pour aborder la constitution des États. Environ cinq cents États existaient en Europe en 1490 et, en 1990, entre vingt-cinq et vingt-neuf. La force centrifuge expliquant cette sélection des États est la guerre, qui oblige à amasser et à centraliser des ressources sous l'égide de l'État afin d'obtenir la victoire. Une fois amassée, cette ressource pourra être taxée. Selon Charles Tilly[3],

> « Jusqu'au XIXe siècle, les plus grands États européens imposèrent leur volonté sur les peuples assujettis principalement à travers l'autorité indirecte : habilitant les autorités locales et régionales, qui étaient relativement autonomes, à collecter l'impôt, lever des troupes, administrer la justice, et maintenir l'ordre en leur nom. »

---

[1] Voir l'Annexe 2 pour un panorama historique exhaustif des régimes et du BNDES.
[2] Voir Charles Tilly éd., *The Formation of National States in Western Europe*, *op. cit.*
[3] Charles Tilly, *Contention and Democracy in Europe, 1650-2000*, Cambridge, Cambridge University Press, 2004, p. 49. Voir aussi, Id., *Coercion, Capital and European States*, Oxford, Blackwell, 1990, p. 58.

Or ni l'Amérique du Sud ni le Brésil n'ont connu les guerres qui, selon Tilly, ont renforcé et construit les États européens. C'est par l'analyse de l'historien Miguel Centeno[1] que l'on peut le mieux rendre compte de l'apparition d'un État fort et centralisé au Brésil, pays relativement pacifique. Centeno souligne que le critère de la guerre n'est pas si central, et insiste plutôt sur la mobilisation fiscale des capitaux. On peut en effet aborder le *funding* du BNDES (entendons la façon dont le BNDES est financé) à l'aune des théories de la construction de l'État faisant une large place à la fiscalité[2]. Ces théories permettent de comprendre que la concentration de ressources et de capitaux sous le contrôle de l'État central et du BNDES est le moyen de renforcer une structure de financement destiné à combattre le sous-développement[3].

Le point le plus important qui doit être analysé pour comprendre l'État développementaliste est la façon dont celui-ci a sécurisé des sources durables de financement, notamment en ce qui concerne le BNDES. Le financement de cet organisme est, encore aujourd'hui, un système d'une grande complexité, comme l'a noté Pérsio Arida, président du BNDES (septembre 1993-janvier 1995), puis président de la Banque centrale[4].

Dans les années 1950, la principale source de financement du BNDES est l'impôt sur le revenu et, entre 1967 et 1973, le

---

[1] Miguel Centeno, « Blood and Debt in Nineteenth-Century Latin America », *Journal of Sociology* 102/6 (1997), p. 1565-1605.

[2] Norbert Elias, *Dynamique de l'Occident*, Paris, Calmann Levy, 1975 (= 2ème partie de *Über prozess der Zivilisation*, Basel, Verlag Haus zum Falken, 1939).

[3] Le terme « sous-développement » prête à débat ; il fut utilisé pour qualifier l'économie du Brésil par des économistes comme Celso Furtado (*Desenvolvimento e Subdesenvolvimento*, Rio de Janeiro, Fundo de Cultura, 1961) ou des géographes comme José de Castro ; de ce dernier on peut utilement lire *Geografia da Fome*, Rio de Janeiro, Editora O Cruzeiro, 1946 (*Géographie de la faim. Le dilemme brésilien : pain ou acier ?*, Paris, Seuil, 1964).

[4] Pérsio Arida, « Mecanismos compulsórios », *art. cit.*, p. 2. « Je cherche à expliquer la question de la fonctionnalité des mécanismes obligataires de financement de l'investissement, matérialisés actuellement dans les fonds suivants : Fundo de Garantia de Tempo de Serviço (FGTS), Fundo de Amparo ao Trabalhador (FAT), Programa de Integraçao Social e Programa de Formaçao do Patrimonio do Servidor Publico (PIS-PASEP) et Fundo Nacional de Desenvolvimento (FND). Ces fonds ont subi, au cours de leur histoire, plusieurs mutations sur le plan légal et institutionnel.» Par souci d'exhaustivité, rappelons que le financement du BNDES repose sur les fonds suivants : FAT, FGE, FGI, FND, FNMC, FSA, PIS-PASEP, FUNTEL.

BNDES reçoit les capitaux de l'impôt sur les opérations financières (IOF). L'ensemble de ces capitaux arrivait cependant en retard et mettait le BNDES en difficulté, malgré la présence abondante de capitaux des fonds spécialisés destinés aux machines et aux équipements qui devinrent une source essentielle pour le BNDES[1]. Actuellement, ce sont surtout des fonds fiscaux et parafiscaux, outre le Trésor national, qui financent le développement économique du pays, à travers le BNDES. Ce tableau l'indique :

Les fonds qui financent le BNDES

En valeur absolue	**2002**	**2007**	**2008**	**2009**	**2010**
Total	151	202,7	277,3	386,6	549
FAT	63,2	106	116,6	122,5	132,3
PIS/PASEP	23,1	27,9	29,5	30	30,8
Trésor national	16,2	13,9	43,1	144,2	253,1
Prêts extérieurs	29,9	12,1	17,5	16,5	19,8
Autres	6,2	17,9	45,3	45,8	47,1
Patrimoine liquide	12,4	24,9	25,3	27,6	65,9
En pourcentage	**2002**	**2007**	**2008**	**2009**	**2010**
Total	100	100	100	100	100
FAT	41,9	52,3	42,1	31,7	24,1
PIS/PASEP	15,3	13,7	10,6	7,8	5,6
Trésor national	10,7	6,9	15,6	37,2	46,1
Prêts extérieurs	19,8	6	6,3	4,3	3,6
Autres	4,1	8,8	16,3	11,9	8,6
Patrimoine liquide	8,2	12,3	9,1	7,1	12

Valeurs en milliards de réais

[1] Fundo de Financiamento para Aquisação de Máquinas e Equipamentos Industriais.

De nos jours, la source la plus forte de financement du BNDES est le FAT. Il s'agit d'un fonds fiscal institué par l'article 239 de la Constitution de 1988 qui stipule que 40 % du fonds FAT serait envoyé au BNDES pour le financement du développement et que 40 % de l'afflux de PIS-PASEP lui serait également dévolu. Le FAT est composé de deux parties, le FAT Constitucional et le FAT Depositos Especiais. Les *depositos especiais* représentent les excès d'épargne du FAT. 60 % de cette somme parvient directement au BNDES et il est destiné à des secteurs particuliers, selon le type de capitaux : Fat Infra-Estrutura, FAT Fomentar, FAT Exportar, Pronaf Investimento, FAT Proemprego, FAT Giro-Rural. La rémunération de ces capitaux est complexe et dépend, dans une certaine mesure, de la TJLP[1]. Jusqu'en 2008, le FAT constitue la source plus significative de capitaux du BNDES (voir graphique ci-dessous). C'est un mécanisme de financement fiscal du BNDES destiné au *seguro-desemprego*[2] et à l'*abono salarial*[3] qui repose sur un impôt, le PIS. La contribution du PIS/PASEP est exigible sur les plus-values des entreprises avec au minimum un taux de 0.65 % sur les recettes. Les capitaux du FAT sont ensuite utilisés pour des projets d'utilité publique et sont rémunérés par des taux d'intérêt plus bas (TJLP[4]).

Composition du FAT

Source des capitaux	En juin 2006
FAT Constitucional	68 365 (75 %)
FAT Depósitos Especiais	23 071 (25 %)
Total	91 436 (100 %)

Source : http://portal.mte.gov.br/codefat/

En 2008 le BNDES gagne en importance stratégique lorsque le Trésor national, pour accroître l'offre de crédit et faire face à la baisse des prêts externes, devient son principal financeur. Par

[1] Le FAT Constitucional représente, au-delà d'environ 75 % des transferts de capitaux du FAT au BNDES, une source stable et sûre de capitaux. Ces prêts sont rémunérés par la TJLP pour les financements domestiques, et par le LIBOR pour des prêts en monnaie étrangère.

[2] *Seguro-desemprego* = Assurance chomage.

[3] *Abono salarial* = Prime salariale.

[4] TJLP = Taxa de juro de longo prazo (Taux d'intérêt à long terme).

rapport aux fonds fiscaux, les financements du Trésor, rapides et massifs, dépendent plus directement encore de l'exécutif. Par la loi n° 11.948 du 16 juin 2009 (*Conversão da Medida Provisória* n° 453, du 22 janvier 2009), fut approuvé un prêt de 100 milliards octroyé par le Trésor au BNDES, intégralement versé en 2009. Le graphique « Les fonds qui financent le BNDES » illustre les financements accrus du Trésor national au BNDES qui continuent de progresser : « Pour permettre les déboursements croissants du BNDES, le Trésor national a accordé un prêt de 105 milliards de réais en 2009, de 107 en 2010 et de 55 en 2012 »[1].

En 2010, le Trésor national a augmenté sa participation de 80 milliards par rapport à ce que prévoyait la loi n° 11 948 de 2009 (art. 45 de *Medida Provisória* n° 472, du 15 décembre 2009, convertie en loi n° 12.249, du 11 juin 2010), devenant ainsi la principale source de revenus du BNDES. En conséquence, ce dernier passe de 202,7 milliards de prêts octroyés en 2007 à 549 milliards en 2010, à savoir une augmentation de 170,8 % en trois ans, alors que dans les cinq années précédentes l'augmentation avait été de 34,2 % (2002-2007). Le BNDES a néanmoins perdu les capitaux de Finsocial qui l'alimentaient, avec la loi n° 70 du 30 décembre 1991. Dès lors, FAT et PIS/PASEP constituent ses principaux financeurs.

Chaque fonds, lors de sa création, avait un but précis et était soumis à des règles différentes d'utilisation des ressources. Les prêts concédés par le BNDES et la Caixa Econômica Federal sont systématiquement inférieurs à la taxe Selic ou aux prêts à très court terme. Cela réduit la portée de la politique monétaire en comparaison à une situation où la taxe Selic affecterait aussi les taux du BNDES. Pour cette raison, le taux Selic adéquat pour maintenir une cible d'inflation doit être supérieur ; en effet, le Brésil a des taux directeurs interbancaires très hauts par rapport aux autres pays de l'OCDE. La TJLP a été introduite par la Mesure provisoire n° 684 du 31 octobre 1994[2] pour servir le

[1] http://www.BNDES.gov.br/SiteBNDES/BNDES/BNDES_en/Institucional/Corporate_Governance/Sources_of_Funding/

[2] Voir la loi n° 9.365 du 16 décembre 1996.

coût de base du financement accordé par le BNDES, et est calculée par rapport à l'inflation et au risque. Le coût financier de la plupart des crédits du BNDES-TJLP a été constamment inférieur aux crédits indexés sur le taux Selic.

Ces fonds sont administrés par des organes politiquement élus. Le FAT, par exemple, est régi par le CODEFAT[1]. Ses principales fonctions sont l'élaboration de directives pour des programmes et pour l'allocation des ressources, l'accompagnement et la vérification de l'impact social des projets, le perfectionnement de la législation se référant aux politiques liées aux objectifs du fonds, l'analyse des comptes du fonds, les rapports des exécutants des programmes associés et enfin la fiscalisation de l'administration du FAT. L'objectif principal du FAT, lorsqu'il finance le BNDES, est de promouvoir l'emploi : il est donc théoriquement injustifiable, du point de vue du FAT, que le BNDES finance des entreprises étrangères travaillant à l'étranger ou des services exportés à l'étranger[2].

Des représentants de divers organes de l'État (ministères) et de la société civile (syndicats) siègent au CODEFAT. Il est cependant difficile d'évaluer les influences des divers groupes d'intérêts : comment peuvent-ils influer sur le financement du BNDES et sur ses priorités ? D'après Luiz Fernando Emediato, cité par Rui Modenesi dans un document de travail du BNDES[3], « le FAT est une sorte de miracle ». Face à ce « miracle », nous avons tenté de recueillir des témoignages afin de le déconstruire mais sans grand succès. Selon Quintino Severo, directeur du CODEFAT de 2013 à 2015, l'enjeu du FAT pour le BNDES est assez réduit : « Le CODEFAT, dans la législation, détermine que 40 % de la recette du FAT sera destinée au BNDES. C'est une question constitutionnelle sur laquelle nous ne pouvons pas

[1] CODEFAT = Conselho Deliberativo do FAT.

[2] À ce propos on peut se référer au financement, par le BNDES, du port de Mariel à Cuba : est-ce justifiable ? Est-ce que cela crée de l'emploi ? Dans le cas présent, la réponse est affirmative car le financement ne vise pas à construire un port pour un autre pays mais à financer une entreprise brésilienne, Odebrecht, qui va exporter un service brésilien conçu au Brésil.

[3] Rui L. Modenesi, « O proemprego, o FAT e o BNDES: parceria entre a sociedade civil e o Estado », *Revista do BNDES* 9/18 (décembre 2002), p. 3-32.

interférer »[1]. Le degré de liberté du CODEFAT réside dans la possibilité de destiner certains capitaux – le FAT especial, représentant 13,5 milliards de réais en 2013 d'après Severo – à des lignes de crédit spécifiques que les conseillers du FAT souhaiteraient voir appliquées par les banques publiques, dont le BNDES.

En renforçant l'un de ses principaux outils de développement – le BNDES –, l'État, par la levée d'impôts et leur directionnement, travaille à sa propre légitimation misant sur le succès économique et l'alliance avec les élites de la société civile, au sein du CODEFAT. C'est cependant une évolution longue, non rectiligne et complexe, qui doit être appréhendée dans une optique historique.

L'administration au service de l'État développementaliste : l'histoire du BNDE jusqu'en 1957

Le poids du BNDES dans le Brésil moderne est une réalité résultant d'une longue histoire qui coïncide avec l'apparition de l'État développementaliste. La naissance de l'alors BNDE répondait à une situation économique stagnante où seule une intervention massive de l'État semblait pouvoir posséder un effet procyclique. En effet le BNDE fut fondé afin d'« annuler les déficiences infrastructurelles qui empêchent le développement de l'économie brésilienne »[2], en raison des besoins économiques du Brésil des années 1940-1950. Ces besoins furent encore accrus par la présidence d'Eurico Gaspard Dutra (1946-1951) qui augmenta les déficits et l'inflation en déséquilibrant la croissance commerciale. Bien que le BNDE n'ait été fondé qu'en 1952, l'interventionnisme de l'État développementaliste remonte à 1930 et repose à la fois sur la puissance de l'État (administration), sur un fort leadership politique (assez peu démocratique) et sur le corporatisme. C'est le corporatisme, selon Thomas E. Skidmore, qui « facilita l'adoption du capitalisme moderne en évitant d'une part, les

[1] Interview avec Quintino Severo, directeur des finances de la Central Unica dos Trabalhadores, directeur du CODEFAT de 2013 à 2015.

[2] BNDES, *Exposição sobre o Programa de Reaparelhamento Econômico: Exercício de 1955*.

extrêmes de la permissivité du ''laissez-faire'' et d'autre part, la direction totale de l'État »[1].

À partir de 1945, sous la présidence Vargas (1930-1945 ; 1951-1954), le Brésil commença à utiliser un modèle de développement économique d'industrialisation par substitution aux importations (ISI)[2] qui visait à industrialiser le pays afin d'y produire ce que l'on était obligé d'importer. Caractérisé par une forte augmentation des dépenses publiques, l'ISI favorisa l'investissement local et international (taux de douane pour réduire les importations, création d'un marché intérieur efficace et dynamique, marketing fiscal pour les capitaux des marchés étrangers). Le modèle ISI présupposait une vraie force bureaucratique, pour plusieurs raisons : canaliser l'investissement (politique monétaire, bancaire, fiscale), gérer les taux de douane (politique commerciale restrictive) et surveiller l'investissement. C'était un modèle de développement dirigiste. L'ISI se fondait sur le refus du libéralisme politique par l'*Estado Novo* et faisait preuve d'une forte méfiance vis-à-vis du libéralisme économique. Le gouvernement agissait dans l'économie par la manipulation de subsides (impôts, quotas d'importation, contrôle du crédit) et par l'intervention directe dans certaines industries[3]. Cette politique qui mua l'État en un l'État développementaliste reposait sur les succès économiques des programmes pour le café de 1930.

Notre propos ne portera pas sur la valeur de telle ou telle théorie économique. L'on notera en revanche que des travaux d'histoire économique ont prêté une attention particulière à l'État et à l'administration brésiliens en fournissant des

[1] Thomas E. Skidmore, *Brazil: Five Centuries of Change*, Oxford, Oxford University Press, 2009, p. 117.

[2] Voir aussi, sur le rôle plus fort de l'État dans l'économie sous le régime Vargas, Ruth Berins Collier and David Collier, *Shaping the Political Arena*, *op. cit.*, p. 393.

[3] Thomas E. Skidmore, *Brazil: de Getúlio a Castello (1930-64)*, São Paulo, Companhia das Letras, 2007, p. 76 (traduit de l'anglais par Berilo Vargas : *Politics in Brazil (1930-1964). An Experiment in Democracy*, Oxford, Oxford University Press, 1967).

éclairages sur l'application du modèle d'industrialisation par substitution aux importations[1].

À l'époque de la création du BNDE, le secteur privé ne possédait pas les moyens technologiques, techniques et financiers pour créer des entreprises compétitives. Néanmoins, déjà lors du gouvernement Dutra – parenthèse libérale entre les deux gestions Vargas[2] –, le crédit avait été perçu comme le levier le plus puissant d'un État qui voulait favoriser le développement. Skidmore rappelle que « l'industrialisation des deux dernières années du gouvernement Dutra fut favorisée par une politique de crédit facilité qui incluait les prêts du Banco do Brasil à divers secteurs vitaux de l'industrie[3]. »

Pour fonder le BNDE, le deuxième gouvernement Vargas (1951-1954) recruta le personnel dans ce qui restait de la DASP[4] et de la Fundação Getúlio Vargas, puisant également à d'autres organismes publics. Les fonctionnaires recrutés étaient convaincus de l'intérêt des modèles de développement par substitution aux importations et d'industrialisation lourde. Témoignèrent de ces idées le président du BNDE, Roberto Campos[5] (1958-1959), qui devint, en 1964, ministre de la Planification et de l'Économie, et l'économiste Celso Furtado[6]. Fondée avant la guerre, la DASP fut démantelée après le conflit mondial. Au même moment, le projet d'un l'État

[1] Werner Baer, *The Brazilian Economy*, *op. cit.* ; Nazmi Nader, « The Impact of Foreign Capital on the Brazilian Economy », *The Quarterly Review of Economics and Finance* 38/3 (1998), p. 483-502.

[2] Ruth Berins Collier and David Collier, *Shaping the Political Arena*, *op. cit.*, p. 393.

[3] Thomas E. Skidmore, *Brasil: de Getúlio a Castello*, *op. cit.*, p. 105. Skidmore cite l'exemple d'une usine de cellulose dans le Paraíba, construite par Klabin, et d'une usine sidérurgique dans la Vale do Rio Doce, par Acesita.

[4] DASP = Administração Departamental do Serviço Publico.

[5] Roberto de Oliveira Campos, *Reflections on Latin American Development*, Austin, University of Texas Press, 1967 ; Id., *Economia, Planejamento e Nacionalismo*, Rio de Janeiro, APEC Editora, 1963, et *Ensaios de História Econômica e Sociologia*, Rio de Janeiro, APEC Editora, 1964.

[6] Cf. Celso Furtado, *Formação Econômica do Brasil*, 14e éd., São Paulo, Companhia Editora Nacional, 1976 ; Id., *Development and Underdevelopment*, Los Angeles, University of California Press, 1964 ; Id., *Accumulation and Development: The Logic of Industrial Civilization*, Oxford, Martin Robertson, 1983, et *Théorie du développement économique*, Paris, PUF, 1970.

développementaliste naissait des travaux de la CEPAL[1] et de quelques autres fondations. Ce courant de pensée keynésien, développementaliste – également adopté en Corée et en Inde –, fut appliqué au Brésil depuis Vargas, par Kubitschek notamment.

Les discussions sur le développement économique de la commission mixte, mise en place en décembre 1950 et formée par des représentants de la Banque mondiale et du Brésil, contribuèrent également au projet de l'État développementaliste et à la création du BNDE. Les réflexions de cette commission, conduites indépendamment de celles de la CEPAL, aboutirent aux mêmes résultats. En 1952, sur la recommandation de la commission mixte, dont l'impact fut très considérable[2], naquit le Plano de Reaparelhamento e Fomento da Economia Nacional (Plan de rééquipement et de promotion de l'économie nationale). Chargé principalement de développer les transports et l'énergie, il fut ensuite étendu à l'industrie lourde[3]. Le plan consistait dans l'utilisation des recettes fiscales pour le financement de quarante et un projets d'infrastructure, pour huit milliards de dollars, de sorte que la croissance ne fût pas pénalisée par un défaut d'infrastructures. Trois lois furent votées pour mener à bien cette tâche : la première, dans le but de lever des fonds nationaux pour les projets ; la deuxième, pour donner au Trésor un rôle d'assureur des investisseurs étrangers, et la troisième, pour créer le BNDE. Ce dernier devait gérer les opérations et financer la participation directe de l'État dans l'économie.

Dans sa première année de vie, en 1952, le BNDE travailla surtout à sa propre organisation et à affirmer son rôle d'*autarquia*, qui lui avait été octroyé par la loi n° 1.628 du 20 juin 1952. C'était, à l'époque, une des seules administrations

---

[1] Sur le rôle de la CEPAL, voir Kathryn Sikkink, *Ideas and Institutions*, *op. cit.*, p. 32-34. La CEPAL se réunissait à l'époque à Rio de Janeiro et à Santiago du Chili.

[2] Sur ce point, Thomas E. Skidmore, *Brasil: de Getúlio a Castello*, *op. cit.*, p. 129.

[3] Sur le financement de ce plan, voir Kathryn Sikkink, *Ideas and Institutions*, *op. cit.*, p. 201-202.

dotées de capacités scientifiques d'évaluation, grâce aux compétences acquises à la CEPAL et à l'IBRE[1].

Par cette même loi, le BNDE devint le principal formulateur des politiques de développement. Régi au départ par le statut d'*autarquia* fédérale, lié au Ministério da Fazenda, le BNDE était chargé de produire des analyses sur des projets agissant comme un organe d'application des politiques économiques. Il fut principalement financé, à ce moment-là, par des capitaux étrangers de la Banque mondiale et de l'Export-Import Bank des États-Unis, mais aussi par des capitaux de Trésor national et du Fundo de Reaparelhamento Econômico, dont la principale source était constituée par un taux additionnel de 0.55 % sur chaque impôt sur le revenu.

Le développement de l'économie brésilienne a procédé par la mise en place et l'application de plans. Avant 1952, ces plans – par exemple le plan SALTE[2] – étaient gérés par le gouvernement fédéral. Dès sa création le BNDE prit en charge une bonne partie des plans successifs, levant aussi des fonds à l'étranger. À cette époque, les prêts du BNDE se concentraient principalement sur l'énergie, les infrastructures, les industries lourdes et d'extraction, le choix des investissements variant en fonction des gouvernements. Avec le Plano das metas (Plan des objectifs) lancé par Kubitschek en 1956 – sur lequel on reviendra ultérieurement –, le BNDE privilégia des investissements dans les industries lourdes plutôt que dans les transports.

L'*Autarquia* et son indépendance : les fondements d'un BNDE déconnecté du politique

Le statut d'*autarquia* du BNDE (conservé jusqu'en 1971) soulève la question des relations existant entre le politique et le BNDE et de l'influence du premier sur les choix opérationnels du second, ainsi que la question du poids de l'exécutif pour certaines de ses activités. Le BNDE présente les caractéristiques

[1] IBRE = Instituto Brasileiro de Econômia.
[2] SALTE = Saúde, Alimentação, Transporte e Energia.

d'une entreprise publique[1] qui permettent une grande flexibilité – un atout majeur pour une banque de développement. Son indépendance s'est traduite par une plus grande efficacité dans les sujets majeurs de l'économie brésilienne. Le BNDE devait être inflexible face aux pressions des groupes d'intérêts, des autres agences ou administrations et de l'exécutif, mais à vrai dire on est plutôt en présence d'une inflexibilité horizontale (vers d'autres administrations) que verticale (vers l'exécutif). À ses débuts, le BNDE était subordonné au ministère des Finances, mais dans les faits son indépendance était déjà très forte. On raconte qu'un ministre des Finances avait demandé au directeur du BNDE de démissionner ; celui-ci lui rétorqua qu'il serait encore en fonction quand le ministre terminerait son mandat.

À l'instar des *autarquias*, le BNDE comportait un conseil de direction nommé par l'exécutif et un conseil d'administration qui élit un président. En 1962, cinq cents fonctionnaires étaient répartis dans les divers services (administratif, judiciaire, économique, international, projets, finance, application des projets). La composition sociologique de l'administration du BNDE consistait majoritairement d'économistes diplômés au Brésil ou aux États-Unis ; le corps était animé par le sens du service de l'État et était caractérisé par un haut niveau de compétences et une indépendance certaine[2].

Le rôle du BNDE résidait dans l'investissement et la gestion des capitaux venus de l'étranger, il était par exemple lié à la Banque interaméricaine de développement (BID) et à des banques européennes qui lui consentaient des financements. Bien qu'il fût fondé officiellement en 1952, le BNDE ne prit ses fonctions qu'en 1953. Les débuts furent difficiles, et on enregistra des retards gênants : les fonds ne parvenaient pas à la banque qui, par conséquent, ne pouvait consentir des prêts significatifs. Le BNDE manqua d'argent jusqu'en 1954. C'est paradoxalement sous un gouvernement éphémère et peu intéressé par le BNDE, celui de João Café Filho (du 24 août

[1] Petrobras est une *autarquia*, ainsi que l'ANEEL (Agência Nacional de Energia Elétrica).
[2] Sur ce sujet, voir les travaux déjà cités de Daland, Sikkink et Kluger.

1954 au 9 novembre 1955), que la banque fut sauvée : Café Filho en augmenta les fonds pour vingt ans[1], lui assignant un rôle sur le très long terme. Sous la présidence de Glycon de Paiva, qui régit le BNDE de mars 1955 à février 1956, les fonctionnaires acquirent un rôle majeur dans la vitalité de l'institution[2]. Le manque d'intérêt gouvernemental a, d'une certaine manière, sauvé le BNDE, laissant Paiva opérer de la façon la plus opportune – ce qui peut sembler paradoxal : on pourrait interpréter la force du leadership politique comme un facteur de réussite de l'entreprise développementaliste, à l'instar de celle menée en Corée du Sud par Park Chung-hee (1962-1979), qui mit en place une dictature développementaliste[3].

De 1952 à 1956, le BNDE s'occupa du Fundo de Reaparelhamento Econômico (Fonds de rééquipement) sans obtenir de réels succès, à cause d'un écart entre la demande et l'offre. Il affirma néanmoins déjà son caractère de financeur des activités : dans cette période, moins de 10 % des investissements furent alloués au secteur privé. Ces orientations de financement, selon Atul Kohli[4], ne furent pas des choix rationnels guidés par la science économique mais plutôt des réponses données par le gouvernement aux élites, principalement militaires, et, dans une moindre mesure, à la nouvelle classe industrielle. Surtout nordestine, celle-ci était largement constituée de planteurs de café et de canne à sucre, et de grands propriétaires terriens, producteurs de caoutchouc et de bois. Les intérêts du régime coïncidaient avec les objectifs fixés par les économistes : il s'agissait de moderniser le pays. Les autres groupes sociaux – patronage, paysans, syndicats – n'avaient aucune influence. Les interprétations diffèrent

[1] Lois 1474 et 1628.

[2] Cf. Rogério Feital Pinto, *The Political Ecology of the Brazilian National Bank for Development (BNDE)*, A thesis presented to the department of Political Science, Washington, D.C., University of North Carolina, 1969, p. 43-44.

[3] Lee Byeong-Cheon éd., *Developmental Dictatorship and the Park Chung-hee Era: The Shaping of Modernity in the Republic of Korea*, Paramus, New Jersey, Homa & Sekey Books, 2003.

[4] Atul Kohli, *State-Directed Development*, *op. cit.*, chapitre 4.

toutefois ; selon Skidmore[1], l'accession de Vargas au pouvoir avait été facilitée par les élites politiques et militaires qui souhaitaient que l'État créât une industrie sidérurgique nationale. Ben Ross Schneider[2] met en revanche l'accent sur l'influence exercée par les élites économiques et les associations de la société civile sur la politique économique de Vargas. Dans *Business Politics and the State*, Schneider élabore une sociologie historique des associations patronales qui s'étaient formées sous Vargas, depuis 1930, et qui constituent un des éléments centraux du *cohesive-state*. Il s'avère que, dans le cas du Brésil, tant l'organisation des associations patronales que leur pouvoir politique[3] étaient faibles – c'était encore le cas en 1990. Malgré leur faiblesse apparente, ces associations demeuraient des acteurs politiques susceptibles d'influer sur la politique économique et sur les activités du BNDE. L'objectif de Vargas était la création d'une élite sur laquelle l'État développementaliste pourrait s'appuyer :

> « Dans les années 1930 et 1940, Getúlio Vargas transforma pour le restant du siècle le paysage organisationnel. Depuis le premier décret de Vargas, en 1931, qui régulait les associations patronales et ouvrières par la Constitution de 1934, la *Carta* de 1937, les décrets majeurs de 1939 et 1940 jusqu'à la Consolidation des lois du travail (CLT) de 1943, les industriels de São Paulo et les hauts fonctionnaires des divers gouvernements Vargas s'affrontèrent sur les conditions de l'organisation à la fois du monde ouvrier et du patronat[4]. »

Ainsi, la création du BNDE ne répondait pas seulement à un impératif économique mais aussi à un impératif politique : avoir de la légitimité.

Une des questions que l'on peut se poser face à la création du BNDE sous le statut d'*autarquia* est celle de l'utilité de ce statut, quasiment équivalent à celui d'une agence. Les activités du BNDE auraient-elles pu être gérées par les administrations

---

[1] Thomas E. Skidmore, *Brasil: de Getúlio a Castello*, *op. cit.*, p. 79 et p. 122-127 au sujet des modèles de développement préconisés par les différents types d'élites pendant le gouvernement Vargas.

[2] Ben Ross Schneider, *Business Politics and the State*, *op. cit.*, p. 93-128.

[3] Ben Ross Schneider, *Business Politics and the State*, *op. cit.*, p. 93.

[4] Ben Ross Schneider, *Business Politics and the State*, *op. cit.*, p. 97-98.

existantes, à savoir les ministères, la DASP et les autres *autarquias* (entreprises publiques notamment) ? Selon Rogério Feital Pinto[1], la création du BNDE comme agence se justifie par ses activités inédites. Il fallait en effet une nouvelle agence capable de récupérer des savoirs administratifs et techniques dans d'autres administrations avant de les mettre en œuvre. Cette justification est avancée par le BNDE dès 1952[2]. William Diamond[3], en revanche, estime que l'importation de savoirs par l'arrivée de fonctionnaires ne fait pas de sens du point de vue technico-pragmatique, et que, dans cette optique, il eût mieux valu faire gérer ces fonds par les administrations existantes. D'après lui, la constitution du BNDE en *autarquia* répondait à la volonté de Vargas de le rendre indépendant des groupes sociaux et politiques tout en le maintenant solidement lié au sommet de l'État. Le statut d'*autarquia*, en effet, ne donne pas lieu à une indépendance politique mais plutôt à une indépendance fonctionnelle. L'indépendance politique peut être rompue par l'influence du pouvoir exécutif ou par les associations patronales. Or celles-ci, bien que peu organisées, étaient tout de même insérées dans le processus décisionnel. Ben Ross Schneider rappelle que « l'élaboration de la politique économique était centralisée de façon informelle dans le Conseil économique (*Assessoria Econômica*) de Vargas, dirigé par Rómulo de Almeida à partir de 1951. Ce dernier, auparavant économiste au CNI[4], continuait de recevoir un salaire de cette administration tout en étant aux *Assessoria* »[5]. Les organismes gouvernementaux n'étaient donc pas à l'abri des pressions politiques : l'indépendance était plus théorique que réelle.

La seconde présidence Vargas (1951-1954), comme d'ailleurs la première, fit appel aux élites dans la création de la politique économique, et l'on nomma souvent des hommes d'affaires à des postes clés du gouvernement[6]. L'influence de

[1] Rogério Feital Pinto, *The Political Ecology*, *op. cit.*

[2] *Revista do BNDE*, juillet-septembre 1964.

[3] William Diamond, *Development Banks*, Baltimore, The John Hopkins Press, 1957.

[4] CNI = Confederação Nacional da Industria.

[5] Ben Ross Schneider, *Business Politics and the State*, *op. cit.*, p. 103.

[6] Ben Ross Schneider, *Business Politics and the State*, *op. cit.*, p. 102.

ces élites sur l'indépendance effective du BNDE n'est cependant pas l'objet principal de notre propos.

La plus grande faille dans l'indépendance du BNDE, d'après Sikkink et Geddes[1], résida dans le fait que le président de la République en nommait le chef. Cette intrusion au sommet de la banque, en contexte brésilien, mena à la constitution d'un lien *do ut des* : le *personalismo* et d'autres systèmes de rétribution sont par ailleurs des pratiques fondées sur des modèles de relation sociale du type seigneur/vassal[2]. En un mot, une fois nommé par le président, le fonctionnaire lui doit allégeance. Il faut cependant se garder de surévaluer l'influence exercée sur le BNDE par le président de la République. Il est vrai que celui-ci pouvait s'ingérer de trois manières dans la gestion de la banque : par le pouvoir de nomination, par les instruments légaux lui permettant d'intervenir dans l'administration de la banque (interdire des prêts), et par l'allocation des fonds. Doit-on pour autant affirmer que l'efficacité du BNDE était tributaire de son indépendance politique ? Selon Eliza J. Willis[3] dont nous partageons l'analyse, l'indépendance du BNDE ne découlait pas uniquement de l'attitude présidentielle à son égard mais de pratiques administratives internes : le corps administratif, rallié au nationalisme développementaliste (atteindre l'autonomie par le développement), était soudé et dévoué à la tâche. Il put et sut ménager ainsi son autonomie, en profitant de la faiblesse des associations syndicales et patronales, en faisant du « sens de la mission » sa raison d'être et en s'appuyant sur des procédures de sélection.

L'indépendance du BNDE s'appuie sur un autre levier d'importance : avoir accès à des fonds stables qui ne varient pas selon l'humeur de l'exécutif.

---

[1] Kathryn Sikkink, *Ideas and Institutions*, *op. cit.*, p. 202. Cf. aussi Barbara Geddes *Politician's Dilemma*, Berkeley and Los Angeles, University of California Press, 1994.

[2] Ces pratiques ont été analysées par Robert T. Daland, *Exploring Brazilian Bureaucracy*, *op. cit.*, p. 205-259.

[3] Eliza J. Willis, « Explaining Bureaucratic Independence in Brazil », *art. cit.*

Le BNDES de 1957 à la fin de la dictature militaire : du 'pharaon' Kubitschek au parc industriel

C'est dans les années 1960 que le BNDE gagna en puissance avec la rapide constitution d'un parc industriel diversifié. De 1957 à 1963, sous la présidence de Kubitschek (janvier 1956-janvier 1961), puis de Quadros (janvier-août 1961), la situation financière du BNDE s'améliora, surtout sur le plan de son financement. Ses prérogatives s'accrurent, comme en témoigne la création en 1956 par Kubitschek d'un plan quadriennal, le Plano das Metas (Plan des objectifs). Ce plan renforçait le statut juridique du BNDE en le dotant d'un pouvoir de décision économique qui s'ajoutait à son rôle de gestionnaire de fonds[1].

Dans les années 1950, les prêts du BNDE aux entreprises se concentrèrent sur l'énergie, secteur crucial pour la croissance. Aussi dans une perspective d'industrialisation par substitution aux importations, le BNDE finança des entreprises publiques de façon totalement indépendante – semble-t-il – du gouvernement. Mais en même temps le leadership politique sur l'administration du BNDE se renforça[2], le cantonnant dans un rôle dépendant quoique significatif qui se fondait sur un vaste consensus entre les élites économiques et politiques au sujet de l'opportunité d'intervenir dans l'économie. Kubitschek affaiblit cependant la banque en instituant, en 1956, le *Conselho de Desenvolvimento Industrial*[3]. De façon générale, de 1952 à 1957, le BNDE réduisit ses investissements dans les transports mais les augmenta dans l'industrie et l'énergie. Il demeura cependant moins puissant de ce qu'il aurait pu être, puisqu'il peinait à lever les fonds.

Sur la recommandation de la commission du Congrès sur les finances du BNDE, une loi fut promulguée, créant une taxe sur le revenu à 4 %, au profit de la banque. Dès lors, 25 % des fonds provinrent des compagnies d'investissement et d'assurance, ce qui conféra au BNDE plus de force. Pendant cette période, la

---

[1] Rogério Feital Pinto, *The Political Ecology*, *op. cit.*, p. 47.

[2] Le BNDE fut dirigé par Lucas Lopes (février 1956-juin 1958), puis par Roberto Campos (août 1958-juillet 1959).

[3] Conseil de développement industriel.

banque reçut davantage d'investissements étrangers, mais il fallut néanmoins attendre 1958 pour constater une amélioration sensible de ses ressources.

Pendant le gouvernement Goulart (1961-1964), le BNDE fut utilisé par le pouvoir politique comme objet de rétribution et même pour de basses œuvres loin des nobles objectifs de la sortie de la dépendance économique. Ce problème est central pour notre analyse car c'est autour du risque de transformation du BNDES en objet de rétribution que se structure le débat politique brésilien sur l'interventionnisme.

C'est en septembre 1961 que João Jango Goulart, natif du Rio Grande do Sul (son origine joua un rôle dans ses choix), nomma à la tête du BNDE Leocadio de Almeida Antunes[1]. Goulart utilisa la banque pour des politiques occultes de redistribution politique, mettant en cause le sérieux de l'institution. Celle-ci devint une administration quasi-fantoche, à l'instar de la Sécurité sociale brésilienne de l'époque, où clientélisme et corruption étaient à la fois des modes de régulation interne et des pratiques courantes. En 1962, le BNDE ne fit aucun prêt d'importance. Mais en 1963 Leonel Brizola, beau-frère de Kubitschek, fit pression sur Almeida Antunes afin d'obtenir un prêt pour une industrie agricole du Rio Grande do Sul. Or les pratiques administratives de prêt reposent sur des critères précis d'éligibilité, qui n'étaient en aucun cas réunis par Brizola. L'administration s'insurgea contre l'octroi de ce prêt. Cet épisode est un cas intéressant de fronde du corps administratif intermédiaire-élevé contre la direction du BNDE et le gouvernement.

Par ailleurs le BNDE devint la cible d'attaques de la part des parlementaires. Le gouverneur de l'État de Bahia, Lomanto Junior[2], l'accusa de ne financer que le Sud. En effet le BNDE entreprit de glisser d'un développement par choix de cibles – Plano das metas – à un développement par choix de régions[3], en l'occurrence le sud, plus riche et développé.

---

[1] Almeida Antunes présida l'institution jusqu'en juin 1963.
[2] Rogério Feital Pinto, *The Political Ecology*, *op. cit.*, p. 57.
[3] La prise de position de Lomanto contre le BNDE le rendit très populaire.

Dès 1964, une période de renouveau débuta pour le BNDE : la taxe de 4 % est supprimée et on remplace son financement en allouant à la banque 20 % de la pression fiscale totale, et ce jusqu'en 1967. En sus, s'ajoutaient les budgets fédéraux, définis chaque année, et l'argent des fonds spéciaux. C'est à ce moment que le BNDE, banque publique, commença à être rentable par le retour des intérêts, ce qui constitue en soi une source de revenus. Ces fonds étaient des sortes de filiales, thématiques ou régionales ; ils se concentraient sur le financement des activités privées, contrairement aux plans – comme le Plano de reaparelhamento – qui se concentraient sur le public. Le FINAME[1], par exemple, fondé en 1964, prête aux entreprises qui produisent des machines, le FIPEMA[2], créé en 1965, finance les petites et moyennes entreprises. Ces fonds, par le truchement de banques commerciales et par des réseaux d'agents, aidèrent les entreprises du textile, du métal, de la cellulose et du papier, ou des industries automobiles et du plastique.

C'est en 1964 que les militaires s'emparèrent du pouvoir qu'ils conservèrent jusqu'en 1984. Ce régime était caractérisé par un très fort leadership, comme sous l'*Estado Novo*, avec une forte concentration des pouvoirs, une importante répression des corporations et une canalisation de leurs revendications : il s'agissait d'une forme de *Cohesive capitalism*.

Si l'industrie entreprit de croître avant de ralentir au début de la dictature, néanmoins cette dernière a conduit à ce que l'on a appelé le « miracle économique brésilien ». L'un des aspects les plus éclatants de ce « miracle » fut la facilitation du crédit, mise en place dès 1967 par le ministre de l'Économie Delfim Neto, à travers une politique industrielle orientée vers la production de biens de base (sidérurgie, industrie minière...)[3]. Le régime sut dépasser un certain nombre de problèmes économiques par son approche des questions administratives. L'arène politique était réduite, avec un contrôle des diverses composantes de la société

[1] FINAME = Fundo de Financiamento para Aquisição de Máquinas e Equipamentos Novos.
[2] FIPEMA = Fundação Indígena de Proteção e Preservação do Meio Ambiente. On peut rappeler aussi le FUNTEC (Fundo Tecnológico) et le FUNAM (Fundo Amazônia).
[3] Cf. Thomas E. Skidmore, *Brazil: Five Centuries of Change*, *op. cit.*, p. 169-171.

civile ; néanmoins l'État, dans son action, favorisa les intérêts des classes dominantes et des élites économiques, dans un contexte anticommuniste philo-américain, contrairement à l'*Estado Novo* (10/11/1937-29/10/1945). Un tournant idéologique se dessina à cette période, et influa sur l'orientation du BNDE : les militaires privilégièrent en effet l'entreprise privée. Ces capitalistes anti-communistes se situèrent clairement dans le contexte de la guerre froide. Ainsi que le note Skidmore[1], les militaires, « modérés » ou « durs », pensaient que le Brésil était en proie au « péril rouge ». Pour les premiers, guidés par les généraux Marshall Odílio Denys et Jurandir Mamede, seul des mesures d'exception pouvaient mettre le Brésil à l'abri des communistes. Cette rhétorique anti-communiste, largement soutenue par les États-Unis, était partagée par les autres dictatures militaires d'Amérique du Sud, dont l'Argentine.

Les militaires mirent en application un agenda de politique publique développementaliste en constituant des liens entre les divers groupes économiques (patronat, syndicats). Ils furent en même temps à l'origine d'un effort néolibéral, consistant notamment dans la rationalisation de la bureaucratie brésilienne et dans la croyance dans une action étatique plus vigoureuse.

Cet effort de rationalisation ne fut que temporaire et après 1975 la situation revint à la normale : l'administration brésilienne récupérait les rôles qui étaient les siens[2]. Encore en 2014, il est pertinent d'approcher la conduite politique du Brésil en termes de poches d'efficacité : les statistiques sur la corruption administrative au Brésil, voire sa lenteur – si l'on se réfère à l'index *doing business*[3] – présentent un tableau plutôt sombre du système. Néanmoins l'actuel BNDES est le fer de lance de la bureaucratie économique : il est une poche d'efficacité et est caractérisé par un personnel réduit et par une chaîne de commandement courte entre la décision et son application. En outre, le personnel, recruté par un concours très prisé, est fort qualifié.

---

[1] Thomas E. Skidmore, *Brazil: Five Centuries of Change*, *op. cit.*, p. 153.

[2] Cf. Robert T. Daland, *Brazilian Bureaucracy*, *op. cit.*, p. 205-258 (chapitre VI).

[3] http://francais.doingbusiness.org/

Pendant la période militaire, les investissements du BNDE évoluèrent ultérieurement. Après le milieu des années 1960, il étendit son influence régionale par des accords de coopération. En 1965 il fut critiqué car 65 % de ses fonds étaient alloués au déjà prospère Sudeste ; onze ans après, en 1976, on alloua encore à cette région 50 % des fonds. La structure du BNDE – et le fait mérite d'être noté – lui permit d'élargir son assise régionale sans alourdir son organisation, même si l'on constate un manque de coordination entre les pouvoirs régionaux et la banque. Remarquons aussi que plus l'échelon de coopération était périphérique et bas, plus les risques d'influence politique, de niveau inférieur, étaient importants dans le choix des projets. Les secteurs majoritaires d'allocation, en 1965, étaient constitués moins par l'acier (diminution très rapide, 68 % en 1965, 10 % en 1969) que par les industries lourdes (chimie, pétrochimique, papier, machines...) qui appartenaient principalement au secteur privé.

C'est en 1971 que le BNDE devint une entreprise publique, par la loi n° 5.662, du 21 juin 1971 : il fut ainsi doté d'une personnalité juridique de droit privé et de patrimoine propre, ce qui lui permit d'augmenter son autonomie et sa flexibilité administratives. Outil fondamental dans le financement du secteur privé au milieu des années 1970, le BNDE accrut encore son influence sur l'industrie de biens de consommation, par les fonds d'investissement FIBASE et EMBRAMEC, devenus depuis BNDESPAR. En 1976, le BNDE prêta 381 millions de dollars, contre 60 millions en 1964. Cette dynamique en direction du privé allait se poursuivre : en 1975, 80 % des investissements lui furent alloués : le BNDE devint ainsi la principale source de financement externe indirect des entreprises privées. Évidemment les plans ne résolvaient pas tout, et il restait des sujets de préoccupation, tels le début de l'inflation[1] et les déséquilibres sur la balance des paiements.

---

[1] L'inflation augmenta très fortement dans les années 1980.

C'est avec le Decreto-Lei n° 1.940 du 25 mai 1982 que fut créé le Fundo de Investimento Social[1] (Finsocial) dans le cadre du BNDE : dès lors celui-ci allait devenir BNDES, le « S » indiquant sa nouvelle dimension sociale pour des projets d'utilité publique.

En 1988, le BNDES assuma la gestion de 40 % des capitaux du FAT qui devint sa principale source de financement. L'article 239 de la Constitution fédérale de 1988 déterminait que les contributions pour le PIS[2] et pour le PASEP[3] seraient données au FAT, destiné à financer l'assurance chômage (*seguro-desemprego*), la prime salariale (*abono salarial*) et les programmes du BNDES.

Selon Werner Baer et Annibal V. Villela[4], la mutation du BNDE – d'une banque d'investissement dirigée vers le secteur public à une banque d'investissement s'adressant au secteur privé – s'explique par la rentabilité croissante des entreprises publiques : celles-ci se réservent des marges suffisantes pour s'autofinancer sans recourir au BNDE, ce qui est moins coûteux pour elles. Aussi, le secteur privé était très faible dans les années 1970 et demandait une forte attention.

Dans le cadre du modèle de développement ISI, les entreprises privées se retrouvaient face à la concurrence des entreprises publiques et des multinationales étrangères. Puisque leur compétitivité était très basse, on adopta la solution protectionniste de les financer pour soutenir leur développement. Le BNDE était supposé sélectionner les entreprises bénéficiaires selon des critères de risque/opportunité, comme toute banque, mais il semble, à vrai dire, que ce travail de sélection ne fut mené que sur les critères de risque, sans une

[1] Selon Olivier Dabène, *Amérique latine, la démocratie dégradée*, *op. cit.*, p. 44, c'est l'un des principaux programmes de lutte contre la misère : « Ces programmes reflètent une approche renouvelée des problèmes sociaux. L'idée selon laquelle les progrès de l'équité sont nécessaires au développement économique fait aujourd'hui consensus dans les différents pays d'Amérique latine comme dans les institutions internationales, du type CEPAL mais aussi BID, Banque mondiale ou FMI. »
[2] PIS = Programa de Integração Social.
[3] PASEP = Programa de Formação do Patrimônio do Servidor Público.
[4] Werner Baer and Annibal V. Villela, « The Changing Nature of Development Banking in Brazil », *art. cit.*

vision stratégique de développement industriel. Par exemple, la FINAME accordait les prêts à taux fixe de façon quasi automatique, sans sélectionner tel ou tel secteur.

La méthode du BNDE correspondait à une *unintentional nationalisation* (nationalisation non intentionnelle) des entreprises : une entreprise était achetée par le BNDE, viabilisée, puis revendue[1]. Cependant, bien que de 1947 à 1962 le Brésil eût 6 % de croissance en moyenne, l'action du BNDE ne fut pas toujours clairvoyante : par exemple, l'encouragement de la production d'automobiles comme d'ordinateurs brésiliens, avec des taux fiscaux avantageux et des crédits peu coûteux, n'apporta pas les résultats escomptés. Dans une perspective d'industrialisation par substitution aux importations, cette protection peut être considérée comme anesthésiante par les entrepreneurs et peut donc dégrader fortement leur compétitivité face à des entreprises moins protégées. Qui connaît maintenant les voitures brésiliennes ?

De façon générale, la période pendant laquelle les militaires furent au pouvoir (1964-1985) ne modifia pas radicalement le modèle de développement étatique mis en place par Vargas et Kubitschek. En 1980, 1/3 du PIB provenait de l'industrie, ce qui montre la réussite de l'industrialisation. La période militaire a sans doute représenté le point culminant des capacités étatiques à orienter l'investissement public vers le secteur privé, et à influer sur l'arbitrage à la fois des ménages et des entreprises entre épargne et investissement. La politique des militaires était en fait une politique dirigiste qui voulait jouer le jeu du marché : attirer les investisseurs. Le capital privé était encore sous-représenté, en raison d'un système bancaire précaire. Il ne faut donc pas, à ce stade du développement du pays, exagérer le rôle du capital privé brésilien[2].

---

[1] Werner Baer and Annibal V. Villela, « The Changing Nature », *art. cit.*, p. 437.

[2] William G. Tyler, « Brazilian Industrialisation and Industrial Policies: a Survey », *World Development* 4/10-11 (1976), p. 863-882. Parmi les trois-cents plus grandes entreprises, la part des entreprises brésiliennes privées est passée de 156 à 139, de 1966 à 1972.

Nous n'aborderons pas en détail, dans cette partie, les éléments historiques des années 1985-2014, car nous les prendrons en compte ultérieurement.

Il convient maintenant de poser les jalons du débat économique actuel entre libéraux et interventionnistes développementalistes au sujet de l'action du BNDES, à savoir proposer un crédit public dirigé[1].

Le crédit public dirigé, stimulateur de la croissance ou cause de l'inflation ?

Au Brésil le crédit public répond au manque de crédit privé et rend possible le développement, comme ce fut le cas en Corée ou à Taiwan. Le crédit public ne vise pas seulement à pallier à une faille durable de l'économie brésilienne – le manque d'investissement – mais aussi, à plus court terme, à stabiliser la conjoncture en cas de crise économique. Son rôle sur la politique monétaire, l'inflation et les taux d'intérêt le placent au cœur d'un débat entre libéraux et développementalistes. C'est l'opposition entre interventionnistes développementalistes et libéraux qui structure le débat politique et économique autour du BNDES.

De plus, le caractère à double tranchant du crédit public permet d'apprécier l'arbitrage fait par l'État entre le danger d'inflation et la nécessité de stimuler l'économie. Quelques données statistiques permettent d'apercevoir le rôle de stabilisateur automatique[2] du BNDES.

Le cycle d'augmentation et de réduction des opérations de prêts correspond à un rôle de stabilisateur économique en ce sens qu'à une diminution des activités des banques privées, ralentissant la croissance, répond une augmentation des activités des banques publiques pour relancer l'investissement, la production et la croissance. En décembre 2008, l'affaiblissement de l'activité économique réduisit la demande de crédit, mais le volume des opérations de crédit atteignit 1,227 milliard de

[1] La définition du crédit public dirigé a été donnée dans l'Introduction.

[2] Un « stabilisateur automatique » est un mécanisme de politique économique qui, de façon automatique et passive, lisse les fluctuations de la conjoncture économique.

réais : 41,3 % du PIB en 2008, dont 12 % de crédit dirigé, contre seulement 34,2 % en 2007[1]. Les opérations du BNDES représentèrent 58,8 % du crédit dirigé en 2008, donc 7 % du PIB, ce qui équivaut à 90,9 milliards de réais de prêts soit une augmentation de 40 % sur l'année.

L'augmentation de ce crédit public, principal levier de l'État développementaliste, est remarquable[2] : en effet l'accroissement du crédit des banques publiques en 2014 par rapport à 2011 a été de +43,6 %. En théorie, et c'est la position défendue par le FMI et par des économistes brésiliens[3], les banques publiques ne devraient agir que là où le marché a des failles, en finançant par exemple des *start-up* qui n'ont pas accès aux prêts car leur activité naissante est encore risquée[4]. Or, dans les faits, l'orientation des politiques de prêts vise souvent – on le verra – des secteurs et des entreprises déjà puissants.

Depuis quelques années, les économistes brésiliens produisent un débat autour du bien-fondé de l'État développementaliste, se focalisant sur le rôle du BNDES en tant que financeur de l'économie. S'affrontent très clairement divers courants idéologiques pour savoir si l'État doit encore se mêler du financement de l'économie et si l'action du BNDES est bénéfique. En 2005 l'économiste Pérsio Arida publie un article, que nous avons déjà cité à quelques reprises pour son importance, intitulé « Mecanismos compulsórios e o mercado de capitais no Brasil. Propostas de política econômica ». C'est de cet article que naît un débat sur l'intervention de l'État dans le financement à long terme. Une grande partie du débat actuel sur le BNDES concerne les effets du crédit dirigé sur la politique monétaire. Ce type de crédit, provenant presque totalement du BNDES, représentait en 2005, d'après Arida, environ 32 % du financement total du pays. Selon les économistes libéraux pour

[1] Rapport de la BACEN, 2008.

[2] Le crédit peut être orienté sur différents secteurs (industriel, agricole, habitation) qui relèvent d'institutions différentes : à la fin de l'année 2012, les prêts accordés par les banques publiques ont atteint 1,134 trillion de réais, ce qui équivaut à 47,9 % du crédit total du pays.

[3] Entretien avec Pérsio Arida.

[4] L'État assume ici un rôle dit de *midwifery*, terminologie adoptée par Peter Evans, *Embedded Autonomy*, *op. cit.*, p. 10-13.

lesquels le système financier du pays n'est pas oligopolistique, le crédit dirigé explique les taux directeurs élevés de la Banque centrale qu'elle est obligée de maintenir pour contrôler la demande de monnaie. Arida soutient dans son article que le BNDES crée des distorsions du marché monétaire. En revanche, l'interventionniste développementaliste Luiz Gonzaga de Mello Belluzzo se fait l'avocat du crédit dirigé, arguant que c'est le seul capable de fournir à l'économie les moyens de se développer[1] : de là, l'importance centrale du BNDES dans le *state-led development*.

Le BNDES est la principale administration qui finance l'économie à long terme. Aucune des personnes que nous avons rencontrées en 2014 ne remet en cause les réalisations rendues possibles par la banque entre 1950 et 1987.

Les libéraux estiment maintenant que c'est au secteur privé d'octroyer des financements à long terme : le crédit dirigé, dont le taux n'est pas déterminé par le marché, provoque une augmentation du taux directeur de la Banque centrale.

Quant à Claudio Haddad[2], économiste et directeur de la Banque centrale de 1980 à 1982, il a affirmé en 2005 que le taux d'intérêt qu'imposait le BNDES était inférieur au taux d'intérêt auquel se finançaient le Trésor national et le gouvernement. On comprend alors que les bénéficiaires des prêts du BNDES furent considérés comme étant favorisés ; étaient défavorisés ceux qui contractaient des prêts dont le taux dépendait du taux directeur de la Banque centrale. Les libéraux considèrent par ailleurs que le BNDES n'a plus raison d'être, et proposent de transférer au privé le soin d'opérer des financements à long terme : à leurs yeux, la mission du BNDES est maintenant terminée, car le secteur privé est désormais en mesure d'assurer le financement de l'économie. Luiz Carlos Mendonça de Barros[3], président du

[1] Luiz Gonzaga de Mello Belluzzo, « Os pesadelos do senhor Meirelles », *Folha de São Paulo*, 21 novembre 2004.
[2] Claudio Haddad, « É preciso fechar o 'granaduto' », *Valor Econômico*, 25 février 2005.
[3] http://www.bndes.gov.br/SiteBNDES/export/sites/default/bndes_en/Galerias/Download/book50years/Interviews.PDF

BNDES de novembre 1995 à avril 1998, a soutenu que cette institution devrait avoir un rôle de *midwifery* (« accoucheuse ») pour les jeunes entreprises, avant que le financement soit transféré au secteur privé. Mario Cesar Flores[1], ministre de la Marine du gouvernement Collor de Melo (1990-1992), estimait en revanche, en 2006, que le BNDES est une institution anachronique datant de la triple alliance nationale-développementaliste entre État, capital et travail. Cet anachronisme freine le développement d'une culture du financement à long terme dans le marché des capitaux. De plus, Claudio Haddad, considère, dans l'article de 2005 cité ci-dessus, que le rôle du BNDES n'a plus de sens car les marchés financiers ont atteint de fortes capacités de financement.

Pour les développementalistes, en revanche, l'objectif du crédit dirigé est de pallier à la pénurie de financements que le marché n'est pas en mesure ou ne souhaite pas donner, car le système financier brésilien regroupe principalement des prêts à court terme. Dans la perspective développementaliste, telle qu'elle est adoptée par l'un des principaux entrepreneurs du pays, Benjamin Steinbruch[2], le crédit dirigé est un investissement stratégique, surtout dans la construction d'habitations ou dans l'agriculture. D'après lui, le BNDES est la seule source de prêts à long terme pour le Brésil, sans laquelle la croissance serait handicapée. L'absence de prêts à long terme est une faille du marché que le crédit dirigé doit réparer. Les développementalistes, à l'inverse des libéraux, considèrent que le système bancaire est oligopolistique et non concurrentiel : les cinq premières banques commerciales sont en effet à l'origine de la quasi-totalité des prêts, et génèrent des taux très élevés, reposant sur une situation peu concurrentielle. Ces banques font varier de concert leurs taux des prêts à court terme rendant les prêts à long terme non rentables et très onéreux pour les emprunteurs. Même en supprimant le crédit dirigé, et même s'il y a en conséquence une baisse des taux directeurs (Selic), le

[1] Mario Flores, « O desenvolvimento e seus problemas », *Instituto Millenium*, 10 juin 2006.

[2] Benjamin Steinbruch, « A ousadia é a persistência », *Folha de São Paulo*, 16 novembre 2004.

secteur oligopolistique des banques maintiendra des taux élevés pour se ménager des marchés. Cette situation rend difficile, pour les développementalistes, un remplacement du BNDES par le secteur privé.

En conclusion, la politique développementaliste du crédit dirigé est un arbitrage entre un risque d'inflation dû à une forte intervention de l'État et un risque d'assèchement du marché du crédit privé à long terme. Dans ce chapitre, nous avons étudié dans quel contexte historique et social le BNDES s'est formé et a évolué. Nous avons aussi constaté que la tendance développementaliste de l'État brésilien a traversé les décennies et les régimes, sans jamais être véritablement altérée. Il faut désormais se poser la question de l'évolution du développementalisme depuis 1985 en se demandant si la « crise fiscale » dont parle Bresser Pereira[1] a eu raison de cet investissement massif de l'État dans l'économie. Les réformes libérales et néolibérales de Sarney, Collor et Cardoso ont-elles remis en cause ce modèle d'intervention ? Peut-on identifier des effets du paradigme néolibéral ou de la mondialisation sur l'État développementaliste au Brésil ? Dans le chapitre suivant, nous examinerons le rôle du BNDES dans la diminution, toute relative, du poids de l'État et dans sa reprise de contrôle par la suite.

[1] Luiz Carlos Bresser Pereira, *Economic Crisis & State Reform in Brazil, op. cit.*

CHAPITRE II

LE BNDES, STRATÈGE D'UN *HIDDEN STATE* DÉVELOPPEMENTALISTE

> Je suis nationaliste, démocrate, et je ne crois pas que le développement d'un pays du tiers monde soit possible sans une forte action de l'État. Je ne veux pas dire qu'une forte intervention de l'État puisse résoudre tous les problèmes : elle peut ne pas les résoudre, elle peut même les empirer. Mais je ne connais aucun marché qui ait produit quelque transformation significative dans la périphérie mondiale. La Corée du Sud n'est pas un exemple de société qui s'est développée sans l'État, bien au contraire[1].
>
> Carlos Lessa
> *Président émérite du BNDES*

Explorons maintenant l'impact du néolibéralisme sur la voie du développement choisie par le Brésil, en étudiant le rôle du BNDES dans les privatisations. Par néolibéralisme nous entendons ici le corpus de politiques inspirées par le Consensus de Washington qui doivent se concrétiser par une diminution du rôle de l'État en raison d'impératifs économiques. On pourrait s'attendre à ce que le poids de l'État dans le secteur productif ait baissé après le gouvernement Cardoso ; le Consensus de Washington aurait dû limiter l'action du BNDES dans la politique industrielle, et les privatisations signer un retrait durable de l'État. Nous verrons, données à l'appui, que la réalité est plus complexe.

---

[1] Entretien avec Carlos Lessa. Voici le texte en portugais : « *Eu sou nacionalista, democrata, e não acho possível o desenvolviemnto de nenhum pais do terceiro mundo sem forte ação do Estado. Não quero dizer que a forte intervenção do estado resolve os problemas, pode não resolver, pode até piorar, mas não conheço mercado tendo produzido nenhuma sinificativa transformação na perifiria mundial. Coreia do sul nao é um exemplo de sociedade que se desenvolveu sem o estado, pelo contrario.* »

Pour tenter de résoudre cette question, une incursion dans le domaine de la sociologie historique de l'État s'impose. James Mahoney[1] s'est posé la question de savoir « pourquoi certains territoires, dans différentes aires géographiques, furent soumis à plus ou moins de colonialisme et pourquoi d'autres expériences coloniales donnèrent lieu à de nouvelles nations avec des niveaux divers de développement économique et social ». Mahoney montre dans son ouvrage qu'un développement social harmonieux ne dépend pas seulement du développement économique mais aussi du type de stratification sociale laissée par la colonisation.

L'historien Kenneth Maxwell, dans l'article « *Porquê o Brasil foi diferente* »[2], illustre comment le Brésil s'est constitué avec une forme d'État et d'idéologie qui ne porte pas l'empreinte du libéralisme. Mahoney et Maxwell abordent d'un point de vue historique les effets de la colonisation sur la forme de l'État et prouvent à quel point une logique interventionniste ou libérale est une tendance lourde très difficilement altérable.

L'hypothèse que nous défendons se fonde, quant à elle, sur les concepts d'« État submergé » (*submerged state*) ou encore d'« État caché » (*hidden state*) qui mettent en évidence la capacité de l'État à se « cacher » tout en continuant à agir d'une façon différente. Ce concept a été utilisé par Mettler et Scheingate, selon lesquels l'État américain, réputé faible et petit, est à vrai dire fort mais caché[3]. Dans le cas du Brésil, il est clair que la mondialisation n'a pas forcé l'État à réduire de façon durable son rôle dans le secteur productif, et que l'on

---

[1] James Mahoney, *Colonialism and Postcolonial Development. Spanish America in Comparative Perspective*, Studies in Comparative Politics, Cambridge, Cambridge University Press, 2010, p. 1 (préface). Voir aussi Matthew Lange, James Mahoney, Matthias vom Hau, « Colonialism and Development: A Comparative Analysis of Spanish and British Colonies », *American Journal of Sociology* 111/5 (2006), p. 1412-1462.

[2] Kenneth Maxwell, « *Porque o Brasil foi diferente* », dans Carlos Guilherme Mota org., *Viagem Incompleta. A Experiência Brasileira*, São Paulo, Editora Senac, 2000. Nous remercions Ernani Teixeira Torres Filho de nous avoir indiqué cet article.

[3] Suzanne Mettler, « The Submerged State: the Challenges of Social Policy Reform in Obama Era », *Perspectives on Politics* 8/3 (2010), p. 803-824. Id., *The Submerged State: How Invisible Government Policies Undermine American Democracy*, Chicago and London, The University of Chicago Press, 2011. Adam Scheingate, « Why Can't Americans See the State? », *The Forum* 74 (2009), p. 1-14.

assiste à une continuité dans la pénétration actionnaire de l'État depuis vingt ans : le BNDES en est un exemple.

L'État s'est mué en une sorte de « Léviathan », pour reprendre l'expression utilisée par Aldo Musacchio[1]. Notons à ce propos que le BNDES a augmenté sa participation et son contrôle sur le marché économique, aboutissant à un *capitalismo de laços*, autrement dit un capitalisme d'État où acteurs publics et privés, nationaux et internationaux, se retrouvent unis par des liens de propriété. Au centre de ce dense réseau, quelques nœuds concentrent le pouvoir, comme des fonds de pension qui détiennent des parts d'entreprises, et surtout le BNDES. L'on examinera aussi le cas du BNDESPAR, filiale d'investissement du BNDES, qui constitue la « main invisible » du gouvernement fédéral dans les entreprises. Notre but est de retracer les contours de cet État développementaliste caché, en reliant nos raisonnements aux évolutions politiques dans l'intention de comprendre les termes du débat et les soubassements idéologiques (libéralisme, interventionnisme, nationalisme) des politiques étatiques. Nous verrons ainsi que le concept d'État développementaliste caché est opérant pour le cas du Brésil en nous focalisant sur le BNDESPAR et en étudiant les relations entre développementalisme caché et nationalisme. On essaiera de démontrer que l'action de l'État répond à une logique long-termiste – reprendre la main sur le capital – et à d'autres logiques, à lire en fonction d'enjeux nationalistes : faut-il ouvrir telle ou telle entreprise ou tel champ de ressources minérales à la concurrence et à l'exploitation internationale ? Un État caché développementaliste est-il le dernier recours pour limiter les effets de la mondialisation ? Que nous apprend la rémanence d'un État développementaliste caché sur l'ouverture de l'État brésilien au jeu économique mondialisé ?

[1] Sérgio Lazzarini and Aldo Musacchio, « Leviathan Evolving: New Varieties of State Capitalism in Brazil and Beyond », Presented at the International Society for the New Institutional Economics Annual Conference, Florence, July 20-22, 2013.

L'impulsion du BNDES dans la politique de privatisation à l'époque de Collor et de Cardoso (1990-1992, 1995-2003)

Revenons tout d'abord sur la façon dont le BNDES a opéré lors des diverses phases des privatisations. L'étude de l'évolution de son rôle, depuis 1990, est nécessaire pour appréhender les ruptures et les continuités avant et après les gouvernements Collor et Cardoso.

C'est le Plano Nacional de Destatização (PND), voté durant la présidence de Fernando Collor de Mello (1990-1992), qui fit du BNDES le grand chef d'orchestre des privatisations. L'institution était en effet en charge du très complexe processus de ventes. Ce plan marqua l'avènement d'une vague de privatisations, concernant d'abord des petites entreprises et ensuite des secteurs : sidérurgie, pétrochimie, fertilisants... La deuxième vague était constituée par la privatisation de services publics : téléphonie, secteur électrique. Dans ce contexte le BNDES agissait sur les ordres des ministères et de la présidence. Une fois que la décision politique d'inscrire une entreprise sur la liste de celles à privatiser était prise – décision reflétant, selon Elena Landau, directrice des privatisations au BNDES de 1994 à 1996, la vision du rôle de l'État dans l'économie –, le BNDES devait réaliser la vente. Il avait été choisi car il s'agissait de la seule institution publique ayant les compétences et l'expertise pour évaluer et vendre les entreprises au secteur privé, tâche qu'accomplissent régulièrement les banques d'investissement privées : « Le rôle de la banque était de coordonner tout le processus depuis le choix des cabinets de conseil et d'audit jusqu'à la structuration de la vente[1]. » Les entreprises que le BNDES vendait habituellement étaient celles dont il avait pris le contrôle, suite à des prêts non remboursés. Néanmoins, ces privatisations du PND ne sont pas la tâche traditionnelle d'une banque de développement : prêt, achat et revente d'entreprises faibles (phase de privatisation pré-PND), ou encore participation minoritaires, le cas échéant, dans des entreprises. Ainsi que le rappelle Elena Landau, « La fonction du BNDES dans les privatisations était indépendante de son rôle

[1] Entretien avec Elena Landau.

de banque de développement. C'était comme si le BNDES rendait un service au gouvernement en vendant les entreprises[1]. »

Le processus de privatisation débute en 1985 par des « reprivatisations » d'entreprises en difficulté, généralement de petite taille, qui avaient été auparavant achetées par l'État pour les restructurer, mais aussi d'entreprises endettées avec le BNDES. Il ne s'agissait pas en réalité d'un large programme de privatisation, et il n'a rapporté que 780 millions de réais, selon les chiffres fournis par Elena Landau.

Avec l'avènement de la démocratie et la présidence de José Sarney (1985-1990), les fonctionnaires du BNDES obtiennent une plus grande indépendance de fait et un pouvoir décisionnel plus fort. Les lois ne sont pas changées, mais la présidence Sarney puis celle de Cardoso (1995-2003)[2] acceptent d'orienter leurs politiques d'après les conseils du BNDES. C'est José Sarney qui inaugura les premières réformes néolibérales au Brésil. Dans une optique mise au service des intérêts privés, Sarney privatisa à la fois les entreprises publiques qui avaient été créées et les entreprises appartenant au BNDES. L'idée ne venait cependant pas de Sarney mais des fonctionnaires du BNDES, et elle reposait sur une simple constatation : il n'y avait plus d'argent. Déjà sous la dictature, Ernesto Geisel (1974-1979) et João Baptista Figueiredo (1979-1985)[3] avaient privatisé, faisant passer le nombre d'entreprises publiques de 530 à 420, en 1984. Lorsque Sarney prit le pouvoir, il réforma le secteur public, allant jusqu'à créer un ministère de la Débureaucratisation. En 1988 une liste fut approuvée par le Congrès, comportant cent entreprises à vendre. Il faut toutefois se garder d'être impressionné : certaines entreprises avaient déjà été vendues, d'autres revenaient sur la liste tous les ans. Le BNDES devint un véritable agent de privatisation.

---

[1] Entretien avec Elena Landau.

[2] Mentionnons aussi les présidences intermédiaires de Fernando Collor de Mello (1990-1992) et d'Itamar Franco (1992-1994).

[3] Sérgio Abranches, *The Divided Leviathan: State and Economic Policy Formation in Authoritarian Brazil*, PhD. Dissertation, Cornell University, 1984 (*non vidi*); E. Kapstein « Brazil: Continued State Dominance », dans Raymond Vernon éd., *The Promise of Privatization*, New York, Council of Foreign Relations, 1988, p. 122-148.

D'une part, le BNDES avait acheté et reviabilisé des entreprises, capables, depuis, de s'autofinancer. D'autre part, des entreprises qui avaient été achetées, car elles étaient incapables d'honorer leurs dettes, ne donnèrent pas de signes de reprise et furent vendues. Les vendre – les privatiser – correspondait donc à une démarche d'efficacité stratégique : le BNDES préférait en revanche se concentrer sur des entreprises qui étaient davantage dans le besoin. Paulo Galletta[1] souligne que le poids des entreprises publiques dans le budget était trop lourd : environ 50 % des recettes fiscales partaient en intérêts pour rembourser les créanciers des entreprises publiques (BNDES, marchés financiers, ménages) et le reste allait au service de la dette. En privatisant, la banque améliorait ses marges d'investissement.

D'après le BNDES, l'intention était de freiner la présence de l'État dans le secteur entrepreneurial mais pas de dégager d'importantes marges : seulement 780 millions de dollars furent récupérés. Il s'agissait d'une décision microéconomique interne au BNDES. C'est en 1985 que cette institution effectua la première grande vente publique d'actions qui rapporta 400 millions de dollars, et c'est à cette occasion que 320 000 Brésiliens achetèrent leurs premières actions. Le BNDES continua en vendant les entreprises Tecidos Nova América, en juin 1987, ainsi que Máquinas Piratininga do Nordeste et Máquinas Piratininga S.A, puis Caraíba Metais, Sibra, Celpag et Siderurgica Nossa Senhora Aparecida.

La décennie 1990 est quantitativement la plus importante pour les privatisations, l'exemple d'Usiminas, vendue en 1991, est frappant : cette vente rapporta plus que toutes les ventes de 1980, à cause de la taille de l'entreprise. Les premiers secteurs concernés étaient la sidérurgie[2], l'énergie électrique, la pétrochimie, les ports, les routes et les télécommunications. Mais c'est en 1995, alors que les privatisations industrielles sont quasiment terminées, avec la création du Conselho Nacional de

[1] Paulo Galletta, « A exaustâo do setor público e a desestatizaçao », *Econômia em Perspectiva* 50 (1988).
[2] Cosipa = Companhia Siderúrgica de Tubarão, Acesita, Cosinor et Açominas, et début de la liquidation de Siderbrás.

Desestatização (CND), que la privatisation gagna encore en importance, avec la cession de services publics. En 1995 fut vendue Espírito Santo Centrais Elétricas (ESCELSA), suivie par la vente, en 1996, de la Rede Ferroviária Federal SA (RFFSA). D'après le BNDES[1], les privatisations, par exemple celle du système Telebras, ont apporté de grands bénéfices à la population, car elles ont fait baisser les prix des lignes de téléphone : auparavant, une ligne à Saõ Paulo coûtait autant qu'une voiture populaire. D'après Elena Landau,

> « Le processus commençait après l'inclusion d'entreprises dans le PND par décret du président de la République. Au début, les entreprises étaient propriété du BNDES et ne pouvaient pas continuer à être administrées par lui. Ensuite, quand le PND fut créé, furent incluses des entreprises qui n'appartenaient pas au BNDES mais à l'*União Federal.* »

Entre 1990 et 1992, d'après le BNDES, soixante-huit entreprises des secteurs de la sidérurgie, des fertilisants et de la pétrochimie furent inscrites au PND, ce qui permit de récupérer quatre milliards de dollars par leur vente.

L'évolution sectorielle lors de l'accélération des privatisations à l'époque Cardoso

Le phénomène des privatisations s'accéléra néanmoins fortement sous la présidence Cardoso, montrant l'effectivité de sa politique dont le but était de réagir face à la crise fiscale[2].

---

[1] Entretien avec Elena Landau et Fábio Giambiagi.

[2] Voir Luiz Carlos Bresser-Pereira, *Economic Crisis and State Reform in Brazil*, *op. cit.* Théoriquement parlant, ce fut le cas au Brésil selon Bresser-Pereira, un accroissement du poids de l'État peut mener à une crise fiscale. D'après Boix (Carles Boix, « Privatizing the Public Business Sector in the 1980s: Economic Performance, Partisan Responses, and Divided Governments », *British Journal of Political Science* 27/4 [1997], p. 473-496; Id., *Political Parties, Growth and Equality*, Cambridge, Cambridge University Press, 1998), il y a deux stratégies possibles de l'État pour l'investissement dans les infrastructures et l'éducation : la stratégie sociale-démocrate (plutôt libérale) et la stratégie conservatrice (néolibérale). Selon Bresser-Pereira, qui fut ministre de Cardoso, le président choisit l'option sociale-démocrate.

Résultats des privatisations accumulées par période en millions de dollars

Période	Total	Pourcentage
1990-1994	11 874	11,2 %
1995-2002	93 424	88,8 %
Total	105 298	100 %

Données du BNDES

D'après le BNDES, l'intervention du capital étranger dans l'achat des entreprises qu'il a vendues n'est pas interdite, si elle est explicitement stipulée[1]. De 1990 à 1994, l'intervention étrangère a été faible, contrairement à la période Cardoso (1995-2002), quand le capital étranger a représenté 53 % des recettes totales. Néanmoins, le plus souvent, l'acquéreur des entreprises est un consortium liant capital national, capital international et deniers publics, par l'intervention du BNDESPAR.

Types d'acquéreurs des entreprises privatisées, par période

1990/1994 (Sarney, Collor)			**1995/2002 (Cardoso)**		
Type d'investisseur	**valeur**	**%**	**Type d'investisseur**	**valeur**	**%**
Entreprises nationales	3 116	36 %	**Investisseur étranger**	41 737	53 %
Institutions financières	2 200	25 %	**Entreprises nationales**	20 777	26 %
Personnes physiques	1 701	20 %	**Secteur financier national**	5 158	7 %
Fonds de pension	1 193	14 %	**Personnes physiques**	6 316	8 %
Investisseur étranger	398	5 %	**Entités privées de sécurité sociale**	4626	6 %
Total	8 608	100 %	**Total**	78 614	100 %

Valeurs en millions de dollars

[1] En règle générale, il n'y a pas de restriction légale à la participation du capital étranger dans les entreprises privatisées.

Il y a une évolution sectorielle des privatisations, le processus ayant avancé par étapes. Des tableaux plus exhaustifs des privatisations sont présents dans l'Annexe 4. D'après Elena Landau, les premiers secteurs où eurent lieu les privatisations sont ceux des « activités économiques normales et là où il n'y avait pas de raison ni de nécessité que l'État continue à avoir un rôle de contrôle et d'administration. Ce fut le cas de la pétrochimie, des fertilisants, de la sidérurgie, d'Embraer et même de Vale do Rio Doce ».

Résultats sectoriels des privatisations (1990-1994)

1990/1994 (Sarney, Collor)	
Pétrochimie	22 %
Sidérurgie	64 %
Fertilisants	5 %
Décret 1068	5 %
Autres	4 %
1995/2002 (Cardoso)	
Infrastructures/services	80 %
Industries	14 %
Participations minoritaires	6 %
Total	100 %

Résumé des privatisations (1995-2002, millions de dollars)

Secteurs	Recette de la vente	Dette transférée	Résultat Total
Industrie	**10 852**	**4 265**	**15 117**
Pétrochimie	816	706	1 522
Pétrole	4 840	-	4 840
Minerai	5 196	3 559	8 755
Infrastructure et services	**63 281**	**10 545**	**73 826**

Financier	6 329	-	6 329
Électrique	22 238	7 510	29 748
Transport	2 321	-	2 321
Portuaire	421	-	421
Gaz, assainissement	2 111	88	2 199
Télécommuni-cations	29 811	2 947	32 758
Informatique	50	-	50
Participations minoritaires	**4 481**	-	**4 481**
Décret 1.068	753	-	753
États fédérés	3 728	-	3 728
Total	78 614	14 810	93 424

Données du BNDES : « Privatização no Brasil 1990-1994 1995-2002 », powerpoint BNDES

L'évolution de 1995 a marqué la mise en vente d'entreprises publiques qualifiées de service public, comme celles de l'électricité, des chemins de fers, des autoroutes, de la distribution de gaz et des télécommunications. L'objectif de ces privatisations de secteurs publics était d'ouvrir les entreprises à l'investissement privé, national ou international[1], afin d'améliorer la qualité des services.

La différence entre le secteur électrique et celui du gaz consistait dans le fait que l'exploitation du gaz était régie par des *concessões estaduais* et dépendait donc des États fédérés. Or le PND est un plan fédéral qui agit sur les entreprises détenues

[1] Par exemple, le 28 juillet 1998 l'entreprise Companhia de Geração de Energia Elétrica Paranapanema est achetée par la société américaine Duke Energy pour 1,239 milliard de réais.

par l'*União*[1] ; peu d'entreprises ont été vendues dans ce secteur contrairement au secteur électrique. C'est néanmoins le BNDES qui, depuis 1996, s'occupe de la vente des entreprises des États fédérés. Cette restriction des privatisations au niveau fédéral s'allégea en 1997 avec la privatisation au niveau des États fédérés – toujours avec l'appui du BNDES – et la vente par l'État de parts d'entreprises détenues (par exemple : Companhia Riograndense de Telecomunicações et Cia de Eletricidade de Minas Gerais). La situation dans le secteur des télécommunications était encore différente. Selon Elena Landau,

> « Le processus de vente des privatisations a été précédé par une énorme réforme du droit de la régulation qui a réorganisé tout le système de téléphonie dans le pays, en stimulant la compétition et l'entrée de nouvelles entreprises de téléphonie cellulaire. »

Landau fait référence ici à la réduction du monopole d'État sur les télécommunications qui débuta en 1995 par l'amendement 8 du 8 août 1994 à la Constitution de 1988, à la loi n° 9.295/96 et surtout à l'approbation de la Lei Geral de Telecomunicações (16/07/1997).

Le processus décisionnel pour les privatisations du secteur diffère de celui des privatisations du PND car la décision relève d'une mission spéciale qui dépend du ministère des Télécommunications et non du *Conselho Nacional de Desestatização* (CND). En 1998, une fois adopté au niveau fédéral un cadre juridique autorisant la cession d'entreprises de communications, comme Telebras, le BNDES fut chargé d'organiser les ventes et la mise aux enchères des entreprises.

Les concessions autorisées dans la téléphonie mobile, pour quatre milliards de dollars, permirent des ventes significatives : en 1999 sont vendues des concessions pour la téléphonie fixe, pour une valeur de 128 millions de dollars, dans le but affiché de renforcer la concurrence entre entreprises, la compétitivité et la qualité des communications.

---

[1] L'Union se confond avec la République fédérative du Brésil (État fédéral) et l'intègre. Par exemple, c'est l'Union qui représente l'État fédéral devant les autres États souverains.

Résultats par type de privatisation

Programme	Résultat total
Privatisations fédérales	71 306,6
Privatisations Télécom	31 174,5
Privatisations	40 025,6
Concessions	106,50
Privatisations des États fédérés	34 699,0
Total	106 005,6

Données en millions de dollars

L'État s'est aussi délesté de nombre de participations minoritaires dans des entreprises, dans le cadre du plan PND, entre 1995 et 2002. Vingt-deux ventes aux enchères de participations minoritaires ont eu lieu dans le cadre du Décret 1 068, pour une recette totale 753 millions de dollars. Entre 1997 et 2002, 16 enchères ont été réalisées, pour un montant total de 3 728 millions de dollars.

Participations minoritaires

		Valeur de la vente	
	Fédéral (Décret 1.068)	États fédérés	Total
Électrique	-	2 428	2 428
Assainissement	-	593	593
Télécommunications	-	679	679
Financier	-	28	28
Divers	753	-	753
Total	753	3 728	4 481

Données en millions de dollars

Les privatisations et les concessions à l'époque de Lula et Rousseff : comment le développementalisme emporta la victoire sur le néolibéralisme

La privatisation est considérée comme une politique néolibérale, même si nous avons vu que les premières privatisations du BNDES sont apparues pour des raisons idéologiquement neutres. La question qu'il convient de se poser maintenant est celle de la relation entre privatisation et développementalisme. La privation, c'est la cession d'actifs publics au secteur privé. En quoi peut-elle s'intégrer à un projet développementaliste ? N'est-elle pas en opposition avec ce projet ? Avec l'élection du PT à la présidence, peut-on considérer que l'on assiste au retour du développementalisme et à la fin des privations ? Ainsi que nous le verrons, le PT a continué cette politique. C'est une donnée qui complique l'analyse car, de prime abord, on aurait pu penser qu'un gouvernement d'influence plus développementaliste que celui de Cardoso lui aurait mis fin. Mais, comme toujours au Brésil, il faut penser « l'union des contraires » : l'hypothèse que nous défendons est celle d'une continuité du rôle de l'État, mais sous une nouvelle forme. L'État a privatisé d'un côté et a repris un certain contrôle de l'autre.

L'arrivée du Parti des travailleurs : l'« apprentissage des privatisations »

Le PT arrive au pouvoir en 2003, et en 2007/2008 il commence à privatiser. Dilma Rousseff était, depuis 2003, ministre des Mines et de l'Énergie, et ensuite ministre-chef de la Casa Civil, mais le grand programme de concessions ne débuta qu'en 2012, alors qu'elle était présidente de la République. Selon Fábio Giambiagi, économiste au BNDES, auteur de plusieurs ouvrages sur l'économie contemporaine du Brésil, l'arrivée du PT s'est accompagnée d'un processus d'apprentissage de la privatisation :

> « Quand le PT arrive au pouvoir, en 2003, il entre dans un processus d'apprentissage des privatisations. Avant, le PT était très opposé aux privatisations, et ce, pendant de longues

années. Mais la privatisation à son origine n'a rien d'idéologique, c'est une nécessité pratique[1]. »

De fait, la privatisation n'était plus perçue par le PT comme une action idéologique libérale mais comme une action pragmatique découlant de plusieurs facteurs, parmi lesquels l'ingérence politique dans les entreprises *estatais*, les difficultés financières des entreprises publiques entraînant celles du gouvernement fédéral, et enfin les questions opérationnelles :

> « Avec un État qui manque de capitaux, et en plus avec la priorité des dépenses sociales, il y a un problème simple : les marges de manœuvre diminuent pour investir. Peu à peu le PT s'est convaincu qu'il était nécessaire de faire des concessions d'infrastructure au secteur privé[2]. »

D'après Giambiagi, les lois anti-corruption dans le secteur public rendent extrêmement bureaucratiques et longues les opérations d'achat et de vente de ces mêmes entreprises, ce qui les handicape fortement en leur faisant perdre toute agilité ou réactivité : « ce qui prend deux mois dans le secteur privé prend deux ans dans le secteur public ». Bien que nous n'ayons pu vérifier cette affirmation, elle nous permet de comprendre le consensus entre PT, PSDB et PMDB sur le sujet. Notons aussi qu'à budget égal le PT considère les privatisations comme un moyen d'accroître, en retour, l'investissement social.

Ainsi, non seulement le gouvernement Lula n'est pas revenu sur les privatisations, mais il les a continuées. L'action de Carlos Lessa à la présidence du BNDES avait cependant permis de garder l'entreprise Vale do Rio Doce, leader mondial de l'extraction présent sur tous les continents, dans des mains brésiliennes : en effet, il ne revint pas sur la privatisation, ce dont il n'avait pas le pouvoir, mais il exerça le « droit de préférence »[3] en achetant des actions de Vale, ce qui fit que le « capital national » resta majoritaire dans la structure de capital de l'entreprise : « *Vale é brasileira* ». Tout d'abord, il faut remarquer qu'à aucun moment le PT au pouvoir n'a cautionné

[1] Entretien avec Fábio Giambiagi.
[2] Entretien avec Fábio Giambiagi.
[3] Entretien avec Carlos Lessa.

un retour sur les privatisations, retour qui est parfois proposé mais qui n'est pas acté. Le 4 octobre 2007, en session plénière, le député Ivan Valente du parti Socialisme et liberté (PSOL/SP), membre de la coalition présidentielle[1], présenta la proposition de décret PDC 374/2007[2] pour la tenue d'un référendum, lors des élections municipales de 2007, concernant la reprise éventuelle par l'État du contrôle de Vale. Cette proposition doit être replacée dans le contexte des mouvements sociaux « *A Vale é nossa* » (« *Vale est à nous* »), en 2007, conduits par soixante-quatre organisations sociales du pays.

Vale do Rio Doce : republiciser ?

Dans un discours devant la *Comissão de Desenvolvimento Econômico, Indústria e Comércio*, le député fédéral du PSOL (Parti socialisme et liberté) Ivan Valente explique cette volonté de reprendre Vale par le fait que la privatisation équivaut à mettre dans les mains du secteur privé des intérêts d'État, dans ce cas précis les ressources minières. Privatiser équivaut pour ses détracteurs à une perte de souveraineté. La privatisation de Vale, selon Valente, a été faite sans concertation populaire, ce qui objectivement est vrai. En effet, dans le cas des privatisations du PND, la décision était prise par décret, donc sans consultation. La position du PT est de défendre la privatisation à laquelle il s'était pourtant opposé. Le député fédéral Guimarrães (PT) explique que la privatisation de Vale aurait permis plus d'investissement, plus d'embauche (le nombre d'employés passe de 13 000 en 1996 à 41 000 en 2005) et de production (les bénéfices sont passés de 500 millions de dollars en 1996 à 12 milliards en 2006). De plus, la Vale privatisée est encore fortement influencée par l'État :

> « Si l'on considère que les actions du fond Previ sont l'effet d'une influence directe du gouvernement fédéral (dont le conseil d'administration est nommé par le gouvernement), cela signifie que cette gestion consiste en environ 41 % du capital votant. En incluant encore la participation de Bradesco et des investisseurs brésiliens, environ 65 % du capital votant de l'entreprise se trouve au Brésil[3]. »

[1] Sérgio Henrique Hudson de Abranches, « Presidencialismo de coalizão: o dilema institucional bresileiro », *Revista de Ciências Sociais* 31/1 (1988), p. 5-34.
[2] http://www.camara.gov.br/proposicoesWeb/prop_mostrarintegra?codteor=510490&filename=Tramitacao-PDC+374/2007
[3] Relatório du député fédéral Ivan Valente, Comissão de Desenvolvimento Econômico, Indústria e Comércio – Projet de Decreto Legislativo N°374, 2007.

Cet engoument pour la privatisation a été appelé « privataria 'petista' », 'petista' étant l'adjectif forgé à partir de « PT » (Parti des travailleurs). Le terme *privataria* est un néologisme portugais créé par le journaliste italo-brésilien Elio Gaspari à partir de deux mots, « privatisation » (*privatização*) et « piraterie » (*piratariа*). Dans le discours politique – citons Dilma Rousseff : « La concession du Campo Libra n'est pas une privatisation » –, le PT oppose les termes de « privatisation » (terme associé à l'époque de Cardoso) et de « concession » (terme associé à l'époque du PT), le premier étant chargé d'une connotation négative. Que le PT se soit converti au partenariat public-privé est un fait, contrairement à d'autres partis. Le PT au pouvoir n'hésite plus à vendre aux enchères entreprises ou infrastructures. Mais s'agit-il de privatisations ou de concessions ? On peut définir la concession comme l'autorisation donnée aux entreprises privées d'exploiter une ressource (pétrole, autoroutes, aéroports, ports) pendant un temps déterminé après lequel la ressource redevient publique. Quant à la privatisation, elle est irréversible alors que la concession est en théorie réversible. Tous les acteurs que nous avons interrogés à ce sujet, quel que soit leur bord politique ou leurs relations avec telle ou telle administration, ne font pas de réelle différence entre privatisation et concession. Selon Giambiagi[1], la différence est purement technique, mais dans les faits les deux types s'équivalent : « La concession de Telebras a été une privatisation parce que le gouvernement a aussi vendu le droit d'exploitation pour les prochaines trente années. »

*Le PT : l'hésitation, puis la furie privatisatrice (*privataria*)*

Comme j'ai pu le constater tout au long de mes entretiens, les fonctionnaires du BNDES en charge des privatisations dans les années 1990 jugent assez positivement l'action gouvernementale du PT dans divers secteurs. Ainsi que l'a affirmé Fábio Giambiagi, « Ils ont fait quelques bonnes concessions dans le secteur des autoroutes et des aéroports, mais avec beaucoup de zigzags. » L'adaptation aux privatisations n'est donc pas un processus linéaire qui s'est fait sans difficulté.

[1] Entretien avec Fábio Giambiagi.

Dans la première série d'aéroports privatisés (Viracopos, Brasilia, Campinas, Garulhos) nous avons un exemple de l'influence de l'État fédéral sur le BNDES, car celui-ci, dans le cas des privatisations, est passif. Ces aéroports sont importants et en mesure de devenir des *hubs* régionaux : l'ambition du gouvernement fédéral était de séduire des opérateurs très compétents, en excluant par principe ceux qui travaillaient sur des aéroports de moins de cinq millions de passagers par an. Dans la perspective du gouvernement et du BNDES, cela avait pour but d'attirer les opérateurs des meilleurs aéroports mondiaux : Singapour, Séoul, Tokyo Narita, Dubaï. À l'issue de l'enchère, le gouvernement n'était pas satisfait par les gagnants (un groupe sud-africain, un groupe français et un groupe argentin), alors qu'il avait souhaité que le groupe asiatique, l'opérateur de l'aéroport de Franfkurt ou de celui d'Heathrow remportent l'enchère. Ainsi ordonna-t-il que la vente soit reparamétrée, considérant que la limite de cinq millions de passagers par an était basse et risquait d'attirer des opérateurs moyens (pour comparer : en 2012 l'aéroport de Lyon a eu un trafic de 8,4 millions de passagers). Le gouvernement réexamina le modèle de vente, en augmentant la limite de passagers par an et en proposant un partenariat entre l'entreprise publique Infraero[1], qui aurait 51 %, et les opérateurs privés qui auraient 49 %. L'opération ne réussit pas, en raison du refus des opérateurs étrangers de s'associer avec Infraero. Après ce deuxième échec, la limite de 30 millions de passagers fut fixée pour les aéroports de Confins (Belo Horizonte) et Galeão (Rio)[2].

Dans tout ce processus, le rôle du BNDES a été aussi passif que nécessaire, comme nous l'ont affirmé Elena Landau et Fábio Giambiagi : les décisions sont prises par le Planalto, mais le BNDES prépare les ventes, sans favoriser un concurrent par rapport à un autre, et définit les conditions de prêt auxquelles les

---

[1] Selon Giambiagi, « Infraero est la quintessence de tous les maux d'un étatisme excessif, du chaos administratif, et d'une ingérence politique absurde » – opinion du reste partagée par d'autres interviewés.

[2] Résultats des enchères : http://g1.globo.com/economia/negocios/noticia/2012/02/governo-arrecada-r-245-bilhoes-com-leilao-de-aeroportos.html. Afin de rendre ces chiffres moins abstraits, notons que l'aéroport de Rome Fiumicino ou de Sydney ont eu un trafic en 2012 de 37 millions de passagers.

gagnants auront droit. D'après Moreira Franco, ministre de la Secretaria de Aviação Civil, la présidente Rousseff a repris le mouvement de privatisation d'Itamar Franco et de Cardoso avec les concessions, notamment d'aéroports, et a adopté un rythme de vente de concessions beaucoup plus soutenu que ses prédécesseurs[1]. En effet, le processus de vente de concessions d'aéroports est une ambition qui se situe au plus haut niveau de l'État. D'après le ministre de la Casa Civil[2], Gleisi Hoffmann, cette concession permettrait une plus grande expansion des activités aéroportuaires, aurait des retombées positives (désenclavement, échanges) et améliorerait la gestion par la coopération entre des entreprises brésiliennes et étrangères. La compétition est très forte pour l'achat des concessions, comme l'indique le montant de l'enchère de l'aéroport de Rio : 19 milliards de réais, donc beaucoup plus que prévu[3].

Dans l'arène politique, le processus de concession satisfait particulièrement des partis comme le PSDB. Cité dans un article d'*Exame*, Carlos Sampaio, chef du groupe du PSDB à la chambre des députés, s'est exprimé ainsi en mars 2013 :

> « Nous sommes heureux de voir le PT consolider le programme de privatisation, comme l'a fait le PSDB lors du gouvernement Cardoso, malgré les injures et les critiques venues de ce même PT. Néanmoins, je déplore que, puisque les concessionnaires ne signeront les contrats qu'en mars, les uniques changements que nous verrons pour la Coupe du monde seront les noms des nouveaux administrateurs de nos plus grands aéroports[4]. »

---

[1] http://jovempan.uol.com.br/noticias/economia/especialistas-criticam-privatizacao-tardia-dos-aeroportos-brasileiros.html

[2] http://oglobo.globo.com/economia/dilma-incredulos-terao-um-dia-de-amargura-com-privatizacao-de-aeroportos-10855896

[3] 251,7 % de plus que la somme minimale exigée d'après : http://portuguese.ruvr.ru/2013_11_23/Brasil-fatura-alto-com-leil-o-de-aeroportos-e-caminha-para-ampliar-privatiza-o-1315/

[4] http://oglobo.globo.com/economia/dilma-incredulos-terao-um-dia-de-amargura-com-privatizacao-de-aeroportos-10855896

Le BNDESPAR ou la main invisible de l'État capitaliste : de la privatisation au contrôle actionnaire ?

Le retour de l'État

Dans les douze mois durant lesquels Demian Fiocca a dirigé le BNDES, d'avril 2006 à avril 2007, le volume d'approbation de prêts et d'*equity* augmenta de 49 %. Assiste-t-on à un renforcement du « capitalisme politique » par l'augmentation des participations du BNDESPAR dans les entreprises ? Malgré ces privatisations, la tendance est un accroissement des activités du BNDES. Si des entreprises appartenant au gouvernement fédéral et aux États fédérés ont été vendues, la banque ne fait qu'accroître ses participations dans celles-ci.

Revenons brièvement sur la constitution du BNDESPAR et sur son rôle. Depuis 1970 le BNDES achète des parts minoritaires dans des entreprises, par l'intermédiaire de ses trois filiales[1] : Embramec (*equity* et biens d'équipement), Fibase (produits de base) et Ibrasa (biens de consommation). Ces filiales furent fondées en 1975 afin de favoriser la capitalisation des entreprises privées. Les participations du BNDES sont toujours minoritaires, sauf dans de rares cas où la participation excède les 33 %. Le BNDESPAR est une société par actions, appartenant totalement au BNDES[2]. Son objectif est de prendre le contrôle de parts dans des entreprises, tout en respectant les plans et la politique du BNDES, c'est-à-dire au nom de raisons macroéconomiques et répondant à un objectif de développement. L'ambition du BNDESPAR est de « soutenir »[3] des entreprises remplissant des conditions de gestion satisfaisante et d'efficacité économique et technologique, de renforcer le marché des capitaux au Brésil – qui est faible –, de « démocratiser » la propriété de capital des entreprises[4] et d'aider à leur internationalisation : « Pourquoi le BNDES fait ça ? Pour créer un saut de croissance. Pour qu'une entreprise

[1] Entretien avec Luiz Orenstein.
[2] D'après l'article 1 de l'Estatuto social da BNDES participações S.A. – BNDESPAR (Estatuto, Art. 4°, I).
[3] Estatuto, Art. 4°, II.
[4] D'après l'Estatuto IV.

moyenne se transforme en grande entreprise », s'interroge Luiz Orenstein, qui dirigea le BNDESPAR dans les années 1990. L'objectif est donc d'inciter les entreprises à grandir et à s'internationaliser (l'augmentation du capital permet aussi plus de prêts) :

> « L'objectif du BNDESPAR est en partie autophagique. Pour fonctionner correctement, il doit arrêter de faire ce qu'il fait. Si cela fonctionne, le marché doit devenir si fort que le BNDESPAR devient inutile. Cela est en partie dû au fait que le BNDESPAR a permis au marché des capitaux de se moderniser beaucoup. Pour moi, le BNDESPAR doit être une transition pour les entreprises[1]. »

Le début de l'histoire du BNDESPAR se confond avec celle des privatisations. C'est sous le gouvernement Sarney qu'elles débutent, pour des raisons internes à la banque. Entre 1982 et 1987 le BNDESPAR perd beaucoup d'argent en raison de sa politique : il contrôle des entreprises qui ne remboursent pas les prêts et participe à des entreprises dont la gestion ne fonctionne pas. Ces pertes croissantes sont celles aussi du BNDES, ici calculées en millions de BTN – (bons du Trésor national) :

Année	**Préjudice par an**
1982	88
1983	137
1984	223
1985	61
1986	703
1987	104
1988	74
Janvier-août 1989	589

Source: Licinio Velasco Jr., Documento histórico: A privatização no Sistema BNDES, 06/2010.

[1] Entretien avec Luiz Orenstein.

Dans l'étude de Musacchio et Lazzarini, « Leviathan in Business : Varieties of State Capitalism »[1], ce ne sont pas, malgré le titre de l'article, différents modèles de capitalisme d'État qui sont exposés mais plutôt une étude de l'évolution de son rôle dans l'économie. Ce rôle est principalement envisagé par l'activité des prêts (*loans*) mais surtout par celle d'État actionnaire, notamment depuis 1970[2]. Comme c'est le cas avec le BNDES, les deux activités se combinent et n'ont pas été réduites, d'après les auteurs, par les vagues de privatisation dans différents pays. Comme ils l'expliquent dans l'ouvrage, le capitalisme d'État du XXIe siècle ne consiste plus dans des économies planifiées où l'État s'implique en possédant un grand nombre d'entreprises publiques. Il s'agit, depuis les années 1980 et 1990, d'une « forme hybride » où le gouvernement, par des investissements minoritaires dans les entreprises, parvient à avoir un certain contrôle et une certaine influence sur l'allocation de capitaux.

Certes, à partir de 1986 le BNDESPAR a vendu les entreprises qu'il contrôlait afin d'améliorer sa situation financière : entre juin 1987 et fin 1989, il vend pour 556 millions de BTN. Mais si les statistiques réunies par le BNDES montrent une baisse régulière des dépenses dans les entreprises contrôlées, elles révèlent aussi une augmentation des nouveaux investissements. En effet, l'achat de parts minoritaires est, d'après Lazzarini et Musacchio, extrêmement profitable :

> « Au début des années 1990, au beau milieu de l'instabilité financière, de l'hyperinflation et des grands déficits budgétaires, le gouvernement a commencé à reconsidérer l'investissement dans les entreprises publiques, pour des raisons purement financières. Avec l'inflation galopante, le gouvernement devait payer de très hauts taux d'intérêt sur sa dette, ce qui rendait plus intéressant encore le fait de posséder des titres dans des entreprises publiques[3]. »

---

[1] Aldo Musacchio and Sérgio Lazzarini, « Leviathan in Business: Varieties of State Capitalism and their Implications for Economic Performance », Harvard Business School Working Paper, No. 12- 108, June 2012.

[2] Sérgio Lazzarini and al., « What Developmental Banks Do? », *art. cit.*, p. 11.

[3] Aldo Musacchio and Sérgio Lazzarini, *Reinventing State Capitalism: Leviathan in Business, Brazil and Beyond*, Cambridge, Harvard University Press, 2014, p. 94.

Cette analyse est partagée par Elena Landau :

> « Le BNDESPAR a commencé à prendre des parts dans les entreprises, mais toujours de façon minoritaire et en maintenant ses propres actions car il estimait que les privatisations auraient conduit à une forte valorisation de ces actions, mais aussi pour stimuler la création de consortiums. »

Il y a un lien étroit entre les entreprises en voie de privatisation (ou de concession) et le BNDESPAR. Elena Landau nous a dit que, pendant le gouvernement Cardoso, si le BNDESPAR était intéressé par l'achat d'une entreprise en voie de privatisation, il annonçait publiquement son intention d'en acheter des parts par la suite, de sorte que le rôle de la banque soit « neutre ». La neutralité est revendiquée par tous les acteurs ayant travaillé au BNDES. Selon Luiz Orenstein[1] :

> « Le BNDES, à l'époque Cardoso et précédemment, n'avait pas pour rôle de réétatiser les entreprises privatisées ou d'accroître le pouvoir de l'État dans les grands groupes. Maintenant, en revanche, le BNDES n'hésite plus à agir par surprise, injectant des milliards une semaine après une privatisation comme dans le cas de l'aéroport de Rio. »

[1] Entretien avec Luiz Orenstein.

Données statistiques sur le BNDESPAR

	Présidence Cardoso										Présidence Lula						
Année	1995	1996	1997	1998	1999	2000	2001	2002	moyennes s 1995-2009	2003	2004	2005	2006	2007	2008	2009	moyennes 2003/2009
Nombre de participations en capital du BNDESPAR (directes ou indirectes)	23	18	27	26	29	29	28	23	25,2	24	22	25	37	44	48	47	37,1

Nombre de participations directes en capital du BNDESPAR	11	11	15	14	13	14	16	14	13,5	14	13	17	21	26	28	32	22,8
Pourcentage des participations du BNDES par rapport à la capitalisation totale.	17	19	15	14	19	19	16	17	17,2	19	15	15	13	12	13	13	13,5

Source : Lazzarini et al. Calculs faits par les auteurs à partir des données sur les entreprises cotées à la bourse. Les participations indirectes se réfèrent à la possession de parts dans des entreprises qui, à leur tour, possèdent des parts dans d'autres entreprises ; par exemple: le BNDESPAR détient des parts de Valepar, qui détient des parts de Vale do Rio Doce.

Ces données mettent en évidence une forte accélération de l'accroissement de la participation de l'État dans les entreprises depuis 2005. En séparant la série de données en deux parties (1995-2003 pour le mandat de Cardoso et 2004-2009 pour le mandat Lula), on remarque une nette augmentation de l'intervention de l'État dans le capital des entreprises : le nombre moyen de parts passe de 25 à 37 entre les deux périodes, et le nombre de participations directes passe de 13,5 à 22,8 ; à l'inverse, le ratio *capitalBNDESPAR/capitaltotal* baisse. On pourrait s'en étonner car cela montre que le poids de l'État, dans chaque entreprise où le BNDES est présent, n'augmente pas comme on aurait pu le penser. Néanmoins, d'une part, il s'agit de moyennes, et il faudrait analyser, si ces données étaient disponibles, l'évolution des parts publiques dans de très grandes entreprises stratégiques (Vale par exemple) ; d'autre part, cela exprime une volonté de diversification de la filiale et non une augmentation de la participation dans chaque entreprise, qui aurait été, sans doute, trop coûteuse.

Le BNDESPAR doit être appréhendé en fonction de sa relation avec les marchés financiers. Se superpose-t-il au marché ou lui est-il complémentaire ? Pour Pérsio Arida, président du BNDES de septembre 1993 à janvier 1995, pendant le gouvernement Itamar Franco[1], le BNDES est une institution dont le rôle est parallèle au marché. De son point de vue, la nature des actions du BNDES a radicalement changé depuis le gouvernement Cardoso quand il soutenait des entreprises avant leur entrée en bourse : « On augmentait les parts, très souvent avant d'arriver sur le marché. Une fois sur le marché, le BNDES ne donnait plus aucun appui[2]. » Dans une perspective libérale, l'action de l'État via le BNDES doit être parallèle au marché, c'est-à-dire ne pas créer des distorsions inutiles. Le BNDES provoque, selon Pérsio Arida et comme nous l'avons vu, des distorsions macroéconomiques, mais celles-ci sont « justifiables » si le BNDES se focalise sur des secteurs d'activités délaissés par

[1] Itamar Franco prit le pouvoir suite à l'impeachment de Fernando Collor de Mello. Pérsio Arida quitta le BNDES pour prendre la direction de la Banque centrale, suite à l'élection en janvier 1995 de F.H. Cardoso.

[2] Entretien avec Pérsio Arida.

les marchés. Arida prend l'exemple des transports sur lesquels le BNDES se concentrait lors de son mandat, par opposition à des activités qui, malgré des ressources propres et un accès certain au marché, avaient reçu un appui considérable du BNDES[1] : « Ça ne fait aucun sens de financer ce genre d'entreprises avec un crédit subventionné qui est un coût pour le Trésor[2]. » De fait, il nous a dit que, durant sa présidence, le BNDES a délaissé l'agriculture et les infrastructures afin de se concentrer sur les transports publics – comme le métro de São Paulo – qui ne parvenaient pas à attirer le capital privé : « Mon idée du BNDES est totalement complémentaire au marché des capitaux privés, évitant quelque superposition que ce soit[3]. »

Durant la présidence de Guido Mantega[4], la structure BNDES/BNDESPAR a été changée, et le conseil d'administration du BNDES devient aussi celui du BNDESPAR. Auparavant, il n'y avait pas de « coordination harmonieuse entre les deux entités, loin de là ! Fallait-il investir en *equity* ou en crédit dans telle ou telle entreprise ?[5] » La réorganisation du BNDESPAR en a fait un moyen plus direct d'application de la stratégie de la banque, en réaction à la présidence Lessa pendant laquelle le BNDESPAR n'était pas très actif. Une fois restructuré, le BNDESPAR a été rattaché à l'aire des opérations de rente variable, accumulant ainsi des savoirs, notamment la compétence de négocier en conseil d'administration. La décision d'investir en *equity* pour le BNDES a lieu si le projet d'expansion de l'entreprise est supérieur à plus de 100 %, pour des raisons de rentabilité : le

---

[1] On peut citer à cet égard l'entreprise Mafrig qui, bien que privée, est détenue à 19,6 % par le BNDESPAR depuis janvier 2013 (source : Economatica) et qui a reçu un appui considérable par le BNDES.
http://www1.folha.uol.com.br/mercado/2014/01/1393574-bndes-volta-a-favorecer-o-grupo-frigorifico-marfrig.shtml;
http://www1.folha.uol.com.br/mercado/2014/01/1399694-plano-de-negocios-define-injecao-afirma-banco.shtml.

[2] Entretien avec Pérsio Arida.

[3] Entretien avec Pérsio Arida.

[4] Mantega avait aussi été ministre de la Planification, du Budget et de la Gestion de 2003 à 2004, avant de rejoindre le BNDES jusqu'à 2006, puis il fut nommé au ministère de l'Économie.

[5] Entretien avec Demian Fiocca.

retour du BNDESPAR est supérieur en moyenne au retour des prêts.

La place du BNDESPAR dans la stratégie du BNDES est un bon indice de la façon dont l'État entend agir dans les entreprises. Un BNDES plus actif met en lumière la volonté de l'État d'entrer dans les conseils d'administration, et de leur fournir une base de capital fixe et sûre. Mais la question n'est pas seulement quantitative, elle est surtout qualitative. Ce n'est pas tout de savoir combien le BNDES investit: il faut plutôt se demander quelles sont les entreprises ciblées par ses investissements. C'est autour de ce problème que se structure le débat politique, assez houleux, autour du BNDES. Nous allons nous fonder sur des discours tenus à la *Camara dos Deputados* et au *Senado Federal*, disponibles sur internet, ainsi que sur quelques entretiens que nous avons eus avec des députés brésiliens.

Le débat politique : quel modèle de développement pour le BNDES/BNDESPAR ?

Le développement des activités du BNDES est tout sauf politiquement neutre, car il s'agit de déboursements[1] d'argent public en direction du secteur privé. Le débat parlementaire est structuré autour du modèle de développement du BNDES et du BNDESPAR et concerne l'influence du politique sur la conduite du BNDES. Sérgio Lazzarini s'est intéressé à la relation entre liens politiques et activités du BNDES dans son *Capitalismo de laços*, sans pour autant mener une étude exhaustive sur ce point à l'instar de celle qu'il avait faite sur les réseaux de propriétaires :

> « Nous avons vu que les liens entre les sociétés peuvent devenir des canaux d'influence politique – que ce soit dans les entreprises auxquelles participe le gouvernement ou chez les propriétaires qui sont reliés indirectement au secteur public. Par exemple, on discute beaucoup pour savoir si les gestionnaires de fonds de pension publics doivent continuer à être nommés

[1] Le déboursement est l'action de débourser les mensualités d'un prêt. Par exemple, un prêt de 120 € peut être déboursé en douze mois, à raison d'un déboursement de 10 € par mois.

par le gouvernement ou si cette décision doit être totalement déléguée aux fonctionnaires contributeurs. (...) Les dons de campagne sont un autre aspect de l'interface politique qui mérite une attention soutenue[1]. »

Le débat politique est construit autour de quelques points controversés. On peut y déceler un effet de la polarisation entre PSDB et PT dont le BNDES est l'un des pivots à l'approche de la présidentielle. Si Petrobras est devenu le symbole de la mauvaise gestion du PT, le BNDES est aussi dans cette voie selon les députés du PSDB – le plus important parti libéral et opposant du PT sur la scène politique brésilienne. Les députés libéraux voient dans la conduite des affaires du BNDES la marque d'une gestion partisane et peu rigoureuse : les grands prêts à des entreprises déjà florissantes seraient selon eux, au mieux, des erreurs d'appréciation, au pire, des rétributions politiques.

Dans le but de saisir comment se structure le débat politique, nous avons utilisé le site de la Chambre des députés, où sont mis en ligne tous les discours, quarante-cinq minutes après leur prononciation[2], ainsi que les interventions tenues au Sénat fédéral[3]. Nous n'avons pas mené une étude exhaustive mais avons fait une recherche par mots clés et sélectionné les discours les plus adéquats (selon l'algorithme du site internet) des députés les plus concernés par le sujet. On a aussi la possibilité d'affiner la recherche en sélectionnant le parti de l'orateur, son nom (en fonction du nombre d'occurrences), l'année de prononciation du discours et les personnes citées. Une étude plus systématique aurait nécessité de télécharger plusieurs milliers de discours au format PDF et n'aurait pas, à notre avis, apporté une plus-value significative.

On peut se demander quelle différence existe entre la gestion PSDB et la gestion PT de l'économie en général et du BNDES

---

[1] Sérgio Lazzarini, *Capitalismo de laços*, *op. cit.*, p. 115 ; cf. p. 43-48.

[2] http://www2.camara.leg.br/busca/?tiponormaF=Decreto+Legislativo&o=relevance&v=legislacao&numero=374&ano=2007&btnPesquisar.x=16&btnPesquisar.y=12&btnPesquisar=OK

[3] http://www12.senado.gov.br/senado/presidencia/colecao-discurso

en particulier. Revenons sur la façon dont les gouvernements Lula et Rousseff se placent vis-à-vis de la rigueur macroéconomique – le *tripé* (trépied) – instaurée par le gouvernement Cardoso. Le *tripé* consiste dans un taux de change fluctuant et libre, dans la stabilité fiscale et, surtout, dans une cible d'inflation très stricte et respectée par une Banque centrale autonome. En 2002, suite à la victoire de Lula, on avait craint une attaque spéculative contre le pays, mais son gouvernement choisit de maintenir le *tripé*. Lula alla jusqu'à nommer à la Banque centrale un homme du PSDB, le parti libéral pouvant rassurer les marchés : Henrique Meirelles. Selon Marcos Pestana[1], la véritable rupture vis-à-vis de ce sérieux macro-économique est le mandat de Rousseff. Lors d'un discours tenu à la Chambre des députés en 2013, Pestana parla d'« interventionnisme actif et désorganisateur », pointant l'action du BNDES qui vise de plus en plus la constitution de « champions, de cartels » et la réduction de la concurrence, sans pour autant obtenir les résultats escomptés, comme dans le cas des immenses prêts du BNDES. D'après nos informations, cependant, cette politique des champions nationaux tant décriée n'a pas d'existence propre. Leur renforcement n'est pas prévu par les politiques opérationnelles du BNDES, selon João Roberto Lopes Pinto : ces champions n'ont pas été choisis, ils existaient déjà, certains depuis un siècle, d'autres depuis quarante, cinquante ou soixante ans.

Lors des débats autour du BNDES sous le mandat du PT, des critiques récurrentes visent la concentration des opérations de la banque ainsi que leur transparence : pourquoi une telle opération ? Était-elle nécessaire ? Fallait-il lui en préférer une autre ? Cette opération sera-t-elle rentable, ou bien l'entreprise concernée a-t-elle déjà trop démérité pour recevoir cette aide ? Les critiques venant du PSDB visent la gestion calamiteuse du PT à laquelle ils opposent celle, prétendument vertueuse, du gouvernement Cardoso :

> « Alors que le gouvernement du PSDB a réussi à donner de la crédibilité aux banques brésiliennes, le gouvernement du PT a

---

[1] Entretien avec Marcus Pestana. Voir aussi son discours devant la Câmara dos Deputados (Sessão: 289.3.54.O ; Hora: 15:26 Fase: PE, PSDB-MG ; Data: 24/09/2013).

provoqué l'abaissement de la note de crédit de la Caixa Econômica Federal, du BNDES et du BNDESPAR. L'agence de classification du risque Moody's a annoncé, dans les trois cas, les notes des entités, réduites de 2 degrés, de A3 à Baa2[1]. »

L'évaluation[2] du BNDES par les agences de notation est ici un moyen pour mettre en évidence une dégradation générale de la qualité du crédit et des opérations du système BNDES. Dans un discours d'Efraim Filho[3], député du parti DEM ou Democratas, allié conservateur-libéral du PSDB, il est fait mention d'une gouvernance myope qui engendre des distorsions économiques. La concentration orchestrée par le BNDES, avec des prêts destinés aux plus grands groupes, créerait la perte d'emplois, une baisse de qualité des services et une augmentation des prix, par une baisse de la concurrence. Pour ce député du Parti démocrate, la concentration s'oppose à une politique de distribution des richesses – ou plutôt de démocratisation du crédit et de l'entreprise : « Que cela soit fait afin de multiplier les opportunités de distribuer la richesse et d'empêcher la concentration ».

L'opposition au gouvernement PT fait régulièrement le lien entre concentration des prêts[4] et mauvaise gestion. Le député Cesar Colnago[5] accuse le gouvernement de causer la perte du BNDES par la politique des champions nationaux, qui fonctionne mal, et remet en cause la prétendue indépendance du BNDES en mentionnant le fait que c'est Brasília qui impose les projets : « Les bilans explicitent les mauvaises affaires dans lesquelles le BNDES s'est mouillé sous les ordres de Brasilía ».

---

1 Discours du député fédéral Paulo Abi-Ackel (PSDB-MG) devant la Câmara dos Deputados (Sessão 096.3.54.O ; Hora : 11:42 ; Data : 03/05/2013).

2 https://www.moodys.com/research/Moodys-downgrades-BNDESs-and-Caixas-senior-ratings-to-Baa2-lowers--PR_268321

3 Discours du député fédéral Efraim Filho (DEM-PB) devant la Câmara dos Deputados, (Sessão 282.3.54.O ; Hora : 17:44 ; Data : 19/09/13).

4 2/3 des prêts en 2012 auraient été destinés à de grands groupes.

5 Discours du député fédéral Cesar Colnago (PSDB-ES) devant la Câmara dos Deputados (Sessão 185.3.54.O ; Hora : 15 :33 ; Data : 26/06/2013).

Le député Duarte Nogueira[1] met l'accent sur le fait que les opérations du BNDES mènent parfois à des pertes – c'est le cas de l'achat par le BNDES d'actions Petrobras – mais que la pression politique a mené le BNDESPAR à conserver les actions, enregistrant ainsi de lourdes pertes, au lieu de les vendre. On pourrait argumenter que le rôle d'une banque de développement est aussi d'accepter des pertes à moyen terme pour favoriser à long terme une entreprise aussi importante que Petrobras. À l'inverse, la banque d'investissement ne peut accepter des pertes, même à court terme, car elle n'est pas protégée par des ressources fiscales telles que le Trésor, les impôts ou la Banque centrale qui peuvent la renflouer. Néanmoins, la critique du député est fondée sur l'utilisation que l'on fait de l'argent du peuple brésilien.

Comme le souligne l'intervention du député Colnago, la concentration du capital public dans peu d'entreprises – plus ou moins rentables – attire le plus grand nombre de critiques. Colnago cite l'exemple de la vente de Mafrig ou du groupe EBX[2]. À la baisse de la valeur des actions de ces groupes, s'ajoute la dépendance du BNDES envers un petit nombre d'entreprises. D'après le quotidien *O Globo*, cité par Colnago, cela mène à une détérioration des marges de manœuvre de la banque :

> « Son portefeuille d'actions est passé de presque 90 milliards de réais à environ 78 milliards l'an passé. Les capitaux prêtés par la banque ne tombent pas du ciel, ni des arbres ! Ils proviennent des entreprises et des travailleurs, surtout du FAT et des contribuables en général. »

Ce qui pose problème dans le débat public est le type de modèle de développement souhaité. Non seulement les politiques critiquent le fait que le PT choisisse des entreprises selon des critères obscurs, mais en outre ces opérations, peu

[1] Discours du député Duarte Nogueira (PSDB-SP) devant la Câmara dos Deputados, (Sessão 203.3.54.O ; Hora : 11:44 ; Data : 10/07/2013).

[2] « La liste des opérations douteuses financées par le BNDES est longue. Elle commence avec la fusion de Oi avec Brasil Telecom, passe par l'union de Perdigão et Sadia, elle inclut JBS, VCP et Aracruz et une série de compagnies choisies par le gouvernement PT pour les arroser avec l'argent public. »

nombreuses mais très importantes, sont porteuses d'un gros risque : le BNDES a par exemple reconnu avoir perdu plus de 800 millions de réais lors d'une fusion dans le secteur du lait.

Le manque de transparence du BNDES, que nous avons expérimenté pendant nos recherches pour ce mémoire, frappe aussi les députés fédéraux brésiliens. Cesar Colnago[1] a essayé à plusieurs reprises d'avoir des informations sur les 11 milliards de réais prêtés par le BNDES au groupe d'Eike Batista, EBX, actuellement dans la tourmente financière. L'opération en faveur de cet énorme groupe est un exemple paradigmatique du modèle de développement suivi par le BNDES : une orientation qui laisse de côté les micro, petites et moyennes entreprises au profit des plus grands capitalistes nationaux et qui, dans le cas de l'opération EBX, s'est aussi soldée par des licenciements alors que le BNDES est censé favoriser l'emploi. Enfin, ces opérations sont financées par les épargnes des travailleurs (le FAT) et par les impôts : en 2008, 400 milliards de réais ont été envoyés du Trésor au BNDES pour financer ces opérations, d'après Colnago.

Pour le parti DEM cette politique de concentration, voire de « cartellisation »[2], telle qu'elle est perçue dans l'opposition, est une constante des gouvernements Lula et Rousseff : « Je combats donc le cartel – affirme Colnago – je combats les entreprises d'Eike Batista, financées à partir de ce modèle de développement qui est, à mon avis, complètement équivoque[3] ». Étonnamment, le syndicalisme épouse en partie ces revendications. Quintino Severo, appartenant au CUT[4], fait le même diagnostique. Lula et Rousseff favorisent la constitution de monopoles et d'oligopoles privés ; cette politique date déjà, d'après lui, des gouvernements Collor ou Cardoso, mais ne permet pas un accroissement de l'emploi et une meilleure

[1] Cesar Colnago (PSDB-ES), discours devant la Câmara dos Deputados, (Sessão 201.3.54.O ; Hora: 14:56 ; Data : 09/07/2013).
[2] José Mendonça Filho (DEM-PE), discours devant la Câmara dos Deputados (Sessão: 282.3.54.O ; Hora : 17:46 ; Data : 18/09/2013).
[3] Cette opinion est partagée dans l'opposition : discours de Rubens Bueno (PPS-PR) devant la Câmara dos Deputados (Sessão: 199.3.54.O ; Hora : 18:03 ; Data: 08/07/2013).
[4] CUT = Central Única dos Trabalhadores.

distribution des richesses. La critique du syndicaliste est axée sur l'orientation de la banque vers le grand capital alors qu'elle laisse de côté – voire handicape de façon indirecte – le financement en capitaux des entreprises plus petites et plus faibles qui, elles aussi, doivent être à même de créer de l'emploi. Marcus Pestana va dans le même sens : « Ce sur quoi nous insistons est la nécessité de générer de la rente, avec des politiques plus agressives pour les petits entrepreneurs. Sinon on va renforcer cette logique de monopole avec un risque toujours plus grand de dénationalisation. »[1]

La concession de l'aéroport international de Rio de Janeiro : une privatisation en trompe-l'œil ?

La concession de l'aéroport international de Rio permet de comprendre comment l'État, après avoir perdu une part de son pouvoir par les privatisations, la récupère discrètement. Nous défendrons que le BNDESPAR est une tête de pont de la ré-étatisation, et l'un des instruments d'une privatisation de façade. Le BNDESPAR a fait partie des consortiums d'achat des entreprises publiques, et souvent de façon très importante.

Le 22 novembre 2013[2], les aéroports de Confins à Belo Horizonte et de Galeão Carlos Antônio Jobim à Rio de Janeiro (respectivement 10 et 17,5 millions de passagers en 2012) ont été vendus. La concession de Galeão est un exemple d'une privatisation suivie par un accroissement du poids de l'État dans la structure de l'entreprise. En 2013, l'État met en vente l'aéroport et c'est un consortium qui en prend le contrôle. À sa tête on trouve l'entreprise brésilienne Odebrecht Transport (OTP) et la singapourienne Changi Airports International. Une semaine après la vente[3], Odebrecht Transport reçut de l'État une aide d'1,429 milliard de réais (dont 1 milliard par le biais du BNDESPAR, correspondant à 19,6 % du capital d'OTP, et 429 millions du FGTS, correspondant à 30 % du capital de l'entreprise), ce qui fait que, d'après les calculs de *Folha de São*

---

[1] Entretien avec Marcus Pestana.

[2] http://noticias.uol.com.br/cotidiano/ultimas-noticias/2013/11/22/aeroporto-do-galeao-e-leiloado-por-r-19-bi-confins-e-arrematado-por-r-182-bi.htm

[3] Entretien avec Elena Landau.

Paulo[1], 61,4 % de l'aéroport va appartenir ainsi à l'État, soit par l'entremise du BNDESPAR, soit par celle du FGTS[2], un fonds destiné aux infrastructures.

L'utilité de l'intervention de l'État soulève deux questions : quel besoin les groupes privés avaient-ils d'une intervention de l'État ? Et quel besoin avait l'État de faire participer des groupes privés ? Les investissements infrastructurels sont risqués et chers, et ne peuvent être réalisés dans une logique courtermiste. Mais, dans le cas de l'aéroport de Rio, on est face à un aéroport qui existe déjà, qui fonctionne et qui est extrêmement rentable. La participation du groupe Changi est due à son expérience dans la gestion de l'immense et très confortable aéroport de Singapour : les nouveaux gestionnaires de Galeão doivent munir l'aéroport de Rio de services tels que des jardins et des aires de jeux et accompagner l'augmentation du flux de passagers qui, d'après le gouvernement, passera de 17,6 millions par an à 60 millions en 2038[3].

Aussi, il est difficile de savoir où va l'argent du BNDES et où se trouve l'État dans la structure pyramidale des consortiums entrepreneuriaux. En réaction à l'émoi suscité par le chiffre de « 61,4 % » de participation publique dans l'aéroport de Galeão, les deux principaux acteurs concernés – le BNDES et l'OTP – se défendent. Le premier affirme qu'il n'a pas d'influence sur la gestion interne et l'orientation des projets. Le second explique que l'argent du BNDESPAR ne représente pas 61,4 % des capitaux du projet Galeão, mais qu'il est réparti sur tous les projets infrastructurels d'OTP, comme le métro de São Paulo ou une autoroute. Paulo Cesena, président-directeur général d'Odebrecht Transport[4], affirme que

---

[1]« Privatizado, Galeão passa a ser 61% estatal », http://www1.folha.uol.com.br/fsp/mercado/145113-privatizado-galeao-passa-a-ser-61-estatal.shtml

[2] http://veja.abril.com.br/noticia/economia/depois-do-fgts-e-a-vez-do-BNDESPAR-comprar-fatia-da-odebrecht-transport, http://veja.abril.com.br/blog/rodrigo-constantino/economia/pt-vai-privatizar-galeao-e-confins-no-dia-das-bruxas/

[3] http://jornalggn.com.br/noticia/valor-pago-pela-odebrecht-pelo-galeao-intriga-mercado

[4] http://www1.folha.uol.com.br/fsp/mercado/145113-privatizado-galeao-passa-a-ser-61-estatal.shtml

« L'argent que le BNDESPAR met dans OTP n'est pas dirigé vers Galeão ou un autre aéroport. Il va à une entreprise qui investit dans dix-huit projets d'infrastructure dans le pays. »

Nous n'avons pas la compétence juridique pour trancher ce cas précis et tendons à être en accord avec Paulo Cesena. Les investissements en *private equity* du BNDES se destinent à des entreprises, contrairement aux prêts destinés à des projets des entreprises. Il semble donc que les capitaux du BNDES sont donnés à OTP ; Galeão n'apparaît pas directement lié à l'opération, si ce n'est que les deux opérations ont été réalisées la même semaine. Par souci de rigueur, il ne faut pas conclure que « le BNDES va détenir 40 % de Galeão » ; il vaut mieux y voir une intervention de l'État pour accroître sa participation – ou son influence ? – sur l'entreprise de logistique et de transport la plus imposante du Brésil, dont le rôle sera significatif pour bien des aéroports. Dans un article de *Veja*, le journaliste Rodrigo Constantino affirme : « *O PT privatizou com uma mão, por necessidade, mas avançou com o estado com a outra mão* » (« Le PT a privatisé d'une main mais, par nécessité, a avancé avec l'État de l'autre »)[1]. La nécessité sous-jacente est de réduire les déficits, mais la logique de l'État est la volonté de garder une influence sur les infrastructures, comme le montrent les participations du BNDES dans des aéroports de premier plan : 64 % pour Galeão et pour Guarulhos (São Paulo), 61 % pour Brasília[2]. Nous nous trouvons devant une politique du gouvernement fédéral, mise en œuvre par le BNDES, qui a un caractère ambigu. C'est dans le secteur du pétrole – ainsi que nous allons le voir – que le BNDES réalise des privatisations en demi-teintes où l'État continue à jouer, directement ou indirectement, un rôle très significatif.

---

1 http://veja.abril.com.br/blog/rodrigo-constantino/privatizacao/a-privatizacao-do-galeao/

2 http://exame.abril.com.br/brasil/noticias/bndes-aprova-r-4-27-bi-para-guarulhos-e-brasilia

BNDES et ouverture économique : la part de nationalisme dans le développementalisme

Analysons la vente de Galeão avec des catégories simples de nationalisme économique. Vendre Galeão correspond à chercher un acquéreur étranger, asiatique de préférence, capable d'apporter un savoir-faire dans la gestion des aéroports : c'est accepter l'ouverture du capital en raison d'objectifs inatteignables nationalement. En revanche, investir en *private equity* dans l'entreprise qui va gérer l'aéroport permet de reprendre un contrôle national sur celui-ci ou, tout au moins, d'agrandir l'entreprise afin qu'elle puisse s'occuper d'un aéroport supplémentaire. La question du nationalisme économique est intrinsèquement liée à celle de l'État développementaliste qui vise à s'affranchir des règles du jeu économique international. L'activité de *private equity* du BNDESPAR ne doit pas être comprise comme une activité essentiellement nationaliste. Ce n'est rien de plus qu'un outil mis au service de tel ou tel but : utiliser le BNDESPAR pour chasser Mitsui du rachat de Vale est nationaliste ; l'utiliser pour aider une entreprise – fût-elle très grande – à se développer n'est pas nationaliste, c'est une action développementaliste. La frontière entre les deux concepts est ténue, en raison des difficultés pour les définir.

Les rapports entre nation et économie : le « contenu national de la production » et le « capital national »

On peut aborder la question du nationalisme économique sous la forme du contenu national de la production qui consiste dans l'obligation d'*acheter brésilien*, dans une logique purement marchande. Si l'on prend l'exemple du secteur pétrolier, le contenu national de la production se réfère à l'utilisation, par Petrobras et par les compagnies pétrolières nationales ou internationales, de matériel brésilien acheté à la chaîne des fournisseurs[1] : bateaux, plateformes, tubes et ainsi de suite. Helder Queiroz[2], président de l'Agence Nationale du Pétrole

[1] En portugais, *cadeia de forcenedores*.
[2] Entretien avec Helder Queiroz.

(ANP), nous a dit que celle-ci a un secteur voué à la vérification du contenu national des compagnies pétrolières. Ce contenu n'est plus la priorité de Graça Foster, présidente de Petrobras, s'il fait diminuer la courbe de production du pétrole[1] et en retarde l'extraction. Or le BNDES s'évertue à financer les entreprises du secteur afin de leur permettre de mieux répondre à la demande. Le contenu national est censé stimuler des industries nationales variées ; l'extraction du pétrole a un effet stratégique plus fort au niveau macroéconomique : il permet d'améliorer la situation de la dette extérieure et le taux de change[2].

La gestion de Carlos Lessa en relation avec Petrobras mérite qu'on s'y arrête. Selon Ernani Teixeira Torres Filho, le BNDES a toujours préféré ne pas tisser trop de liens avec Petrobras. Cependant Lessa, alors qu'il était directeur du BNDES, fit le choix de prêter moins cher à Petrobras en supprimant la médiation des banques privées, ce qui signa la disparition des bénéfices de ces banques sur les prêts[3] et mit fin à la dilution du risque par celles-ci. Lessa affirme : « Je préfère le risque Petrobras au risque bancaire ». Ce faisant, le prix du crédit diminue car, dit-il, « la traversée de la rue »[4] devient directe et sans coût : Petrobras se trouve en effet en face du BNDES, Avenida Republica do Chile, dans le *Centro* de Rio de Janeiro. Cette opération de prêt direct et massif du BNDES à Petrobras a permis à cette dernière d'acheter des plateformes pétrolières au Brésil plutôt qu'à l'étranger et a donné une priorité « quasi absolue » à Petrobras et à ses fournisseurs, comme nous l'a expliqué Carlos Lessa.

En dehors de la question pétrolière (la concession du Campo Libra) ou minière (la privatisation de l'entreprise Vale do Rio Doce), qui cristallise les nationalismes – économiques et géopolitiques –, en dehors aussi des questions de contenu national de la production, on pourrait déceler une part de

---

[1] http://oglobo.globo.com/economia/Petrobrás-diz-que-conteudo-local-nao-prioridade-diante-da-falta-de-folego-da-industria-11898831
[2] Entretien avec Ernani Teixeira Torres Filho.
[3] http://tribunadaimprensa.com.br/?p=4742
[4] Entretien avec Carlos Lessa : « Chaque fois que nous finançons Petrobras, nous payons 4 % pour que l'argent traverse l'avenue du Chili. »

nationalisme dans la question du « capital national privé ». La relation entre le contenu national et le capital local nous permet d'aborder un élément central du capitalisme brésilien dont le BNDES est l'une des clés de voûte.

Déjà à son époque, Vargas considérait que l'économie nationale était mise en danger par des trusts internationaux. Citons à ce propos Skidmore[1] :

> « Quand il avait recours au discours nationaliste, Getúlio amplifiait immensément son ton contre les étrangers (...). Il parlait de ''spoliation'' et de lutte du Brésil contre les ''trusts internationaux'' qui conspiraient pour lui voler la place à laquelle il avait droit dans l'économie mondiale. »

À l'opposé du capital international, le capital national que le BNDES aspire à soutenir depuis sa création est un concept problématique dont l'existence réelle peut être déconstruite. La prévalence du capital national privé dans les entreprises et les liens avec le BNDES (capital public) permettent d'envisager le rôle de l'État dans son interaction avec le privé. La dictature militaire, qui débuta en 1964, a été la période où le BNDES, par l'industrialisation par substitution aux importations[2], devint le financeur du capital privé national et créa de grands groupes. D'ailleurs les filiales du BNDES spécialisées en *equity*, qui deviendront BNDESPAR, apparaissent en 1974 : ce n'est pas un hasard, la raison en est l'importance croissante du financement du « capital privé national en formation ».

D'après João Roberto Lopes Pinto[3], président de l'Instituto mais Democracia et professeur de sciences politiques à PUC/RJ et UNI/RIO, ce type d'action du gouvernement caractérise la gouvernance économique brésilienne depuis Vargas jusqu'à la fin de la dictature militaire. Le BNDES était alors une pièce centrale du dispositif. Mais ce rôle du BNDES s'est-il arrêté avec la dictature ? Lopes Pinto relate un épisode bien connu : pendant les privatisations, Aracruz Celulose est privatisée par le BNDES. Après la crise de 2008, elle est achetée par

[1] Thomas E. Skidmore, *Brasil: de Getúlio a Castello*, *op. cit.*, p. 131.
[2] Notamment suite au choc pétrolier de 1973.
[3] Entretien avec João Roberto Lopes Pinto.

Votorantim, la plus grande entreprise à l'époque du régime militaire ; ces deux entreprises, par fusion et avec l'appui du BNDES, ont créé Fibria. On assiste à la formation d'une « élite et d'un capital oligopolistique avec, comme acteur central, le BNDES ». Lopes Pinto mentionne le triptyque entre le capital étranger (concentré dans la chimie, l'automobile, les équipements), le capital national privé (concentré dans le ciment, la construction, le textile, les boissons...) et le capital d'État (concentré dans l'extraction minière, la sidérurgie, l'infrastructure publique...). Selon Peter Evans, qui a théorisé cette triple alliance,

> « Le capital international est une partie intégrante de l'économie domestique brésilienne et les représentants du capital international sont une partie intégrante de l'ordre social et politique brésilien. Le capital étranger partage avec le capital local, tant privé que contrôlé par l'État, un intérêt dans le développement ultérieur de l'industrie nationale[1]. »

Analysons le rapprochement entre les divers pans du triptyque. Le BNDES devient l'un de ses principaux acteurs au sein de réseaux d'appartenance économique où le capital national privé et l'État se rapprochent, créant un noyau de pouvoir public-privé de la « bourgeoisie brésilienne ». Un nombre très considérable des grandes entreprises actuelles est né entre 1900 et 1985, surtout pendant la période des militaires : Gerdau en 1901, Votorantim en 1918, Camargo Corrêa en 1939, Vale do Rio Doce en 1942, Odebrecht en 1944, le Grupo Andrare Gutierez en 1948 et Cemig en 1951.

Si la structure actuelle du capitalisme brésilien n'est pas nouvelle[2], elle s'est néanmoins renforcée dans la période des privatisations, avec la naissance de conglomérats fondés sur des entreprises privatisées. Le cas de JBS Friboi (agroalimentaire) est différent, car le groupe naît dans les années Lula. Mais, selon Lopes Pinto, 60 % de son actionnariat est étranger, ce que l'on peut vérifier en se référant à la liste des contrôleurs directs et

---

[1] Peter Evans, *Dependent Development*, *op. cit.*, p. 9.
[2] Raymundo Faoro, *Os Donos do Poder. Formação do Patronato Politico Brasileiro*, vol. 2, São Paulo, Ed. da Universidade de São Paulo, 1975.

indirects de l'entreprise[1]. Le point principal est la structure actionnaire de ces conglomérats, qui met à mal le concept de capital national : ainsi, EBX, très abondamment financé par le BNDES, est contrôlé par la holding Centenial Asset Mining Fund LLC, qui n'est pas brésilienne. Le jeu est toujours le même au Brésil, comme le dit bien Lopes Pinto :

> « Ce n'est pas Odebrecht, c'est Kieppe, ce n'est pas Vale mais Valepart, Bradesco et Previ, ce n'est pas JBS mais FB Participações, qui contrôle aussi Vigor Foods, entreprise qui contrôle également tout le secteur du lait au Brésil. Ce n'est pas Camargo Corrêa, c'est Morro Vermelho[2]. »

Il est difficile, dans ces conditions, de parler de capital national. En retraçant la structure de propriété de très grandes entreprises, on s'aperçoit de la présence de holdings étrangères, nationales, et de participations publiques qui viennent renforcer ce système[3]. Par exemple, peut-on appliquer le concept de capital national à Vale do Rio Doce, qui, suite à sa privatisation, est contrôlée à la fois par Mitsu (Japon), par le fonds Previ, par des employés du Banco do Brasil et par le BNDES ? Dans ce cas, le capital étranger est minoritaire, grâce à l'intervention du BNDESPAR lors de la vente. Mais certaines entreprises brésiliennes sont en train de passer sous pavillon étranger, comme l'entreprise Oi/Telemar, portugaise, qui fusionne avec l'entreprise BrT : les acheteurs sont la famille Andrea Guttierez (capital national) et Portugal Telecom (capital étranger) ainsi que le BNDES et d'autres fonds publics.

Chaque entreprise, fonds d'investissement ou banque publique est ainsi au centre d'un réseau de pouvoir. Le site internet *Proprietarios do Brasil*[4] permet d'apprécier les réseaux

---

[1] http://www.brasildefato.com.br/node/11305 http://www.proprietariosdobrasil.org.br/index.php/en/ranking?f=mostra_rede&incorporado=1&id_empresa=74&aba=grafico

[2] http://www.brasildefato.com.br/node/11305

[3] En ce qui concerne l'internationalisation des entreprises, elle est croissante à un niveau jamais atteint : les investissements directs à l'étranger sont passés de 49 milliards de réais en 2001 à 201 milliards en 2011.

[4] http://www.proprietariosdobrasil.org.br/index.php/en/ranking?f=mostra_rede&id_empresa=20&aba=grafico

d'actions appartenant au BNDES, par l'entremise de sa filiale, le BNDESPAR, qui est le protagoniste de ce type de capitalisme. Sérgio Lazzarini a élaboré une technique statistique pour qualifier la « centralité » de telle ou telle entreprise. Tel que cela est défini par l'auteur, « les différents indicateurs de centralité cherchent à mesurer combien un acteur est imbriqué dans un réseau »[1].

Entre 1996 et 2009, les *donos* (les propriétaires) qui ont eu les plus grands gains de centralité sont Previ (fonds de pension des employés du Banco do Brasil), l'União Federal (dont le BNDES), Petros (fonds de pension des fonctionnaires de Petrobras),et Funcef (fonds de pension des fonctionnaires de la Caixa Econômica)[2]. Ainsi Lazzarini écrit[3] : « Les entités gouvernementales, en grande partie grâce au BNDES, ont connu un gain notable de centralité : de 131 % supérieur à la moyenne en 1996 à 553 % en 2009. »

Les conclusions de l'étude de Lazzarini divergent quelque peu de celles de Lopes Pinto : nous ne pouvons nous référer qu'à leurs analyses n'ayant pu accéder personnellement aux données. Selon Lazzarini, la centralité des acteurs internationaux n'a pas augmenté sensiblement, c'est l'État qui irrigue de plus en plus la structure capitalistique des entreprises, accroissant son emprise par le biais du BNDESPAR et du Previ[4]. Ces relations ne sont pas seulement économiques mais politiques et d'influence[5]. Lazzarini a réalisé une impressionnante étude de réseau, fondée sur une base statistique très large, pour identifier des « conseillers d'interconnexion », membres de plusieurs conseils d'administration, afin de montrer les interrelations entre les divers groupes :

> « Francisco Gros (décédé en 2010), ex-président du BNDES, de la Banque centrale et de Petrobras, était aussi président de OGX et il participait au conseil d'administration de plusieurs autres entreprises – qu'elles soient déjà bien établies (Lojas Renner,

[1] Sérgio Lazzarini, *Capitalismo de laços*, *op. cit.*, p. 172.
[2] *Ibidem*, p. 39.
[3] *Ibid.*, p. 28.
[4] *Ibid.*, p. 29.
[5] *Ibid.*, p. 55 et entretien avec Roberto Lopes Pinto.

Fosfertil) ou qu'elles viennent d'ouvrir leur capital (EDP Energias do Brasil, M. Dias Branco e Wilson Sons, outre OGX). Eliezer Batista (père d'Eike) apparaissait dans les conseils de diverses entreprises 'X' et du groupe traditionnel Monteiro Aranha[1]. »

L'extension du réseau de pouvoir du BNDES permet à l'État d'avoir une plus grande influence sur la conduite des entreprises privées, par exemple, comme le rappelle Pérsio Arida, dans le secteur frigorifique[2]. Le diagnostic sur l'omniprésence du BNDES fait consensus parmi les analystes de diverses traditions. Luiz Gonzaga Belluzzo a soutenu que « Le BNDES a une part du contrôle sur les entreprises qu'il finance, il participe à des conseils d'administration. Je ne vois pas le problème, cela est typique de la structure du capitalisme brésilien. »[3] Que cela soit ou non un « problème », ce tissage entre capital d'État et capital privé n'est pas nouveau dans l'histoire du Brésil, et il convient de le rappeler selon les mots de Raimundo Faoro :

> « De D. João Ier à Getúlio Vargas, dans un voyage de six siècles, une structure politico-sociale a résisté à toutes les transformations fondamentales, aux plus grands défis, à la traversée de l'océan. Le capitalisme politiquement orienté – le capitalisme politique ou pré-capitalisme –, centre de l'aventure, de la conquête et de la colonisation, a modelé la réalité de l'État et a incorporé lors de sa survie le capitalisme moderne, de nature industrielle. La communauté politique conduit, commande et supervise les affaires, autant les siennes propres, de nature privée, que les affaires publiques dans des lignes qui se démarquent graduellement[4]. »

Campo Libra : une privatisation qui fait débat parmi les développementalistes

Ainsi, d'une part, l'État diminue son emprise par des privatisations et, d'autre part, reprend un certain contrôle par le BNDESPAR. Il est difficile, cependant, de déterminer si l'État se mue en un actionnaire cherchant à étendre son contrôle ou

---

[1] Sérgio Lazzarini, *Capitalismo de laços*, *op. cit.*, p.107.
[2] Entretien avec Pérsio Arida.
[3] Entretien avec Luiz Gonzaga Belluzzo.
[4] Raymundo Faoro, *Os Donos do Poder*, *op. cit.*, vol. 2, p. 733.

bien s'il continue à obéir à une logique néolibérale. La privatisation du Campo Libra – concession pétrolière en plein océan Atlantique –, dans laquelle le BNDES ne joue qu'un rôle d'exécutant, nous invite à considérer la seconde option. Le Campo Libra est la principale frontière d'expansion du pétrole au Brésil, et l'une des plus considérables au monde. Le pétrole y est présent en de très grandes quantités : entre 8 et 12 milliards de barils, selon Helder Queiroz, directeur de l'Agence Nationale du Pétrole. Revenons tout d'abord sur la façon dont le secteur pétrolier, surtout l'exploitation, s'est ouvert à la concurrence nationale et internationale en 1995, lorsque le président Cardoso promulgua un amendement dans la Constitution pour mettre fin au monopole de Petrobras sur l'exploitation du pétrole. Deux ans plus tard, l'ANP fut fondée et marqua la volonté politique d'ouvrir le secteur à la concurrence privée nationale et internationale[1]. L'administration Lula inaugura ensuite un nouveau type de régime de concession, spécialement pour la zone « pré-sal »[2] : il s'agit du *régime de partilha* (partage de production), permettant de partager le risque géologique. Helder Queiroz[3] nous a dit qu'il ne fallait pas trop insister sur les différents types de régimes qui s'équivalent plus ou moins. Tout au plus, le régime de *partilha* permet un contrôle plus strict de la production par l'État et une rémunération de celui-ci en pétrole.

En 2013/2014, la concession de trente-cinq ans du Campo Libra est vendue pour 15 milliards de réais à un consortium ayant à sa tête Petrobras (qui a offert 6 milliards, correspondant à 40 % du capital). L'État reste donc majoritaire dans la gestion du Campo Libra. En sus de l'entreprise brésilienne, Shell, Total, CNPC (China National Petroleum Corporation) et CNOOC (Chinese National Offshore Oil Company) sont présentes dans

---

[1] Selon le président de l'ANP, Helder Queiroz, jusqu'en 1998 il n'y avait que dix compagnies enregistrées à l'ANP avec des contrats de concession ; maintenant elles sont autour de quatre-vingts.

[2] Le « pré-sal » est une couche géologique profonde, présente sous la couche de sel, qu'il faut perforer pour extraire le pétrole. On l'appelle « deep-oil » en anglais.

[3] Entretien avec Helder Queiroz.

le consortium[1]. La structure de Petrobras montre l'influence de l'État. 50,3 % du capital votant appartient au Trésor national, mais 0,2 % appartient au BNDESPAR qui pourtant détient 23,9 du capital non votant. La vente du Campo Libra est justifiée par les autorités, en raison de la nécessité d'extraire le pétrole et par l'impossibilité de Petrobras de le faire toute seule, en couvrant tous les risques et en réalisant tous les investissements : « C'est – selon Helder Queiroz – dans la nature de l'activité pétrolière : coopération et compétition ; partager les risques, les coûts et les primes. »[2]

Dilma Rousseff a soutenu en 2013 que « 85 % de la rente du Campo Libra va aller à l'État brésilien et à Petrobras. C'est bien différent d'une privatisation ! »[3], et a ajouté que cette rente amènerait des « centaines de milliards de bénéfice » et des « millions d'emplois », sans compter la redirection des bénéfices (*lucro-petroleo* : ce qui reste après le paiement des coûts de production et des royalties) vers le financement de l'éducation[4]. À l'occasion du *leilão* du Campo Libra, les nationalismes se sont éveillés. C'est le caractère stratégique de la ressource, qui permettrait d'augmenter la croissance du pays (plus de pétrole, moins cher), qui a provoqué une levée de boucliers. Des manifestations contre la vente ont eu lieu dans diverses villes ; à São Paulo les manifestants se sont réunis sur l'Avenida Paulista. Le dirigeant du Syndicat des pétroliers, Verenissimo Barsante, s'exprime ainsi :

> « C'est une action pour sensibiliser le gouvernement et arrêter le *leilão* de Libra. Le *leilão* est la livraison de la plus grande découverte géologique dans le monde de ces vingt dernières années. Nous, les pétroliers, sommes en grève pour arrêter ce crime de lèse-patrie[5]. »

---

[1] http://g1.globo.com/economia/noticia/2013/10/consorcio-formado-por-Petrobrás-e-mais-4-empresas-vence-leilao-de-libra.html

[2] Entretien avec Helder QUEIROZ.

[3] http://veja.abril.com.br/noticia/economia/depois-de-arrecadar-r-15-bi-dilma-afirma-que-libra-nao-foi-privatizacao; http://noticias.r7.com/economia/noticias/dilma-nega-que-leilao-do-campo-de-libra-seja-privatizacao-20131021.html

[4] http://www.redebrasilatual.com.br/trabalho/2013/10/ministro-edison-lobao-confirma-que-leilao-do-campo-de-libra-sera-mantido-3972.html

[5] http://www.ebc.com.br/noticias/brasil/2013/10/petroleiros-fazem-manifestacao-na-paulista-contra-leilao-de-libra

Pour les syndicats de pétroliers, en effet, la privatisation du Campo Libra est incompréhensible : elle mènerait à une tertiarisation de la main-d'œuvre du secteur et priverait le pays d'une ressource indispensable à la souveraineté nationale. Des manifestations ont eu lieu devant Petrobras mais aussi devant le BNDES, perçu comme le complice de la privatisation.

Lors de son élection à la présidence de la République, Dilma Rousseff avait affirmé qu'elle ne privatiserait pas cette exploitation de pétrole dit pré-sal. Maintenant que cette vente a eu lieu, Rousseff la justifie en précisant qu'il ne s'agit pas d'une privatisation ni d'une dénationalisation mais que le Campo Libra va continuer à être public. Les réactions à cette vente renvoient à la campagne « *O Petroleo é nosso* » et au nationalisme économique. La question du nationalisme économique en Amérique du Sud[1], et surtout au Brésil, est davantage reliée à la question du pétrole et des matières premières qu'à l'industrie comme c'est le cas en Asie (Corée du Sud, Japon). Selon Carlos Lessa, la vente du Campo Libra est une dénationalisation, une perte de richesse pour le Brésil au profit de pays et d'entreprises étrangers. Dans une perspective développementaliste traditionnelle, comme celle dont se réclame Lessa, la vente de Libra est incompréhensible : la stratégie que sous-tend cette politique de dénationalisation est d'ordre géopolitique, réalisée pour « donner un exemple » de bonne conduite financière, afin d'attirer des capitaux. L'autre logique que sous-tend cette vente est le *tripé* des Tucanos – nom que s'attribuent les membres du PSDB depuis la création du parti, à Brasília, en avril 1988[2].

L'argument soutenu par le gouvernement PT est que le Brésil n'a pas les moyens d'exploiter seul le Campo Libra. On peut avoir des doutes sur cet argument, en raison des réserves très importantes du Trésor et de la Banque centrale, ainsi que du BNDES et de Petrobras, d'autant que, d'après Lessa,

---

[1] Rolf Linkohr, « La política energética latinoamericana: entre el Estado y el mercado », *Nueva Sociedad* 204 (2006), p. 90-103 et Giorgio Romano Schutte, « Brasil: nuevo desarrolismo y petróleo de aguas profundas », *Nueva Sociedad* 244 (2013), p. 122-133.

[2] Le *tripé* de la stabilité macroéconomique consiste dans le combat à l'inflation, la responsabilité fiscale et la politique monétaire.

l'exploitation du pétrole du Campo Libra n'est pas une urgence. L'opposition entre Lessa et le PT/PSDB porte sur « qui recevra le pétrole ? ». D'après Lessa, ce sont les étrangers qui auront 100 % du pétrole.

Pour autant, peut-on dire qu'il y a dénationalisation ? Lorsque j'ai demandé à Elena Landau ce qu'elle pensait des réactions de Carlos Lessa[1] ou d'Ildo Sauer[2] à la vente de Libra, elle a affirmé qu'elles sont idéologiques et qu'elles ne s'intéressent pas au « modèle de vente ». Ce qui est significatif dans ce cas est la relation tissée entre politique économique nationale et internationalisme. Dans une perspective développementaliste, voire de nationalisme économique, la vente du Campo Libra marque l'absence d'un projet pour la nation et l'adoption d'un credo néolibéral depuis le gouvernement Collor de Mello. Selon Lessa, il n'y a pas d'évolution structurelle entre les divers gouvernements qui sont naturellement ouverts au jeu financier international et tendent à délaisser la souveraineté nationale[3].

Nous avons vu dans ce chapitre comment l'État développementaliste a reformulé son rôle, se muant en un État développementaliste caché qui peut, par des participations actionnaires, soutenir et financer des entreprises. Le BNDES a commencé à acheter des participations actionnaires, d'abord dans les années 1970 par ses filiales Embramec, Fibase et Ibrasa, puis par le BNDESPAR. Par ce dernier, le BNDES vise à solidifier ces entreprises, à les faire gagner en échelle et à aider leur internationalisation par la suite. Dans ce but, des bureaux du BNDES ont été ouverts à Johannesburg, Montevideo et Londres.

---

[1] https://www.google.fr/search?q=carlos+lessa+campo+libra&rlz=1C5CHFA_enFR506FR506&oq=carlos+lessa+campo+libra&aqs=chrome..69i57.2414j0j7&sourceid=chrome&espv=210&es_sm=119&ie=UTF-8

[2] Interview avec Ildo SAUER sur le pré-sal : https://www.youtube.com/watch?v=9IINTXM2bE0

[3] http://www.ihu.unisinos.br/entrevistas/524817-pre-sal-brasileiro-e-ouro-em-po-entrevista-especial-com-carlos-lessa

Le propre de la participation actionnaire est qu'elle donne un droit de propriété sur les parts d'entreprises achetées et des voix en conseil d'administration sur les orientations à venir de l'entreprise. L'extension, à travers des participations actionnaires directes et indirectes, d'un État développementaliste caché apparaît certainement comme une stratégie économique mais aussi comme une stratégie politique car cela permet à l'État de garder la main sur des activités particulièrement porteuses. Ainsi, le tableau des privatisations semble, à bien des égards, réduit par ces participations.

Mais que peut-on objectivement dire du caractère nationaliste de l'État développementaliste ? La question du nationalisme, ou du national, dans le développement se pose depuis plus de cinquante ans. Avec la libéralisation financière et les privatisations d'entreprises stratégiques, la question du national s'est principalement déplacée dans les conseils d'administration. Il faudrait sans doute mobiliser une approche d'ordre géopolitique pour comprendre certaines actions du BNDESPAR (Vale, Campo Libra), ou une approche portant sur les élites et les relations entre pouvoir exécutif et BNDES, centrée sur des cas d'investissement délimités.

Le prochain chapitre apportera une nuance à ce tableau d'un État développementaliste caché mais extrêmement actif. Jusqu'où le BNDES intervient-il politiquement dans le destin de l'économie ?

CHAPITRE III

LE BNDES : UNE BANQUE PUBLIQUE SANS POLITIQUE ?

> Cela ne dépend même pas de la présidence du BNDES. C'est clair au sein de la banque, mais moins clair dans l'opinion publique : on ne choisit ni entreprises, ni secteurs. Le BNDES définit des priorités en utilisant l'attractivité des prêts : termes et taux. On ne dira jamais : ce secteur oui, ce secteur non, cette entreprise oui, cette entreprise non.
>
> Demian Fiocca
> *Ancien président du BNDES*

Nous avons constaté que le rôle du BNDESPAR, filiale du BNDES, a permis à l'État développementaliste caché de garder la main dans les affaires économiques. Force est d'admettre que le néolibéralisme n'a pas réduit le rôle de l'État, au contraire celui-ci a augmenté par des opérations ciblées de *private-equity*. L'action du BNDES s'est exprimée sous deux modalités distinctes : l'intervention actionnaire (*private-equity*), qui est le fait du BNDESPAR, a été l'objet du chapitre précédent. Considérons maintenant l'intervention qui se réalise par le biais du prêt, qui fut la première à être mise en œuvre, dès 1952.

D'un point de vue méthodologique, l'on s'attachera à présenter des données qu'il a fallu regrouper afin de montrer exactement les agissements du BNDES et de les analyser à l'aune de nos connaissances de l'État développementaliste.

Nous allons choisir quelques secteurs avant de montrer comment le BNDES les investit par sa politique de prêts. Notre but ne sera pas d'analyser l'évolution des déboursements en cherchant leurs causes politiques – ce qui nécessiterait une base de données statistiques. Nous allons en revanche tenter de comprendre comment l'État se positionne dans l'économie en tant que pourvoyeur de crédit : pourquoi l'État a-t-il ainsi renforcé son rôle et augmenté les déboursements du BNDES ? Historiquement, le développement brésilien s'appuie sur des plans qui imposent des objectifs et des échéances, surtout en termes de crédit à allouer. Le Plano SALTE, le Programa de Metas de Kubitschek ou, plus récemment, le PAC (Plano de Aceleração de Crescimento) en sont des exemples. On montrera d'abord que le BNDES est un outil central dans l'application de ces plans pour traiter ensuite la question de la planification économique, en se demandant si l'on assiste à la naissance d'une économie planifiée. Quelles relations existent-elles entre les logiques du marché, par définition libérales, et les logiques de l'État développementaliste ? Skidmore s'exprime ainsi sur le rôle du gouvernement Vargas dans l'économie, qui naviguait entre acceptation du jeu économique international et une certaine forme d'étatisme :

> « Une des facettes de l'attitude ambivalente de Vargas était la défense d'une politique économique qui respectait des règles traditionnelles du système économique international et qui tentait de fonctionner en accord avec elles. C'était une adaptation pragmatique des principes du libéralisme économique, et évitait tout appel aux sentiments les plus extrêmes du nationalisme émotionnel[1]. »

Cet accord entre les deux logiques est aujourd'hui, pensons-nous, encore d'actualité dans le modèle de développement brésilien. C'est toujours entre le capitalisme d'État, l'intervention dans la production et l'acceptation du libéralisme que balance l'État développementaliste. Les ambivalences de l'action du BNDES vont nous permettre de mieux saisir le rôle de l'État. Pour autant, l'enjeu sera de comprendre non seulement comment le BNDES finance l'industrie, et à quel point, mais comment l'État influe sur ce financement. Il nous apparaîtra que, dans le détail du déboursement – et c'est notre hypothèse –, les opérations du BNDES ne sont pas très dirigées.

[1] Thomas E. Skidmore, *Brasil: de Getúlio a Castello*, *op. cit.*, p. 128.

L'articulation entre la planification fédérale et le BNDES

Des plans pour structurer le développement : l'empreinte de l'État développementaliste sur le Brésil

Dans le Brésil actuel comme dans le Brésil du passé, l'effort développementaliste est incarné par des plans à la structure complexe. Pour comprendre les politiques de déboursement du BNDES, il est nécessaire de les mettre en relation avec les politiques fédérales de planification qui énoncent des cibles d'investissement (le Plano Brasil Maior de 2011 à 2014 équivaut à 500 milliards de réais d'investissements prévus)[1] et des priorités par secteur, voire par région. La responsabilité d'application de parties du plan est ensuite donnée à des institutions, comme le BNDES, la FINEP[2] et l'APEX[3], ou à des ministères.

Le rôle du BNDES, relativement à certains plans de développement, a été politiquement très significatif. Le Plano de Aceleração de Crescimento (PAC 1) est un plan majeur d'investissement créé en 2007. Sa principale priorité est l'investissement dans les infrastructures (habitation, salubrité, transport public), d'où les sous-programmes thématiques[4]. D'après nos entretiens et d'après les bilans étudiés, ce plan a permis d'augmenter l'offre d'emploi et d'élever l'investissement public et privé dans les infrastructures fondamentales (égouts, routes), en les doublant entre 2006 et 2010[5]. Le PAC 2, créé en 2010, fonctionne de la même façon que le PAC 1, mais avec davantage d'intensité : en trois ans, il a dépassé de 25 % les résultats du PAC 1[6]. Pour sa mission de « stimulation du crédit et du financement », le PAC 2 a fondé une sorte de mini-BNDES[7], le fonds de participation actionnaire

[1] http://economia.ig.com.br/bndes-desembolsara-r-500-bi-para-plano-brasil-maior-ate-2014/n1597112940324.html
[2] FINEP = Financiadora de Estudos e Projetos.
[3] APEX = Agência Brasileira de Promoção de Exportações e Investimentos.
[4] http://www.pac.gov.br/sobre-o-pac/medidas. Voici les programmes sous-thématiques: Cidade Melhor, Comunidade Cidadã, Minha Casa Minha Vida, Água e Luz, Transportes, Energia.
[5] http://www.pac.gov.br/sobre-o-pac
[6] http://www.pac.gov.br/pub/up/relatorio/bd73d3affded625141bee7b35a53d10c.pdf
[7] http://exame.abril.com.br/revista-exame/edicoes/1058/noticias/mais-uma-caixa-preta

FI-FGTS[1], afin de favoriser, par un autre biais que le BNDES ou que la Caixa Econômica Federal, l'investissement à long terme dans le pays. Le fonds FI-FGTS est conjointement géré par la Caixa et par le BNDES qui décident des projets. Le rôle de ce dernier consiste à abaisser ses taux pour les projets d'infrastructure, de logistique et de transports urbains, afin de rendre ces investissements plus attractifs. Parmi les projets réalisés dans le cadre du PAC 2, il est difficile d'évaluer ceux dont le BNDES est « responsable » (*Responsável*) ou « exécutant » (*Exécutor*), en raison de l'absence de données systématisées. Selon le BNDES, néanmoins, le rôle de l'institution est central dans la mise en œuvre[2] du programme. C'est en fait surtout par le Programa BNDES de Financiamento ao Programa de Aceleração do Crescimento[3] que le BNDES intervient dans le PAC, finançant les municipalités et les États fédérés[4].

De surcroît, et cela est indicatif, le rôle du BNDES dans ces plans vise toujours à lier action publique et action privée. Le BNDES n'est qu'un pourvoyeur de crédit : il financera donc des administrations, des entreprises publiques, et surtout des entreprises privées, afin qu'elles réalisent les projets acceptés aux divers échelons du plan. Son action est par essence en faveur du partenariat public-privé, où le public propose l'objectif et le moyen (crédit).

Le plan Brasil Maior, dont la devise est « *Inovar para Competir. Competir para Crescer* », est un programme fédéral lancé le 2 août 2011 ; il a été défini par la présidente Rousseff comme « une croisade en défense de l'industrie brésilienne face au marché international qui, bien souvent, est déloyal et prédateur »[5]. Le BNDES se trouve à tous les échelons de la

[1] Chacune de ses participations est limitée à 30 % de la capitalisation totale.

[2] http://www.bndes.gov.br/SiteBNDES/bndes/bndes_pt/Areas_de_Atuacao/Infraestrutura/pac.html

[3] http://www.bndes.gov.br/SiteBNDES/bndes/bndes_pt/Institucional/Apoio_Financeiro/Programas_e_Fundos/financiamentoPAC.html

[4] Entretien avec Marcelo Miterhof.

[5] Dilma Rousseff, discours tenu à la cérémonie de lancement du plan, Palácio do Planalto (2/08/2011). http://www2.planalto.gov.br/acompanhe-o-

gouvernance de ce plan. Des comités exécutifs, qui négocient avec les conseils de compétitivité de chaque secteur (organe de coordination public-privé), présentent au groupe exécutif des projets concrets à financer, à l'exception des projets dits « transversaux » où le groupe exécutif est remplacé par des groupes de « coordination systémique »[1]. Un représentant du BNDES siège dans ces comités qui recouvrent tous les secteurs sur lesquels travaille la banque (pétrole et gaz, chantiers navals, santé, énergies renouvelables, automobile, exploitation minière...)[2].

La Política de Desenvolvimento Produtivo (PDP), lancée le 12 mai 2008, promeut un mode de gouvernance qui allie secteur privé et public[3]. La gestion du programme se fait par trente-cinq comités exécutifs qui rassemblent des fonctionnaires de diverses institutions publiques. Le secrétariat exécutif de la PDP est composé par le ministère de l'Économie et le BNDES. La PDP met en exergue quatre *metas* (objectifs)[4] : l'accroissement de l'investissement, l'augmentation des dépenses en Recherche & Développement, l'accroissement des exportations brésiliennes et la dynamisation des exportations des micro et petites entreprises. Ces objectifs sont articulés sur trois niveaux de décision : les *metas* (but général), les macro-objectifs (objectifs par secteurs) et les objectifs particuliers (projets d'investissement). Ainsi, le BNDES est l'un des instruments de la mise en œuvre de la PDP, et illustre encore une fois son rôle historique d'appui aux plans. Il est chargé de favoriser le crédit ; cela est rendu possible par un accroissement de son budget par le gouvernement fédéral, par des programmes spécifiques tels BNDES Finame, BNDES Profarma, et par des lignes de crédit, pour 6 milliards de réais jusqu'en 2010, destinées à soutenir des

---

planalto/discursos/discursos-da-presidenta/discurso-da-presidenta-da-republica-dilma-rousseff-durante-cerimonia-de-lancamento-do-plano-brasil-maior

[1] Par exemple, Açoes Especiais em Desenvolvimento Regional, Comércio Exterior, Competitividade de Pequenos Negocios, Inovaçao, Produçao Sustentavel.

[2] Pour les priorités sectorielles du plan, on peut se référer aux Lignes directrices (*Diretriz Estruturante*), centrées autour de l'innovation, de la compétitivité du secteur productif et de l'*adensamento produtivo*, en étroite collaboration avec d'autres programmes (PAC et Estrégia Nacional de Ciência, Tecnologia e Inovaçao = ENCTI).

[3] http://www.pdp.gov.br/paginas/conheca_pdp.aspx?path=Conhe%C3%A7a%20a%20PDP

[4] http://www.pdp.gov.br/paginas/macrometas.aspx?path=Macrometas

projets innovants (Linha Capital Inovador), la Recherche & Développement et l'Innovation (Linha inovação tecnólogica). Les trois autres instruments pour l'application de la PDP sont l'utilisation de la commande publique, par le biais de Petrobras principalement, la régulation et l'appui technique.

Concernant le contenu sectoriel des plans, on peut parler d'un *big push* en direction des infrastructures, de la compétitivité et de l'innovation. Ces trois constantes sectorielles liées entre elles apparaissent dans le contenu des plans depuis vingt ans : les plans doivent profiter aux infrastructures, améliorer la compétitivité et soutenir l'innovation. La PDP, dont le but est de favoriser la compétitivité sur le long terme de l'économie brésilienne, constitue l'un des fers de lance de la stratégie du Parti des travailleurs. Elle remplace et amplifie le programme PITCE[1], qui a eu le mérite d'améliorer le cadre législatif de l'industrie biotechnologique, et qui a créé le CNDI[2] et l'ABDI[3] afin d'instaurer une négociation public-privé pour les plans fédéraux. Elle a aussi fondé, au sein du BNDES, des programmes spécifiques comme Profarma et Prosoft.

Dans le cadre de la PDP, le BNDES a développé une action particulièrement large et innovante, par divers programmes et dans divers secteurs. Le programme Novo PSI a permis le déboursement de 313,5 milliards de réais dans le secteur de l'agriculture et la pêche, dans l'industrie, le commerce et les services (81,6 % des déboursements de la banque) de juillet 2012 à juillet 2013. Le Programme BNDES PSI (Programa de Sustentação do Investimento) a vu, dans le cadre du PBM, son budget accru de 131,5 milliards entre janvier 2011 et janvier 2013. Dans la deuxième année du PBM, le BNDES a augmenté son financement à divers secteurs (Profarma, Prosoft, P&G, Proplástico), de sorte à soutenir plus efficacement les objectifs de la politique publique. Cette politique du BNDES a consisté dans l'abaissement des taux du PSI, de Revitaliza et de

[1] PICTE = Política Industrial, Tecnológica e de Comércio Exterior.
[2] CNDI = Conselho Nacional de Desenvolvimento Industrial. Il s'agit d'un organe consultatif chargé de proposer des politiques nationales en faveur du développement économique.
[3] ABDI = Agência Brasileira de Desenvolvimento Industrial.

Progeren, dans l'augmentation de la productivité par le PSI Projetos Transformadores et de la qualification professionnelle et, enfin, dans l'appui à la soutenabilité environnementale (Programa Fundo Clima).

Le Plano Inova Empresa[1] est un plan du BNDES, géré conjointement avec le FINEP, dans tous ses sous-programmes (Inova Aerodefesa, Agro, Energia, Petro, Saude, Sustenabilidade, PAISS, PAISS Agricola), et parfois avec d'autres organes publics (Petrobras). Ce plan articule les objectifs du PBM avec l'Estratégia Nacional de Ciênca, Tecnologia e Inovação, dans le but d'accroître le soutien aux entreprises technologiques et créer de la synergie entre divers plans, programmes et centres de recherche. Le plan doit consister en un minimum de 0,7 % du PIB pour prétendre à un effet sur l'économie. Ce tableau indique les orientations sectorielles du programme :

Inova Empresa 2013 : qui sont les bénéficiaires ?

Aires stratégiques		Actions transversales	
Énergie	5,7	R&D et ingénierie	1
Pétrole, gaz	4,1	Déconcentration régionale, MPE	1,8
Santé	3,6	Infrastructure	2,2
Agroalimentaire	3	Sous-total (2)	2,2
Aérospatiale, défense	2,9	Total	28,5
TICs	2,1	Surplus des partenaires	4,4
Soutenabilité	2,1		
Sous-total (1)	23,5		

Valeurs en milliards de réais.

[1] http://www.bndes.gov.br/SiteBNDES/bndes/bndes_pt/Institucional/Apoio_Financeiro/Plano_inova_empresa/

Les déboursements du BNDES

Évolution générale des prêts

Avant toute chose, il est nécessaire de connaître le processus d'acceptation d'un dossier de financement, qui comporte quatre étapes, comme nous l'a expliqué Luiz Muzzi, gerant dans l'aire financière au BNDES[1]. Premièrement, les grandes lignes (valeur, terme, objet) du projet sont soumises au BNDES par un dossier dit *carta consulta*, analysé par le département des priorités. Si les exigences minimales sont rencontrées, le dossier passe à l'étape 2 où le *Comitê de enquadramento*, rassemblant des fonctionnaires de toute la banque, analyse l'ensemble des dossiers de consultation et les approuve : la *carta consulta* est ainsi *enquadrada*. Le dossier est alors envoyé à un secteur spécifique de la banque (selon la nature du projet : biens de consommation, pétrole, infrastructure...) où il est analysé en détail par des économistes connaissant bien le secteur, et par des ingénieurs experts en ce type de production au sein d'un environnement professionnel rompu, depuis des années, à l'étude du secteur en question[2]. L'entreprise candidate au prêt doit désormais fournir un projet très détaillé. Des fonctionnaires du BNDES organisent un audit de l'entreprise, mais la visitent aussi en personne. L'opération peut ensuite, et c'est l'étape 3, être rejetée, approuvée, ou approuvée sous réserve de conditions à remplir préalablement (qui peuvent être très variées) par la *Diretoria* (tous les directeurs de département du BNDES conjoints). L'opération est enfin contractée et les déboursements peuvent commencer : le BNDES ne délivre jamais – sauf exception – l'intégralité d'un prêt en une fois. Nous avons fait le choix d'utiliser les statistiques des projets approuvés ; celles-ci sont plus réactives aux évolutions politiques que les déboursements qui, par nature, sont différés, étant échelonnés en mensualités.

On pourrait s'attendre, en première instance, à une diminution des dépenses du BNDES, due à la mondialisation.

[1] Entretien avec Luiz Muzzi.

[2] D'après Carlos Lessa, « Ils connaissent même le nom de la femme des chefs des entreprises du secteur. »

Or ce n'est pas le cas. On constate en revanche une très forte augmentation des dépenses, ce qui met en évidence une continuité des politiques dites « développementalistes ». L'augmentation a eu lieu en deux étapes, en 2005 et en 2008[1]. Les statistiques disponibles nous permettent de retracer les dix dernières années des déboursements de la banque.

Évolution des déboursements totaux du BNDES depuis 2000

Année	Total	ratio
2000	27 624,6	
2001	27 129,8	0,98
2002	41 073,0	1,51
2003	40 363,8	0,98
2004	37 897,2	0,93
2005	54 494,6	1,43
2006	74 318,5	1,36
2007	98 720,6	1,32
2008	121 371,1	1,22
2009	170 174,5	1,40
2010	200 664,8	1,17
2011	164 462,5	0,89
2012	260 069,2	1,58
2013	239 614,6	0,92

Depuis 2002, les grandes entreprises ont reçu de fortes sommes d'argent, alors que les prêts aux petites et moyennes entreprises sont faibles. Cependant, d'après « PDP, *Balanço atividades* 2008/2010 »[2], les déboursements du BNDES aux MPMEs[3] ont atteint un record de 41,1 milliards en janvier/novembre 2010, avec une augmentation de presque 100 % par rapport à la même période un an auparavant. Plus de

[1] Entretien avec Pérsio Arida. L'importance des déboursements est devenue telle que le gouvernement fédéral est en train de préparer une diminution.
[2] Ministério do Desenvolvimento, Indústria e Comércio Exterior, « PDP, Balanço atividades 2008/2010 », p. 5.
[3] MPMEs = Micro pequenia e medias empresas.

50 % des déboursements pour l'exportation de BNDES Exim sont destinés à des micro, petites et moyennes entreprises[1].

Le BNDES : une banque pour les grandes entreprises du sud du Brésil ?

Le BNDES est-il une banque de développement pour les développés ? C'est une question cruciale pour appréhender le rôle de la banque qui est souvent critiquée pour avoir un positionnement trop favorable aux grandes entreprises du sud du Brésil, au détriment des régions oubliées du Norte, du Nordeste, et des petites entreprises. En 1999, 60,48 % des déboursements étaient destinés au Sudeste. Le Norte et le Nordeste ont obtenu, à eux deux, seulement 11,71 %. En 2013, ces proportions sont respectivement de 45,71 % et 17,19 %. La région Centro-Oeste reste plus ou moins stable, avec un pic en 2012. Cela peut s'expliquer par la part de chacune de ces régions dans le PIB total, de 2002 à 2010 :

Déboursements par région

Régions	Norte	Nordeste	Sudeste	Sul	Centro-Oeste
moyenne 2002-2010	5,10 %	13,20 %	55,80 %	16,60 %	9,20 %

Source : IBGE, Orgãos Estaduais de Estatística, Secretarias Estaduais de Governo, SUFRAMA.

[1] Fabrício Catermol, « BNDES-*exim*: 15 anos de apoio às exportaões brasileiras », *Revista do BNDES* 12/24 (2005), p. 3-30.

Pourcentage déboursé par région géographique (1999-2013)

	Norte	Nordeste	Sudeste	Sul	Centro-Oeste	Total
1999	2,6	9,2	60,5	21,2	6,6	100
2001	3,4	13,2	57,5	19,1	6,8	100
2003	2,1	9,3	59,7	20,4	8,4	100
2005	3,4	8,1	61,2	20,3	7	100
2007	5,3	8,2	57,9	19,7	8,9	100
2009	8,2	16,2	52,6	15,2	7,9	100
2011	7,8	13,5	49,1	21,4	8,2	100
2013	7,2	13,5	45,7	22,6	11	100

Source : données publiques du BNDES

Valeur déboursée par région géographique (1999-2013)

	Norte	Nordeste	Sudeste	Sul	Centro-Oeste
1999	460,5	1 654,1	10 917,5	3 824,3	1 195,2
2000	930,2	2 783,1	13 008,1	4 260,6	2 063,9
2001	859,7	3 334,2	14 493,7	4 825,5	1 703,4
2002	1 880,8	3 783,7	23 073,6	6 091,8	2 589,3
2003	712,1	3 112,2	20 036,1	6 841,9	2 831,2
2004	1 954,1	2 737,3	21 299,2	8 682,8	5 160,5
2005	1 615,8	3 803,0	28 739,8	9 551,0	3 270,6
2006	1 625,8	4 836,2	31 414,6	9 782,6	3 658,8
2007	3 460,9	5 322,1	37 581,3	12 772,9	5 754,7
2008	4 951,8	7 627,2	51 010,1	17 407,6	9 881,3
2009	11 213,5	22 067,3	71 660,4	20 677,1	10 738,1
2010	11 748,2	17 210,8	97 971,5	30 125,6	11 366,6
2011	10 864,4	18 767,9	68 238,1	29 654,8	11 348,3
2012	13 340,2	21 048,4	72 440,2	29 065,3	20 098,1
2013	13 751,8	25 657,2	87 042,9	43 068,4	20 89

Source : données publiques du BNDES. Voir l'Annexe 3 pour l'évolution des déboursements de 1952 à 2001.

Comme il est indiqué par ces tableaux, la concentration des prêts diminue progressivement[1], avec une augmentation des déboursements en direction de régions géographiques « périphériques » par rapport au Sul/Sudeste. En 1999, 84,7 % des déboursements étaient destinés aux grandes entreprises, 5,6 % aux moyennes et seulement 7,8 % aux micro-entreprises et 1,8 % aux petites. En 2013 ces proportions sont respectivement de 61,1 %, 8,5 %, 8,8 % et 16,1 %. D'après le ratio année 1/année 0 par année et par taille d'entreprises, on voit que celles qui ont le plus augmenté sont les micro-entreprises (*1,08 par an) et les petites entreprises (*1,16 par an). Les entreprises moyennes ne suivent aucune tendance particulière. Les déboursements aux grandes entreprises ont diminué de 0,98 par an.

Déboursements par taille d'entreprise en pourcentage (1999-2013)

%	Micro	Petite	Moyenne	Grande
1999	7,8	1,8	5,6	84,7
2000	9,9	3,3	6,0	80,9
2001	12,4	4,3	6,2	77,1
2002	12,4	3,5	6,3	77,7
2003	16,7	5,4	7,8	70,1
2004	19,7	4,4	7,5	68,4
2005	12,1	4,7	8,0	75,2
2006	9,3	4,4	8,0	78,3
2007	10,1	5,3	9,4	75,2
2008	9,0	5,7	9,4	76,0
2009	8,0	4,3	5,3	82,5
2010	12,8	6,1	8,1	70,2

[1] http://www.estadao.com.br/noticias/geral,coutinho-rebate-criticas-de-concentracao-de-emprestimos-do-bndes,593634,0.htm

2011	16,8	8,6	10,3	57,7
2012	15,3	8,0	8,8	62,6
2013	16,1	8,8	8,5	61,1
Évolution depuis 1999	1,08 %	1,16 %	1,05 %	0,98 %

L'ouverture du BNDES aux micro et petites entreprises s'est faite avec l'expansion du Cartão BNDES, sous la gestion de Guido Mantega (novembre 2004-mars 2006), avec Demian Fiocca comme vice-président. L'instrument est simple d'utilisation : le BNDES crée une liste des biens achetables par cette carte de crédit, tels des bureaux, des paravents pour open-space, des petits camions, des outils, des chaises de dentiste... La dépense moyenne par le Cartão est de moins de 50 000 réais, environ 13 000 euros de 2015. Des milliers d'objets sont ainsi listés[1]. L'entrepreneur s'enregistre dans une banque pour obtenir cette carte[2] et peut ensuite acheter les objets de la liste dans la limite du crédit. Le Cartão existait avant Mantega et Fiocca[3], mais ce sont eux qui l'ont popularisé en finançant une campagne de publicité : les banques privées n'avaient pas intérêt à présenter ce produit, car elles possédaient leurs propres solutions, plus lucratives, pour les micro et petites entreprises.

En fonction des données auxquelles nous avons eu accès, nous constatons une déconcentration des déboursements du BNDES qui va dans le sens d'une réalisation effective du concept de « banque de développement ». Le rôle d'une banque de développement est l'amélioration des conditions de vie, par la stimulation de l'activité économique.

Les données statistiques publiées par le BNDES prouvent la réorientation de la banque allant d'une action très concentrée

[1] https://www.cartaobndes.gov.br/cartaobndes/paginascartao/Catalogo.asp?Acao=BS&CTRL=

[2] C'est une opération dite « indirecte » car le BNDES n'a pas la présence locale des banques privées.

[3] Entretien avec Demian Fiocca.

vers les grandes entreprises et le Sud, à une action plus globale. Il eût été intéressant de croiser ces données (sur la concentration régionale et par taille d'entreprise) mais, malgré nos demandes adressées au service des statistiques et à la présidence du BNDES, il n'a pas été possible d'y accéder. Les fichiers qui ont été utilisés pour cette étude ne présentaient pas de données croisées et ne pouvaient pas être utilisés dans ce sens.

Le BNDES : un prêteur omniprésent pour l'industrie

Pour aller plus loin dans l'analyse des déboursements du BNDES, il faut prendre en compte ses priorités sectorielles. Si l'on observe le total des déboursements de 1999 à 2012, on note des évolutions qui contredisent la théorie d'une démission de l'État dans l'économie. Premièrement, si l'on se penche sur les déboursements par secteur et par an en pourcentage des déboursements totaux, de 1999 à 2012, on remarque deux traits caractéristiques : depuis 2001 les déboursements octroyés à l'industrie de transformation ont remplacé ceux qui avaient été attribués au commerce et aux services. L'industrie extractive reste plus ou moins au même niveau, alors que les déboursements pour l'industrie agroalimentaire diminuent, comme le montrent les courbes suivantes.

Déboursements par grands secteurs d'activité (1999-2013)

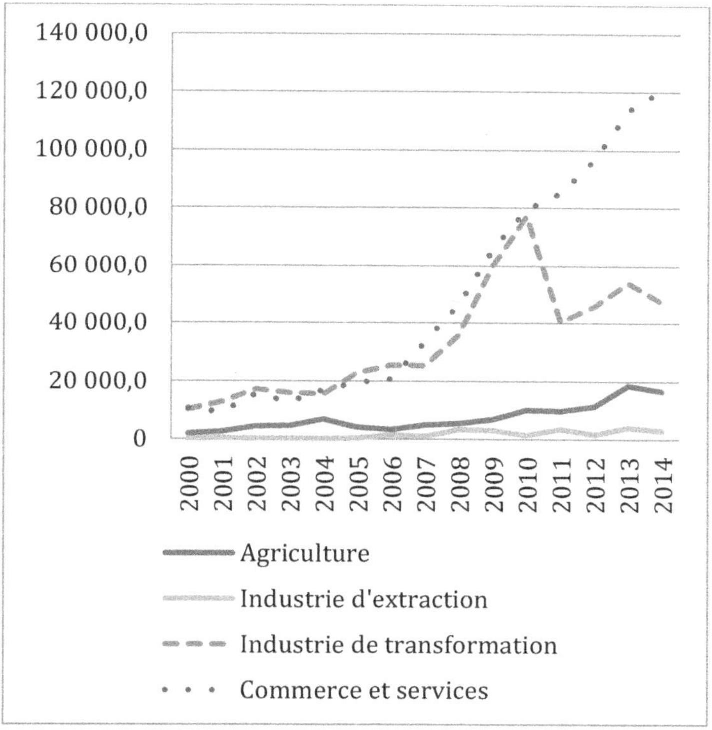

Source : données publiques du BNDES, élaboration personnelle, en millions de réais

En utilisant la comparaison par secteur, on observe un changement important dans la politique industrielle : d'une part, la baisse du financement de l'industrie lourde chimique et métallurgique, qui constitue une activité traditionnelle de développement dépendant, et, d'autre part, la forte augmentation du financement du secteur tertiaire.

En même temps, le financement de l'éducation, de la santé et des services sociaux est faible et diminue. Cela met en évidence que le BNDES n'est pas en charge de ces investissements et qu'il demeure dans une dynamique de développementalisme traditionnel, plus orienté sur la croissance industrielle[1]. En revanche, l'effort de financement paraît se concentrer sur les infrastructures de transports. Il serait intéressant de croiser ces déboursements avec les variables de région, afin de savoir si la politique de développement est dirigée le Sud ou bien vers le Nord qui ne possède pas les infrastructures du Sud. Malheureusement ces données ne sont pas disponibles.

Pour mieux cerner le type d'action du BNDES pour chaque secteur, nous allons observer plus en détail son impact sur certains d'entre eux. Pour travailler sur ce sujet, nous avons utilisé les statistiques publiques du BNDES ainsi que des rapports et publications du BNDES, notamment l'ouvrage commémorant des « histoires sectorielles » à l'occasion des 60 ans du BNDES, publié en 2012, que nous avons déjà cité à plusieurs reprises, des articles de la Revue *BNDES Setorial* et des documents, tels que les *Informe Setoriais*. Cependant, il s'agit toujours d'histoires, de mises en récit, où les données auxquelles nous n'avons eu accès que de façon partielle sont interprétées et présentées dans un certain sens par des fonctionnaires du BNDES. Il faut donc prendre ces informations comme ce qu'elles sont : des informations publiques et publiées par la banque qui, bien qu'elles ne reflètent pas officiellement la pensée de l'institution, n'en sont pas moins liées. Aussi, nous faisons le choix de décrire de manière concise les activités du BNDES, avec un tableau récapitulatif, donnant quelques exemples plus approfondis de secteurs. On peut se référer aux publications du BNDES sur internet[2] pour plus de détails sur chaque secteur. Nous renvoyons à l'Annexe 5 pour les tableaux résumant les activités du BNDES par secteur. Comme on peut le constater, toute sorte de production est concernée.

Prenons maintenant l'exemple de quelques secteurs pour rendre plus claire au lecteur la manière dont le BNDES irrigue tout secteur et sous-secteur de l'économie.

---

[1] La Banque de développement allemande, par exemple, est aussi en charge du financement de crèches. On reviendra sur le rôle de développement social du BNDES.

[2] http://www.bndes.gov.br/SiteBNDES/bndes/bndes_pt/Institucional/Publicacoes/Consulta_Expressa/

Le secteur de la cellulose

Le secteur de la cellulose, spécialement compétitif au Brésil[1], est intéressant car il a réagi plus fortement que les autres à la crise. L'assèchement du crédit a provoqué une diminution de la production entre 2000 et 2009, d'après le document de Vidal et da Hora[2] qui se fondent sur des données du cabinet de conseil Risi[3] : malgré cette diminution, la part de production brésilienne sur la production mondiale de cellulose est passée de 4,4 % à 8,7 %. Le constat que Risi fait sur la production de papier est similaire, avec une prise d'importance de la production nationale et une croissance soutenue tous les ans. De surcroît, selon un rapport de l'ABIPA[4], la production de panneaux de bois augmente en moyenne de 5,4 % par an.

La plupart des projets dans le secteur sont soutenus par le BNDES qui, entre 2001 et 2010, a déboursé 5,4 milliards de réais pour l'industrie de la cellulose en opérations directes. Un seul projet d'envergure, Celulose Nipo-Brasileira S/A (CENIBRA), n'a pas été financé par la banque. L'appui direct et indirect du BNDES a été de 9,4 milliards, avec presque un milliard en moyenne annuelle. Parmi les opérations de prêts directs, 99 % sont destinées à de grandes entreprises ; parmi les prêts indirects (en moyenne 24 millions de réais par opération de 2001 et 2006), 62 % vont aux grandes entreprises – ce qui correspond, d'après le BNDES, à la réalité du secteur – et 27 % aux moyennes entreprises. Entre 2001-2010, le BNDES a déboursé en tout 13,8 milliards[5], dont une part importante pour la fusion entre VCP et Aracruz qui a donné naissance à Fibria,

---

[1] Le nombre d'hectares de forêt plantés chaque année a été de 3,7 % au Brésil d'après la FAO, ce qui place le pays dans la huitième position mondiale. Le Brésil est aussi leader pour la production de divers produits à base de bois.

[2] André Foster Vidal et André Barros da Hora sont, respectivement, directeur et gérant du Département du BNDES dédié à ce secteur. Leur article permet de retracer avec précision le rôle joué par le BNDES : André Carvalho, Foster Vidal e André Barros da Hora, « A atuaçao do BNDES nos setores de florestas plantadas, painéis de madeira, celulose e papéis: o periodo 2001-2010 », *BNDES Setorial* 34 (septembre 2011), p. 133-172.

[3] http://www.risiinfo.com/

[4] ABIPA = Associação Brasileira da Indústria de Painéis de Madeira. Filipe Lage de Sousa org., *BNDES 60 anos. Perspectivas setoriais*, *op. cit.*, vol. 1, p. 337-339.

[5] André Carvalho Foster Vidal e André Barros da Hora, « A atuaçao do BNDES nos setores », *art. cit.*, p. 133.

leader mondial de la production de cellulose d'eucalyptus. Ce financement se place dans la perspective du BNDES de créer des entreprises internationalement puissantes. D'après un rapport du ABRAF[1], le BNDES est responsable de 41 % des plantations d'eucalyptus et de 29 % des plantations de pins dans la période 2001-2011 ; en tout, le BNDES a financé la plantation de 1174 hectares. L'innovation technologique et la création de nouvelles entreprises ou de projets constituent deux points majeurs du rôle du BNDES dans le secteur. Selon Vidal et da Hora, 75 % de ce que le BNDES a déboursé en dix ans a été destiné à de nouveaux projets. Concernant le financement actionnaire du BNDES, l'institution n'a financé que trois entreprises, Ibema, Suzano et Fibria, qui ont reçu 2,6 milliards de réais. De ces 2,6 milliards, 2,4 ont été destinés à la fusion de VCP avec Aracruz Celulose.

Les biocombustibles

Les biocombustibles sont un autre exemple de secteur où l'action croissante du BNDES est orientée vers des entreprises de taille moyenne, tout en impliquant des enjeux internationaux.

La part des déboursements au secteur sur les déboursements totaux du BNDES a été en moyenne, de 2008 à 2011, de 5,5 %[2]. Majoritairement, les déboursements se font en direction du Sud et du Sudeste[3], où se trouvent les plantations de canne à sucre, avec un pic des déboursements en 2010 (8,3 milliards de réais). Remarquons l'évolution rapide du secteur : en 2000, moins de 500 millions avaient été alloués aux entreprises sucro-énergétiques.

La pièce maitresse du soutien de l'État au secteur est le PAISS (Programa Conjunto de Apoio à Inovaçao tecnólogica Industrial dos Setores Sucroenergéticos e Sucroquimico)[4]. C'est

---

[1] ABRAF = Associação Brasileira de Produtores de Florestas Plantadas.

[2] « O setor sucroenergético em 2011 », *Informe Setorial*, Area Industrial, mars 2012, n°22, p. 1.

[3] La canne à sucre étant majoritairement produite dans le sud, l'État de São Paulo est responsable de 60 % de la production nationale et reçoit 45 % des déboursements du BNDES.

[4] Diego Nyko et al., « A corrida tecnológica pelos biocombustíveis de segunda geração :

un programme du BNDES et du FINEP[1] qui a bénéficié à vingt-cinq entreprises, dont des *new comers*, pour 3,1 milliards de réais d'investissement. Deux autres directions se dégagent : d'abord, rechercher un impact positif des investissements sociaux exigés[2], visant à construire par exemple des écoles ou des hôpitaux à la marge de la plupart des investissements industriels ; ensuite, ménager l'environnement en promouvant un développement durable. En 2011, la perspective pour 2012 était d'une reprise du secteur[3], les déboursements du BNDES devaient dépasser les 5 milliards de réais en 2013 grâce à BNDES PSI-bens de capital, au BNDES Prorenova et au PAISS[4].

Ce secteur est un exemple d'action du BNDES menée en direction de l'étranger. Le grand problème du bioéthanol est qu'il est difficile à exporter car les États hésitent encore à l'utiliser. Or, l'exportation est une nécessité, car le marché intérieur ne suffit pas, obligeant donc le Brésil à intervenir internationalement pour faire baisser les barrières dans divers pays. C'est là le sens de l'action du BNDES sur la scène internationale en faveur du bioéthanol, souligné lors de la première Conférence internationale sur les Biocombustibles organisée par le ministère des Affaires étrangères brésilien, le Centro de Gestão e Estudos Estratégicos (CGEE), la CEPAL et la FAO (17-21 novembre 2013). La conférence a abouti à un *Livro verde*, financé par le BNDES, intitulé *Bioetanol de Cana-de-Açúcar – Energia para o Desenvolvimento Sustentável*, distribué pour favoriser la construction d'un tel marché. Le fait que le Brésil soit le principal exportateur de bioéthanol de canne à sucre, et que ce carburant dépende de l'agriculture pour sa

---

uma perspectiva comparada », *BNDES Setorial* 32 (septembre 2010), p. 5-48. Voir aussi Pierre Audinet, *L'État entrepreneur en Inde et au Brésil – Économie du sucre et de l'éthanol*, Paris, L'Harmattan, 1998.

[1] Diego Nyko et al., « O setor sucroenergético em 2011 », *Informe Setorial*, Area Industrial n° 22 (mars 2012), p. 3.

[2] Entretien avec Luiz Muzzi.

[3] Artur Yabe Milanez, Diego Nyko, Jorge Luiz Faria Garcia, Brunno Luiz Siqueira Ferreira Soares dos Reis, « O déficit de produçao de etanol no Brasil entre 2012 e 2015: determinantes, consequências e sugestões de política », *BNDES Setorial* 35 (mars 2012), p. 277-302, surtout p. 281.

[4] Artur Yabe Milanez, Diego Nyko, « O BNDES e o setor sucroenergético em 2012: a inovação como prioridade », *Informe Setorial*, Area Industrial n° 25 (juin 2013), p. 1-4.

production – donc, en dernière instance, du climat et de la récolte –, provoque la réticence d'importer de la part de plusieurs pays qui se méfient des pénuries et des interruptions. Par conséquent, le BNDES finance des études conjointement avec l'UEMOA depuis 2007, suite à un *Memorando de Entendimento*, voté par le Congrès national brésilien en 2009, qui réfléchit sur l'opportunité de produire du bioéthanol en Afrique de l'Ouest et propose d'installer des usines en Amérique latine et en Afrique. Le but de cette opération est d'avoir plus d'exportateurs mais aussi d'internationaliser des entreprises brésiliennes en finançant leur installation en Afrique. Le BNDES souhaite attirer des investissements brésiliens dans les pays de l'UEMOA, bénéficiant à des exportateurs brésiliens de machines et d'équipements agricoles, tout en renforçant l'offre et la demande internationale d'éthanol et, ainsi, le secteur sucroalcoolique brésilien.

L'économie créative et les nouvelles technologies

Lorsque l'on s'interroge sur l'avenir de l'État développementaliste, on s'interroge sur les nouveaux secteurs que celui-ci sera amené à créer et à faire éclore et grandir. Après la pétrochimie, le ciment et le minerai, apparaissent comme des chantiers d'avenir la haute technologie, les secteurs de l'économie créative ainsi que celui de la santé.

Peter Evans[1] voit dans l'économie créative[2] et dans celle des services un secteur dynamique pour l'État développementaliste du XXIe siècle. Le secteur est en quelque sorte inépuisable et potentiellement très compétitif, chaque pays se spécialisant là où se situe son avantage comparatif, par exemple dans le design, la bande dessinée ou encore la mode. D'après le site RAIS[3], en 2011 le secteur de l'économie créative correspondait à presque

[1] Peter Evans, « In Search of the 21st Century Development State », *The Centre for Global Political Economy*. Working Paper n° 4, Brighton, University of Sussex, décembre 2008. Lidia O. Goldenstein, « O desafio da economia criativa », *Digesto Econômico* LXV, 458 (mai 2010).

[2] John Howkins, *The Creative Economy. How People Make Money from Ideas*, London, Penguin Books, 2001.

[3] Site RAIS = Relaçao Anual de Informaçoes Sociais, 2011: www.rais.gov.br/

2 % des emplois – auxquels il faut ajouter une part d'emplois informels –, et représentait 18,2 % du PIB[1]. Le secteur est concentré dans le Sudeste, surtout à Rio et à Saõ Paulo, dans des micro ou petites entreprises qui représentent 98 % des emplois de ce secteur. Selon le même document, le salaire moyen du secteur est de 30 % plus élevé que le salaire moyen dans le pays. Depuis 1995 le BNDES finance aussi le secteur de la culture[2] et du cinéma. En 2006 le programme PROCULT[3] a été instauré pour soutenir des projets dans l'édition, la musique, le design informatique, les arts du spectacle ou le patrimoine culturel. Cela passe par l'utilisation de diverses méthodes de financement, à la fois des prêts remboursables ou non remboursables, ou encore le Cartão BNDES.

En sus de la technologie médicale où il a fait son entrée, dans le cadre d'une politique fédérale allant dans ce sens, le BNDES accroît depuis plusieurs années sa présence dans la haute technologie. Le complexe électronique reçoit, par exemple, un fort appui institutionnel et financier. En 1964 le Funtec avait été créé pour financer la recherche et le développement. Le BNDES ne se limite pas à octroyer des prêts mais il aide aussi à formuler des politiques stratégiques d'investissement pour le secteur, dans le but de renforcer les entreprises. Il s'oriente de façon à investir davantage pour les logiciels et les services, attirant plus de capitaux étrangers. En outre, il contrôle des entreprises, comme SIX, l'usine technologique la plus avancée de l'hémisphère sud.

Parmi les différents programmes utilisés par le BNDES, il faut noter que les déboursements du fonds Funtec non remboursable se sont élevés à 80 milliards de réais entre 2007 et 2011, et ceux du Prosoft Empresa à 1,6 milliard depuis 2000[4]. Le programme Cartão BNDES a permis de dépenser 302 millions de réais pour des micro, petites et moyennes entreprises afin de financer des logiciels nationaux. Les entreprises

---

[1] Selon FIRJAN (Federação das Indústrias do Estado do Rio de Janeiro), p. 178.

[2] De 1997 à 2011, 1844,346 milliards ont été investis dans le secteur de la culture : voir *BNDES 60 anos. Perspectivas setoriais*, *op. cit.*, vol. 2, p. 181.

[3] PROCULT = Programa para o Desenvolvimento da Economia da Cultura (Programme pour le développement de l'économie de la culture).

[4] *BNDES 60 anos. Perspectivas setoriais*, *op. cit.*, vol. 1, p. 86.

soutenues par BNDES Prosoft entre 2006 et 2007 ont augmenté leur chiffre d'affaires de 18,3 % et celles n'ayant rien reçu, seulement de 16,1 %. L'augmentation du personnel Recherche & Développement a été de 5,8 %, contre seulement 1,5 % dans le « groupe de contrôle ». Le texte *Avaliação do apoio do BNDES ao setor de software e serviços de IT*[1], préparé par André Medrado et Ricardo Rivera, est le document de base attestant la présence du BNDES dans le secteur. Les auteurs, qui sont fonctionnaires du Departamento de Tecnologia da Informação e Comunicação du BNDES, estiment que la banque s'occupait peu du secteur des logiciels avant la création du programme Prosoft[2] en 2007. Celui-ci recouvre plusieurs objectifs : augmenter le poids des entreprises nationales dans la production et l'exportation, promouvoir l'internationalisation de ces entreprises ainsi que l'innovation[3]. Le BNDES intervient dans le secteur, selon les auteurs, depuis treize ans, ayant déboursé 4,67 milliards de réais[4], dont 82 % à travers le programme Prosoft, mais il a accru ses activités surtout depuis

[1] André Medrado, Ricardo Rivera, « Avaliação do apoio do BNDES ao setor de software e serviços de IT », *BNDES Setorial* 38 (septembre 2013), p. 329-372.

[2] Le programme Prosoft est divisé en sous-programmes. Le Prosoft Empresa fait des prêts à partir d'un million pour de jeunes entreprises, et jusqu'à 10 millions, mais avec des contreparties sur la qualité de la gestion. Le Prosoft Comercialização finance les acheteurs de logiciels brésiliens. Ce programme agit en parallèle au Cartão BNDES, qui exclut cependant les moyennes-grandes et grandes entreprises (210 millions de déboursements par le Cartão BNDES en 2012). Le peu d'envergure du programme Prosoft est dû à un manque de demande de logiciels nationaux, mais il est conservé car le BNDES attend des commandes du secteur public (André Medrado e Ricardo Rivera, « Avaliação do apoio do BNDES, *art. cit.*, p. 344) qui pourra ainsi bénéficier d'une aide à l'achat de ces logiciels. Le Prosoft Exportação devrait financer l'exportation, mais il a été supprimé car les barrières à l'exportation étaient autres que financières. La volonté d'internationaliser demeure, soutenue par Prosoft Empresa et BNDES Exim. Il existe aussi des fonds d'investissement gérés conjointement par le BNDES et les banques de développement régionales : c'est le cas de Criatec I, II, III dont le but est de financer des starts-up. La planification du BNDES vise à soutenir les petites et micro entreprises innovantes tout en travaillant à la constitution de géants du secteur. Il incite des entreprises brésiliennes, que le Prosoft a renforcées, à agir sur le modèle d'Apple ou Google, achetant des petites entreprises très innovantes en Israël ou en Californie. Enfin le BNDES essaie d'attirer des multinationales du secteur : celles-ci peuvent profiter du développement du « pré-sal » ou du système de téléphonie de bande large pour installer des centres de recherche d'échelle mondiale.

[3] André Medrado, Ricardo Rivera, « Avaliação do apoio do BNDES ao setor de software », *art. cit.*, p. 333.

[4] André Medrado, Ricardo Rivera, « Avaliação do apoio do BNDES ao setor de software », *art. cit.*, p. 341.

2003. Les entreprises visées par le Prosoft Empresa sont en majorité des petites entreprises et les opérations, de petites opérations. Il reste que le 20 % des opérations pour les moyennes-grandes et grandes entreprises correspondent à 81 % de la valeur totale déboursée. Selon l'ABES[1], le Prosoft a prêté à 17 % des 170 entreprises du secteur. Cette action doit être replacée dans une perspective plus large car l'impulsion est donnée par le gouvernement fédéral : dans la Politica de Desenvolvimento Produtivo (2008), et auparavant dans le PITCE[2], le software est prioritaire. Il en va de même dans le Plano Brasil Maior, qui prévoit l'exonération de certaines taxes pour ce secteur, et dans le Plano TI Maior.

Ces quelques exemples que nous avons proposés permettent de mettre en lumière l'intervention du BNDES dans toutes les branches, même les plus spécialisées, de l'appareil productif national.

Le BNDES est-il une banque d'exportation ?

Un des objectifs du plan Política de Desenvolvimento Produtivo (PDP) est de diversifier et d'augmenter les exportations pour améliorer la balance commerciale. Parmi les cent soixante-quinze moyens (*medidas*) prévus, l'accroissement des financements du BNDES (Novo Revitaliza) et le perfectionnement des programmes de financement aux exportations (Proex equitalizaçao, PROEX financiamento) sont parmi les plus significatifs. De même, l'ambition du PDP était d'augmenter la part des exportations nationales dans les exportations mondiales de 1,18 % en 2007 à 1,25 % en 2010. La diversification porte tant sur ce qui est exporté que sur les pays importateurs : en plus des pays traditionnels (États-Unis, Europe), notons une augmentation des importations des pays en développement, notamment la Chine, de 49 % en 2007 à 56,7 %

[1] ABES =Associaçao Brasileira das Empresas de Software. Voir le rapport *Mercado Brasileiro de software : panorama, tendências*, 2012.

[2] PITCE = Política Industrial, Tecnológica e de Comércio Exterior.

en 2009[1]. On peut faire les mêmes remarques pour le Plano Brasil Maior (PBM)[2].

Lors de l'entretien qu'il m'a accordé en mars 2014, Ernani Teixeira Torres Filho, qui a travaillé dans le secteur de l'exportation du BNDES, a expliqué que le financement à l'exportation avait pour but d'exporter des *commodities*, machines et équipements, et ensuite des services (Odebrecht, Andrade Guttierez, en Amérique latine et en Angola), avec des garanties du gouvernement fédéral. Le choix du BNDES de se lancer dans l'exportation dériverait, selon lui, du fait qu'il conservait trop de passifs. L'exportation permettait aussi de relancer l'industrie.

Le programme BNDES-Exim (anciennement Finamex) est l'instrument principal du BNDES pour soutenir les exportations, que ce soit par du crédit pré-embarque ou pós-embarque. Selon un document de 2005[3] relatant l'évolution du rôle du BNDES pour l'exportation, celui-ci veut favoriser l'exportation de produits avec la plus grande valeur agrégée possible, comme les avions Embraer, des véhicules, des machines agricoles ou de l'électronique – produits hautement technologiques – et des services. Diverses lignes existent : sans entrer dans le détail, mentionnons par exemple la Linha pos-embarque[4] (*buyer credit*) qui finance l'acheteur jusqu'à 100 % des coûts de l'opération d'exportation.

En outre, les garanties du Trésor (Fundo de Garantia à Exportação) sur le crédit à l'exportation sont gérées par la Seguradora de Créditos à Exportação (SCE). Dans les années 1990, le BNDES a commencé à faire des opérations avec la garantie indirecte de la Banque centrale du Brésil selon le Convênio de crédito recíproco (accord sur les paiements

---

[1]Données statistiques publiques du BNDES : http://www.bndes.gov.br/SiteBNDES/bndes/bndes_pt/Institucional/BNDES_Transparente/Estatisticas_Operacionais/

[2] Par exemple, le BNDES fait partie du Comitê de Análise de Ex-tarifários dont font également partie le CaED, le Camex et la Secretaria de Desenvolvimento de Produção.

[3] Voir Fabrício Catermol, « BNDES-*exim*: 15 anos de apoio às exportaões brasileiras », *art. cit.*, p. 3-30, surtout p. 7.

[4] Entretien avec Ernani Teixeira Torres Filho.

réciproques et les crédits)[1] pour financer l'exportation : il s'agit d'un système de garanties entre Banques centrales dans lequel la Banque centrale brésilienne se rend responsable de l'opération du BNDES (financer un *buyer-credit*) auprès de la Banque centrale du pays où est installée l'entreprise réceptrice du prêt. Ernani Teixeira Torres Filho explique :

> « Je transformais une dette d'un fermier argentin en une dette de la Banque centrale du Brésil. Le point intéressant est que je pouvais ne pas honorer l'exportateur, mais l'accord entre les Banques centrales me permettait de donner ce crédit au fermier argentin, avec une garantie. Le risque est en fait très bas car la Banque centrale imprime l'argent, et cela est peu coûteux. Ce procédé, parmi d'autres, permettait de réaliser un objectif stratégique pour l'État : la présence d'une industrie sérieuse pour la construction de tracteurs, de carrosseries et de parebrises à la fin des années 1980 a bénéficié du financement pour l'exportation qui relance l'activité et l'emploi, et permet d'augmenter les réserves de dollars. »

Par exemple, l'entreprise d'aéronautique Embraer a été très fortement financée par le crédit à l'exportation car personne ne voulait acheter ses avions. Cet exemple permet de mieux comprendre le rôle du BNDES dans le financement pour l'exportation. Le premier grand contrat d'Embraer a été réalisé avec American Airlines, compagnie du reste dans une situation financière catastrophique. À l'époque, le Trésor ne garantissait pas le crédit à l'exportation du BNDES, ce qui exposait la banque au risque American Airlines. Le BNDES a alors vendu les créances d'American Airlines sur le marché, afin de partager le risque et, avec l'argent récolté, a acheté des titres du Trésor brésilien lesquels étaient plus risqués que ceux d'American Airlines :

> « Il est nécessaire d'utiliser les asymétries du marché. Il faut utiliser les conditions actuelles pour inventer autre chose. Le Trésor ne me donnait pas de garanties ? Tant pis ! Mais je

[1] Entretien avec Ernani Teixeira Torres Filho. L'accord pour les paiements réciproques et les crédits a été signé le 25 août 1982 par l'Association latino-américaine pour l'intégration (ALADI). Sont signataires de l'accord les Banques centrales des pays membres de l'ALADI : Argentine, Bolivie, Brésil, Chili, Colombie, Équateur, Mexique, Paraguay, Pérou, Uruguay, Venezuela et République Dominicaine.

faisais en sorte qu'il me donne ces garanties. Pourquoi les banques brésiliennes ne le feraient-elles pas ? Parce qu'elles ne voulaient pas du risque du Trésor. Pour faire ce que fait le BNDES, il faut une banque qui arbitre les conditions de marché et qui le connaisse très bien[1]. »

Selon un document du BNDES, celui-ci a soutenu en 2010 52 % des ventes d'avions commerciaux et 29 % de celles des jets d'affaires[2] :

« Sans l'appui donné par le BNDES et par le gouvernement (Proex), Embraer aurait eu besoin de recourir au marché privé, entrant donc en compétition avec des entreprises étrangères dans des conditions moins favorables que ses concurrents, qui ont toujours pu compter sur l'appui des Agences de Crédit pour l'exportation[3]. »

L'action du BNDES dans le financement des exportations présuppose qu'une fois que l'entreprise est bien connue sur le marché international (par les contrats entre Embraer, American Airlines, American Eagle et des compagnies européennes), l'action s'arrête. De fait, en ce qui concerne Embraer, l'action du BNDES s'est estompée et est devenue quasi nulle. La multitude de lignes du BNDES pour l'exportation (Linha pré-embarque, 1997 ; Linha pré-embarque curto prazo, 2002 ; Pré-embarque empresa Âncora, 2002) montre que c'est là un enjeu croissant pour la banque : pour autant, le BNDES ne devient pas une agence de crédit à l'exportation (Export Credit Agency[4]). La part des capitaux dédiés à l'exportation passe de 0,86 % en 1999 à 2,85 % en 2013.

---

[1] Entretien avec Ernani Teixeira Torres Filho.

[2] Paulus Vinicius Rocha Fonseca, « Embraer: um caso de sucesso com apoio do BNDES », *Revista do BNDES* 37 (juin 2012), p. 39-66, surtout p. 53.

[3] Paulus Vinicius Rocha Fonseca, « Embraer: um caso de sucesso », *art. cit.*, p. 54.

[4] Marcio N. Migon, Sergio B. Varella Gomes, « O papel crescente das agências de crédito à exportação no setor aeronáutico e perspectivas a partir de 2010 », *BNDES Setorial* (*Setor Aéreo*) 32 (2010), p. 91-112.

Part des déboursements réservés à l'exportation

	Déboursements pour l'exportation	Déboursements totaux	Ratio
1999	2 091 517,3	18 051,5	0,86 %
2000	3 076 394,6	23 045,8	0,75 %
2001	2 602 154,3	25 216,5	0,97 %
2002	3 946 221,7	37 419,3	0,95 %
2003	4 005 891,6	33 533,6	0,84 %
2004	3 861 018,1	39 833,9	1,03 %
2005	5 861 888,8	46 980,2	0,80 %
2006	6 376 402,2	51 318	0,80 %
2007	410 448,9	64 891,8	1,55 %
2008	6 595 136,1	90 877,9	1,38 %
2009	8 308 694,1	136 356,4	1,64 %
2010	11 255 179,2	168 422,7	1,50 %
2011	6 714 630,2	138 873,4	2,07 %
2012	5 466 930,5	155 992,3	2,85 %
2013	7 136 514,1	190 419	2,67 %

Source : Élaboration personnelle à partir de données du BNDES. Valeurs en millions de dollars. L'année 2013 ne contient des données qu'entre janvier et septembre.

Le financement des exportations apparaît ainsi comme un objectif stratégique car il permet de trouver des débouchés au secteur et de favoriser les produits brésiliens.

Les causes politiques d'une politique économique et l'absence de politique sectorielle

L'influence du politique et du BNDES sur les orientations sectorielles peut-elle s'expliquer par la marque des élites ou par un « effet catalogue » ? Nous n'avons examiné que quelques secteurs dans le détail mais le BNDES est partout présent dans l'économie brésilienne. La liste des *Departamentos* du BNDES, affichée en proximité du check-in du bâtiment du BNDES à Rio, montre bien cette omniprésence de l'État : pétrole, gaz minerais, voitures, avions, vitres, autoroutes, mode, services, papier, chimie, meubles... Tout genre de production est l'objet d'une attention soutenue de la part des économistes, des ingénieurs, des juristes et des comptables du BNDES. Les secteurs financés dépassent les secteurs traditionnels de l'industrialisation par substitution aux importations[1]. Comment peut-on comprendre les raisons qui mènent le BNDES à ne pas s'orienter davantage vers l'un ou l'autre d'entre eux ?

La réflexion menée par Peter Evans dans *Embedded Autonomy*[2] apporterait une aide théorique si nous pouvions constater un rôle plus actif de la part du BNDES dans les secteurs : non seulement proposer des financements mais créer et impulser les secteurs. Or nous n'avons pu constater ce rôle, ce qui fait que l'étude des variations sectorielles s'en trouve handicapée.

Actuellement, tous les secteurs sont financés, comme si le BNDES était victime de l'effet « catalogue ». L'ouvrage de Friedberg et Urfalino, *Le jeu du catalogue : les contraintes de l'action culturelle dans les villes*[3] mérite d'être mentionné à ce propos. Il s'agit d'une étude sur les politiques culturelles de plusieurs villes françaises qui montre qu'elles souffrent d'un « effet catalogue », c'est-à-dire que ces villes sont poussées à adopter tous les types de politiques culturelles disponibles ; les petites villes reproduisent ce que les villes régionales avaient réalisé une décennie auparavant. En outre, les villes tendent à accumuler la panoplie complète des activités culturelles (bibliothèques, expositions de peinture, concerts). Cela est sous-tendu par l'idée qu'à partir d'un certain stade (taille de ville, époque) il faut se doter de tel équipement ou de telle action culturelle. Une brève du Centre de sociologie des organisations[4] cite une phrase de Philippe Urfalino qui, confronté à une aporie

[1] Werner Baer, « Import Substitution and Industrialization in Latin America: Experiences and Interpretations », *Latin American Research Review* 7 (1972), p. 95-122.
[2] Peter Evans, *Embedded Autonomy*, *op. cit.*, p. 74-98. Chapitre « Roles and sectors ».
[3] Erhard Friedberg et Philippe Urfalino, *Le jeu du catalogue, les contraintes de l'action culturelle dans les villes*, Paris, La documentation française, 1984.
[4] Brève du CSO, n°10, décembre 1990, CSO, Paris.

interprétative face au choix des politiques culturelles qu'il a constatée lors de réunions de préparation à un rapport pour la Documentation française, avoue qu'il peine à trouver un « système » pour analyser : « "Par bien des côtés, il n'y a pas de système, ce n'est qu'un catalogue !", ai-je dit à Erhard. C'est un problème pour notre analyse ! À partir de cela nous avons formulé le "jeu du catalogue". » Nous avons été confrontés au même problème pour les priorités sectorielles du BNDES : pourquoi tous ces secteurs ? Pourquoi les boissons ? Pourquoi plus de financement à la cellulose ? Il faut néanmoins replacer la question dans le domaine économique, où chaque secteur a une importance centrale (emploi, compétition, complémentarité) par rapport aux autres. On peut observer que le BNDES se sent obligé de financer tous les secteurs, car ne pas les financer tous serait opérer un choix qu'il ne souhaite pas faire et qu'il serait contraint de légitimer. De surcroît, choisir un secteur plutôt qu'un autre équivaudrait à *diriger* le capitalisme, et non seulement à épauler l'activité économique en lui fournissant du crédit. C'est peut-être là que se situe la différence fondamentale entre le BNDES et le capitalisme brésilien d'une part, et, d'autre part, des expériences de capitalisme dirigé de type taiwanais ou coréen guidées par une idée claire des secteurs à financer. Au Brésil, le contenu sectoriel de la politique industrielle est à relier à l'industrialisation par substitution aux importations qui se compose de cinq étapes sectorielles, étalées sur cinq ans[1]. Avec le BNDES, ces cinq étapes semblent être encore présentes, mais de façon simultanée, ce que confirme le caractère très divers et généraliste des plans de politique industrielle dans le pays.

Dans une perspective de sociologie de l'action publique, le BNDES apparaît non comme un « instrument » mais comme une institution. Les instruments sont ses innombrables lignes de crédit, qui sont comme des « produits » présentés sur un catalogue à l'entrepreneur brésilien. Alors que l'instrument peut être considéré, souvent à tort, comme une de ces « innocentes

[1] D'abord on finance les biens de consommation simple, puis les équipements, ensuite l'industrie lourde, les biens de consommation plus complexes et, enfin, on fait en sorte d'exporter (ce qui présuppose une bonne qualité des productions).

inventions »[1], il est éminemment politique étant l'émanation d'un rapport social de force entre l'État et la société. Comme l'écrit Patrick Le Galès[2], « Le risque souvent évoqué des travaux sur les instruments, ou plus généralement sur les institutions, provient de la mise à l'écart des variables politiques. » N'écartons pas ces variables et ne nous contentons pas de l'explication du catalogue. Certes comme l'écrit Dominique Lorrain[3], « le politique ne se penche pas assez sur les détails » et se concentre plus sur l'idée générale que sur les « circulaires, les normes techniques, les protocoles de calculs, et les standards »[4]. Il faut néanmoins concevoir une influence du politique, fût-elle cachée et inavouable, sur ce BNDES, tellement à l'abri nous dit-on (sans doute en partie à raison), de tous les maux de l'administration brésilienne. Faut-il croire, dans le cas du BNDES, à un « désarroi du politique »[5], où la marge de manœuvre politique est annihilée par les considérations techniques et scientifiques de l'économie et de la finance ? La tâche hautement spécialisée et technique du BNDES éloigne-t-elle toute volonté d'influence ? Jusqu'à quel niveau de détail peut aller l'influence politique ?

L'étude des élites et des syndicats patronaux est un autre moyen pour comprendre les raisons politiques des orientations sectorielles. Les organisations patronales ne sont pas aussi puissantes au Brésil qu'au Mexique. Malgré une évolution dans les années 1980, elles restent faibles. Le gouvernement Lula a tenté cependant de leur conférer un rôle plus important :

> « Lula a vivement cherché le dialogue avec le monde des affaires et a œuvré pour incorporer ses représentants ainsi que ceux d'autres groupes sociaux, dans de nouveaux organes consultatifs de gouvernance. Lula a aussi nommé des patrons à la tête des ministères de l'Industrie et de l'Agriculture, ainsi

[1] Patrick Le Galès, « La restructuration de l'État en Grande-Bretagne », *art. cit.*, p. 238.
[2] Pierre Lascoumes et Patrick Le Galès, « Conclusion : de l'innovation instrumentale à la recomposition de l'État », dans Pierre Lascoumes et Patrick Le Galès dir., *Gouverner par les instruments*, *op. cit.*, p. 357-370, p. 366.
[3] Dominique Lorrain, « Le désarroi du politique ? », dans Pierre Lascoumes et Patrick Le Galès dir., *Gouverner par les instruments*, *op. cit.*, p. 163-197, p. 194.
[4] Dominique Lorrain, « Le désarroi du politique ? », *art. cit.*, p. 193.
[5] Cette expression est tirée du titre de l'article de Dominique Lorrain, cité ci-dessus.

qu'à la tête de la Banque centrale. Ces relations étroites de communication et de consultation, du moins durant les premiers mois du gouvernement PT, ont été bien supérieures à celles des gouvernements précédents, depuis 1985. Ces nouveaux liens, s'ils s'avèrent durables, pourraient avoir un effet profond sur les perspectives d'action collective[1]. »

Mais si les associations patronales sont si faibles, comment peuvent-elles influer sur la politique du BNDES ? Il faudrait porter davantage d'attention aux relations interpersonnelles qu'aux relations institutionnelles pour dégager des influences, dans une perspective semblable à celle que Sérgio Lazzarini a adoptée en étudiant les interrelations dans les conseils d'administration. Quels liens existent-ils entre politique partisane, élections et tel ou tel financement ? Quels liens sont-ils tissés entre les évolutions de financement aux secteurs et les « gains de centralité » des diverses unions ou des syndicats d'entrepreneurs des divers secteurs ? Quelles relations entre le personnel politique et industriel peuvent-elles expliquer les orientations du BNDES ? Lors d'une conversation par mail, Sérgio Lazzarini nous a dit que, pour comprendre les orientations sectorielles, les critères politiques étaient sans doute importants. Nous n'avons cependant pu enquêter davantage dans ce sens car cela aurait demandé un travail différent, soit par une recherche sur les syndicats patronaux, soit en s'appuyant sur une base statistique détaillant les dons des entreprises ou des associations patronales aux campagnes électorales, soit avec une étude de réseaux sur les biographies des responsables politiques, en allant du conseiller municipal au ministre. Au-delà des élites économiques et des syndicats patronaux, l'influence politique peut être le fait direct du pouvoir exécutif, donc de la présidence de la République. Antonio Pastori[2], économiste du BNDES ayant travaillé dans de très nombreux secteurs (sidérurgie, voies ferrées, extraction minière) pendant trente ans, nous a dit :

« Pendant le gouvernement Lula, l'interférence politique a pesé, avec des accords, des choses comme ça. En fait, on

[1] Ben Ross Schneider, *Business Politics and the State*, *op. cit.*, p. 126.
[2] Il faut tenir compte du fait que Pastori est influencé par des économistes structuralistes et qu'il relève d'un développementalisme sans doute assez proche de celui des années 1950/1960.

finançait ce qui pouvait donner un retour, direct ou indirect, au gouvernement. Il valait mieux appuyer une entreprise qui générait beaucoup d'emplois, bien qu'elle produise des produits de basse valeur agrégée, comme du minerai de fer. Un de mes combats au sein du BNDES était dû au fait que je crois insensé que le Brésil exporte encore de la terre (le fer) et qu'il continue à importer des rails, faits à l'étranger. J'aurais préféré appuyer des entreprises qui produisent des choses de plus grande valeur. J'ai pris ma retraite du BNDES juste avant l'élection de Dilma Rousseff, je n'ai donc pas d'opinion sur ce point[1]. »

Il est intéressant de noter qu'au sein même du BNDES des voix s'élèvent contre une utilisation de l'institution en tant qu'objet de rétribution politique, comme cela fut le cas dans le gouvernement Goulart.

Par ailleurs nous avons tenté de comprendre les orientations sectorielles du BNDES en nous intéressant à ses marges de manœuvre pour le choix ou la sélection des secteurs. Nous avons été étonnés lorsque nous avons demandé à nos interlocuteurs comment étaient définies les politiques sectorielles de la banque : tous nous ont répondu que le BNDES n'a pas de priorités sectorielles. Luiz Carlos Prado, assesseur à la présidence du BNDES pendant le gouvernement Lula et professeur d'économie à l'Université Fédérale de Rio de Janeiro, estime que la politique industrielle du BNDES pendant la présidence Cardoso avait pour but de « viabiliser le secteur privé à partir des privatisations »[2]. Durant le premier gouvernement Lula, l'État s'empare de la question sectorielle et souhaite créer de secteurs tels que la chimie fine, la biotechnologie, l'informatique, ou du moins les renforcer (crédit, participation en *equity* pour permettre plus de crédit). Pour les acteurs interrogés cependant, le BNDES garde son autonomie, ce qui rend difficilement compréhensible l'imposition de directives sectorielles par le gouvernement :

« Le BNDES a de la marge, même au sein des politiques fédérales. Si sa politique ne correspond pas à celle du

---

[1] Entretien avec Antonio Pastori. La situation qu'il décrit – le Brésil exporte du fer pour importer des rails – est un exemple flagrant de dépendance économique dans un secteur.

[2] Entretien avec Luiz Carlos Prado.

gouvernement fédéral, alors le gouvernement peut changer les directeurs de départements. Il ne le fait pas souvent, car cela aboutirait à une crise. En théorie les directeurs sont nommés par le président du BNDES, c'est vrai, mais dans la pratique, si la Casa Civil n'est pas d'accord, le directeur n'est pas nommé. »

Concernant le mandat de Carlos Lessa, Prado soutient que les priorités sectorielles de l'époque concernaient l'internationalisation des entreprises -- ce qui pouvait poser un problème car les capitaux du FAT doivent être utilisés pour créer de l'emploi dans le pays et pas à l'étranger.

Par ailleurs, avec l'accroissement des liquidités du BNDES, notamment le prêt du Trésor (la dette du BNDES vis-à-vis du Trésor en 2007 était de 15 milliards de réais ; en décembre 2013, de 403 milliards), les restrictions budgétaires internes font évoluer les pratiques de sélection des projets comme le montre le tableau de la page suivante. Ici encore, il faut tenir compte de la procédure d'approbation des prêts : la *carta consulta* est proposée, elle peut être rejetée ou acceptée, puis contractée et déboursée. Le tableau met en évidence qu'en 1999, seulement 56 % des projets présentés à la banque en *carta consulta* ont été approuvés. En 2013 ce ratio est de 83 %. Toutefois, il est difficile de tirer davantage de conclusions de ce tableau, et peut-être ce serait surinterpréter que d'essayer de comprendre chaque chiffre en fonction de la présidence du BNDES.

Projets approuvés sur les projets proposés

Année	Consultation (*Carta Consulta*)	Approbation	Pourcentage des projets approuvés
1999	34 844	19 539	56 %
2000	43 138	27 625	64 %
2001	37 239	27 130	73 %
2002	44 010	41 073	93 %
2003	44 558	40 364	91 %
2004	98 395	37 897	39 %
2005	90 609	54 495	60 %
2006	106 052	74 319	70 %
2007	126 835	98 721	78 %
2008	175 805	121 371	69 %
2009	223 946	170 175	76 %
2010	255 886	200 665	78 %
2011	195 177	164 462	84 %
2012	312 305	260 069	83 %
2013	277 423	239 615	**86 %**

La politique et la marge de manœuvre de la banque dans l'orientation du marché vers un secteur ou un autre dépendraient presque exclusivement de la manipulation des taux des prêts, selon les secteurs, et de la part maximale de financement de la banque pour chaque projet par secteur. Selon Demian Fiocca, investir dans tous les secteurs, comme le fait le BNDES, dépend plus de la demande de crédit que des manipulations de l'offre de crédit par le BNDES[1]. Malheureusement, il n'existe pas assez de données statistiques en libre accès pour analyser le comportement du BNDES en cas de restriction budgétaire. Comme le note Fiocca, lors de la gestion Mantega, lors de la

[1] Nous avons cité les paroles de Demian Fiocca en exergue à ce chapitre.

sienne comme lors de la gestion Coutinho, président du BNDES depuis mai 2007, il n'y a pas eu de restrictions.

Nous devons remarquer que, quel que soit le fonctionnaire du BNDES que nous avons interrogé au sujet de la façon dont le BNDES peut orienter le crédit, la réponse est la même. Selon Luiz Muzzi[1], le développement des prêts du BNDES ne dépend pas du gouvernement : le BNDES appuie tous les secteurs et sa marge de manœuvre n'est pas très grande car elle se trouve dans la différence des taux d'intérêt. Les taux d'intérêt du BNDES sont basés sur le taux TJLP et sa marge de manœuvre est dans les *spreads* ajoutés au taux de base TJLP[2]. La TJLP, qui ne varie pas, est majorée par le *spread básico* qui varie peu (de 0,9 à 1,3 % environ) et par le spread de risque (selon le risque de l'entreprise, de 3 % à 3,5 %). Des lignes de crédit spécifiques, des programmes du BNDES ou des programmes du gouvernement peuvent être créés afin d'orienter l'investissement, comme c'est le cas des programmes et des lignes mentionnés dans ce chapitre. Ces programmes ne contiennent pas l'intégralité des financements du BNDES, qui sont régis par la politique normale du BNDES (TJLP + spread de base + spread de risque). Dans ces conditions, le BNDES peut-il encore être un creuset d'où naissent ex nihilo des entreprises et des secteurs ? Est-ce encore son but ? Le BNDES est-il devenu une banque d'investissement semblable à d'autres banques commerciales ?

Le lien patent entre politique et accroissement de la puissance du BNDES

L'accroissement des activités du BNDES doit être envisagé en prêtant une attention particulière aux changements politiques entre les présidences Cardoso, Lula et Rousseff. Le PT a fait le choix d'un BNDES beaucoup plus puissant et actif. Tout

---

[1] Entretien avec Luiz Muzzi.

[2] Le *spread* – « écart » en anglais – est l'écart entre un taux de base et un autre taux. Par exemple, pour dire si un pays européen peine à se référencer, on dit que son *spread* vis-à-vis du taux de refinancement de la dette allemande est très haut. Il faut comprendre : alors que l'Allemagne se finance sur les marchés à un taux de x %, un autre pays (Grèce, Italie, Espagne…) se finance à x+spread %. Dans notre cas, réduire le spread signifie réduire le taux final auquel le BNDES prête, l'objectif étant de prêter moins cher.

d'abord, les déboursements totaux augmentent et passent de 18 051,5 millions de réais en 1999 à 37 419,3 millions à la fin de l'ère Cardoso, en décembre 2002. Lorsque la gauche prend le pouvoir, l'augmentation s'accélère.

Le premier gouvernement Lula (janvier 2003-janvier 2006) a établi une différenciation entre l'aire d'influence du ministère de l'Économie et celle du ministère de l'Industrie, du Commerce et du Développement. Le ministère de l'Économie a été confié par Lula à Antonio Palocci, et la Banque centrale à Henrique Meirelles, donnant ainsi une couleur conservatrice, rassurante pour les marchés, à leur gestion. Le BNDES, dirigé par Guido Mantega, est lié (*vinculado*) au ministère de l'Industrie, du Commerce et du Développement, plus développementaliste et hétérodoxe.

Jusqu'en 2003, l'accélération des déboursements du BNDES est faible et pas très régulière, mais après l'élection de Lula, nous constatons une forte accélération, passant de 33 533,6 de réais en 2003 à 90 877,9 à la fin du premier mandat de Lula. Le taux de 2007 à 2010 de l'augmentation moyenne est de 1,35 %, et de 2000 à 2003, il est seulement de 1,19. Selon Pérsio Arida, l'augmentation de la taille du BNDES a eu lieu depuis 2005, mais surtout depuis 2008[1], et cette tendance n'a pas été remise en cause par le retour à la normale de l'économie. Cette analyse est confortée par les données que nous avons du BNDES et indique que son développement ne répond pas, dans son ensemble, à une logique contra-cyclique.

Dans la première année complète du mandat de Rousseff (2011), il y a une diminution importante des dépenses, de 168 422,7 de réais en 2010 à 138 873,4 en 2011. Nous ne devrions pas conclure à un changement radical de la politique, si l'on compare les dépenses par mois entre les sept premiers mois de 2013 et les sept premiers mois de 2010.

Lorsque Carlos Lessa était président du BNDES, il avait la possibilité de récupérer d'immenses quantités d'argent qui

---

[1] Entretien avec Pérsio Arida.

avaient été prêtées mais n'avaient pas été rendues[1]. Le FMI exigeait à l'époque un équilibre dans les comptes publics : si le gouvernement fédéral contractait de nouveaux crédits, cela allait à son discrédit. Du point de vue du FMI, l'État devait payer sa dette au gouvernement fédéral, et ainsi améliorer le ratio de la dette, si une entreprise appartenant à une institution des États fédérés (*estadual*) venait à être vendue. Selon l'analyse de Lessa, Cardoso décida alors une stratégie. Banespa, une banque très importante de l'État de Saõ Paulo, fut vendue par le gouvernement, devenant la filiale brésilienne de Santander. L'acheteur de Banespa transféra alors les capitaux au gouvernement fédéral qui les utilisa pour réduire la dette de l'União. Ainsi le gouvernement Cardoso acceptait le Consensus de Washington. Durant la privatisation, quand un groupe achetait une entreprise publique, il était financé par le BNDES pour qu'il puisse payer le gouvernement fédéral. En prêtant, le BNDES avait des actifs qui étaient les créances de l'entreprise privée acheteuse : une fois remboursé, le prêt rembourse la dette. Ce processus compliqué est, selon Lessa, un dévoiement de l'action du BNDES : « Du point de vue du FMI, on était en train d'améliorer les comptes publics. Du point de vue opérationnel, le BNDES n'était pas en train de développer de nouvelles capacités productives. » C'est ce fonctionnement que Lessa qualifie de « squelette ».

Sur cette toile de fond se greffe la question des impayés : les entreprises ayant fait des achats – dans l'électricité notamment – n'ont pas remboursé le BNDES. La prise de position de Lessa a été de faire payer ces entreprises (elles étaient une vingtaine dans cette situation ; une d'entre elles devait 1,7 milliard de réais au BNDES), ce qui permit un plus grand nombre de déboursements par la suite.

Néanmoins l'exemple le plus intéressant du lien entre politique du BNDES et décision politique au niveau fédéral peut se lire dans le récit de la démission de Carlos Lessa de la présidence de la banque. La politique des taux du BNDES – surtout la TJLP –, fut la cause de son départ, en novembre 2004.

[1] Entretien avec Carlos Lessa.

Lessa avait établi des contacts avec le président de la Banque centrale, Henrique Meirelles, demandant une diminution du taux (cette diminution est le fait de la Banque centrale, non du BNDES). La révision à la baisse du taux de base des prêts du BNDES est une ambition éminemment développementaliste, qui, cependant, ne fut pas considérée comme recevable par la Banque centrale qui poursuivait les ambitions orthodoxes de stabilisation du gouvernement. Le graphique suivant illustre les évolutions depuis janvier 1995 du taux TJLP (crédit public), que Lessa voulut faire baisser :

Évolution mensuelle de la TJLP (01/1995-10/2015)

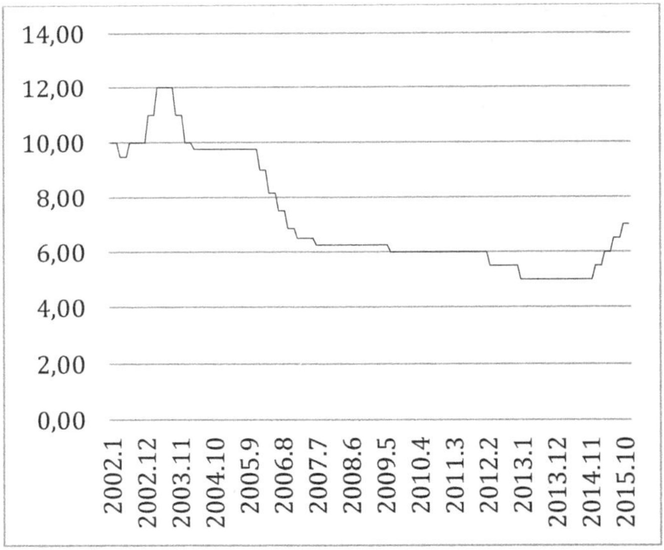

Source : données publiques du BNDES.

L'opposition entre l'idée développementaliste et l'idée orthodoxe se dessine clairement : soit faire baisser la TJLP ainsi que le prix du crédit public et développer les prêts du BNDES au détriment de leur rentabilité ; soit stabiliser l'économie, sans baisser les taux directeurs de la Banque centrale. Cette dernière position était défendue par le ministre Palocci et par Meirelles.

Le conflit entre Lessa, la Banque centrale et le ministère s'explique par les tensions et les rapports de force qui marquent les relations entre le BNDES et les autres institutions, sachant que le BNDES est plus puissant que le ministère. Le ministère de l'Économie souhaitait avoir une influence sur le BNDES, de façon à canaliser son action ; il est par ailleurs présent dans son conseil d'administration mais ne décide pas des nominations des directeurs. L'autonomie du BNDES est donc « raisonnable » [1]. Les quatre premières années du mandat de Lula ont présenté des conflits entre ces deux segments et ces deux idéologies du gouvernement, et c'est principalement pendant le second mandat de Lula (2006-2011) que la tendance développementaliste se renforce par le développement d'une politique industrielle, une augmentation de l'importance du BNDES[2] et des politiques sociales plus volontaristes[3]. Cette crise illustre les limites que l'État fédéral est en mesure d'imposer à l'action du BNDES, simplement par l'acceptation ou le refus de modifications du taux TJLP.

On peut ainsi conclure par deux observations : tout d'abord, l'action du BNDES est omniprésente dans l'économie et irrigue de crédit peu coûteux tous les secteurs ; cette irrigation ne semble cependant pas très dirigée et relève plutôt de mécanismes de marché. Ensuite, l'État impose en dernier ressort des limites à l'action du BNDES en jouant – ou en refusant de jouer – sur l'un des taux d'intérêt les plus importants de l'économie au Brésil : la TJLP. On peut néanmoins atténuer ce diagnostic en s'intéressant aux plus grands projets du BNDES.

Nous avons récolté les données du BNDES qui indiquent les contrats qu'il a signés depuis 2008[4]. Chaque fichier présente l'intégralité de ces contrats, par an, avec la valeur du contrat, le

---

[1] Entretien avec Luiz Carlos Prado.

[2] Entretien avec Luiz Carlos Prado.

[3] À ce sujet, on peut consulter utilement l'article de deux conseillers du ministère de l'Économie. Nelson Barbosa, José Antonio Pereira de Souza, « A inflexão do governo Lula: política econômica, crescimento e distribuição de renda », dans Emir Sader, Marco Aurélio Garcia, *Brasil entre o Passado e o Futuro*, São Paulo, Boitempo Editorial, 2010. Voir aussi Demian Panigo et Carlos Quenan, « La situation macroéconomique du Brésil 2003-2004 : un bilan préliminaire », dans Denis Rolland et Joëlle Chassin (coord.), *Pour comprendre le Brésil de Lula*, Paris, L'Harmattan, 2004, p. 81-113.

[4] http://www.bndes.gov.br/SiteBNDES/bndes/bndes_pt/Institucional/BNDES_Transparente/Consulta_as_operacoes_do_BNDES/operacoes_diretas.html

nom du client et la description du projet. Nous avons sélectionné les dix plus importants projets de 2008 à 2013 : par exemple, en 2013 Petrobras Netherlands B.V. (PNBV) a contracté un prêt de 9 877 869 968 de réais pour l'installation de terminaux pétroliers dans la Bacia de Campos. Nous avons aussi intégré dans ce classement des groupements de petits projets contractés en même temps par un seul client et qui sont d'une très haute valeur : par exemple, en 2011, Vale a signé deux contrats, l'un de 102 536 220 de réais et l'autre de 776 684 216 de réais pour des projets liés.

Parmi les soixante-cinq plus gros clients du BNDES (voir Annexe 5) depuis 2008, les prêts concédés relèvent de secteurs très traditionnels du développement : industrie, biens de base, commerce et services, comme le montre le tableau ci-dessous. La colonne de droite présente le détail des investissements dans le secteur du commerce et des services. On note l'importance des prêts aux administrations publiques, ce qui se comprend par la structuration des plans de développement du pays (PBM, PDP...) qui relèvent de partenariats entre le public et le privé ou qui font partie de la sphère des travaux publics.

Secteur des 65 plus grands projets financés (2008-2013)		**Projets par sous-secteur de « Commerce et services »**	
Total	17	Commerce et services	14
Inclusion sociale	10	Télécommunications	2
Biens de base	18	Administrations	5
Commerce et services	14	Finance et assurance	1
Industrie de transformation	4	Électricité et gaz	2
Extraction	2	Transports	4

En examinant les données des plus grands prêts du BNDES de 2012 à 2013 (voir l'Annexe 6), on se rend compte du type de secteurs qui récupère le plus de financements de la part de la banque. Cela est aussi visible quand l'on s'intéresse aux entreprises dans lesquelles le BNDESPAR est davantage présent : CEG (distribution de gaz à Rio), Brasiliana Energia, Fibria, Rede Energia, Vale[1], par exemple. En un mot : les secteurs moteurs de l'énergie, de l'extraction et de l'industrie.

On sera aussi étonné par le nombre de projets d'inclusion sociale, sur lesquels on reviendra dans le chapitre suivant. Cela peut s'expliquer par les politiques nationales de développement. Or, comme le montrent les données, ces projets d'inclusion sociale sont dans leur très grande majorité concentrés sur l'année 2010. Parmi eux, notons tout d'abord les 4 milliards de réais contractés en appui aux projets de la PAC. Notons aussi les deux contrats signés avec la mairie de Rio de Janeiro, l'un d'une valeur de 1 179 000 000 de réais, pour l'installation du bus rapide Transcarioca entre l'aéroport de Rio, sur l'Ilha do Governador, et la Barra da Tijuca, et l'autre, plus modeste, de 22 186 541 de réais, pour promouvoir l'inclusion sociale et productive des recycleurs. Pourquoi l'année 2010 a-t-elle été aussi riche en investissements sociaux ? Nous n'avons pas de réponse certaine à ce sujet, mais il faut rappeler que 2010 était l'année de la campagne présidentielle, à l'issue de laquelle Dilma Rousseff a été élue sous la bannière du PT. Faut-il y voir un signe d'influence politique ? En période électorale, il est envisageable qu'un BNDES sous influence politique ait fait le choix de réaliser un grand nombre de contrats d'importance pour l'inclusion sociale. Si tel était le cas, cela montrerait que l'orientation sectorielle assez traditionnelle, que l'on peut identifier par le tableau présenté dans l'Annexe 6, a laissé le pas à une utilisation politique du BNDES.

Travailler uniquement sur les dix plus grands projets par an pose des problèmes évidents d'exhaustivité pour apprécier l'action du BNDES, mais les résultats n'auraient pas été très différents si l'on s'était intéressé aux trente plus grands prêts par

---

1 http://www.google.fr/url?sa=t&rct=j&q=&esrc=s&frm=1&source=web&cd=1&ved=0CC4QFjAA&url=http%3A%2F%2Fexame.abril.com.br%2Fnegocios%2Fnoticias%2Fas-10-empresas-com-maior-participacao-do-bndes&ei=by56U8G5PISn0QWkloAg&usg=AFQjCNFIdtqKHMs_cN4i0NJcqjDwitf5SQ

an. Le fait de travailler sur cinq années consécutives nous a permis de limiter les aléas de la méthode et d'obtenir des résultats fiables.

Lorsque l'on s'intéresse aux grands projets financés par le BNDES on se doit de prendre également en compte les critiques dont ils ont fait l'objet : financements d'entreprises déjà puissantes et d'activités polluantes, financements à outrance du secteur public, voire même financements politiques (l'année 2010, étrangement sociale). Ce sera l'objet du chapitre suivant, consacré aux relations entre société civile et BNDES.

CHAPITRE IV

LE BNDES ET LA SOCIÉTÉ CIVILE

> Les pratiques politiques et les institutions constituent en Amérique latine des entraves à la gouvernance économique[1].
>
> Olivier Dabène

Essayons de compléter les précédentes analyses en utilisant une optique différente : celle de la société civile. L'État développementaliste est un État qui fonde sa légitimité non pas sur le caractère démocratique et transparent de la gouvernance mais sur les résultats économiques. Observer la réaction du BNDES face aux critiques et aux interrogations de la société civile peut fournir des informations sur l'État développementaliste brésilien. Le BNDES est-il une institution « démocratique » ? L'État développementaliste brésilien repose-t-il sur une opacité du processus de décision ?

Le BNDES est un sujet qui attire l'attention des médias et de la société civile pour plusieurs raisons : par son importance, ne serait-ce qu'en pourcentage du PIB, par son rôle de financeur des entreprises avec l'argent des impôts et du Trésor – ce qui équivaut, pour certains, à financer les riches avec l'argent des pauvres – et par certaines de ses activités, car il donne parfois son appui à des projets contestés (EBX, Campo Libra, Votorantim). En cette période de pré-campagne électorale, le BNDES devient, pour les uns, le symbole de la non-gestion *petiste*, et, pour les autres, l'exemple de la politique du PT.

[1] Olivier Dabène, *Amérique latine, la démocratie dégradée*, *op. cit.*, p. 113.

Néanmoins, la société civile n'a jamais mis au centre de ses revendications le BNDES, si ce n'est de façon marginale. Lors des manifestations de Rio de l'été 2013, un seul cortège a essayé de s'arrêter devant le BNDES. De la société civile émanent cependant des associations ou autres ONG qui étudient, pointent ou critiquent les activités de la banque. Elles sont le catalyseur de mouvements sociaux de petite ampleur, par exemple ceux des populations traditionnelles, déplacées à cause de certains projets financés par le BNDES. Ces associations ont établi un rapport avec la banque, dans l'espoir de l'amener à plus de transparence et de respect à l'égard de ces populations et, plus largement, de la nature, et à prendre aussi position contre des pratiques esclavagistes.

Nous tâcherons de comprendre comment ces groupes sont constitués et de quelle façon ils ont réussi à établir un lien avec le BNDES. Celui-ci est une institution au service d'intérêts nationaux et son évolution vers une plus grande adéquation avec les principes environnementalistes ne peut être que lente et incrémentale. Le BNDES s'ouvre lentement mais il s'ouvre[1]. Les entretiens que nous avons eus sur ce sujet nous conduisent à mieux saisir le rôle de l'État à travers le BNDES en ce qui concerne les objectifs prioritaires.

Nous comptons montrer que l'État développementaliste brésilien, encore bien vivant, n'est pas inquiété par des logiques environnementalistes qui ne sauraient remettre en cause son action.

L'action de développement social du BNDES

Le BNDES investit de deux façons dans les infrastructures. Dans des infrastructures sociales (*area de infra-estrutura social*), d'une part, telles que des écoles, des hôpitaux, des

[1] Au départ, nous souhaitions étudier le lien entre les activités du BNDES et les manifestations. La question des manifestations au Brésil nous avait mené à considérer les rapports entre le BNDES et la société civile. Il semble cependant que les manifestations portent sur la Coupe du monde et les dépenses qu'elle entraîne plutôt que sur l'action du BNDES qui demeure peu visible dans l'espace public, malgré un regain d'intérêt depuis quelques années en raison de sa prise d'importance.

transports, et dans des infrastructures traditionnelles (*area de infrastruturas*) d'autre part, telles que des centrales électriques, des mines ou des barrages. L'investissement le plus massif se fait dans ce dernier domaine qui est la colonne vertébrale de l'industrie du pays.

L'évolution du terme « social » dans l'action du BNDES

Quand l'on travaille sur des documents du BNDES, on s'aperçoit que le terme *social* apparaît très souvent. Dans l'acception la plus récente du terme,

> « Les investissements sociaux sont réalisés par des entreprises en partenariat avec des institutions publiques ou associations, à des fins non économiques, qui visent l'élévation du niveau de responsabilité sociale des entreprises. Ces investissements sont tournés vers le renforcement de politiques publiques développées à divers niveaux[1]. »

Il importe de bien définir le terme « social ». Ernani Teixeira Torres Filho a travaillé, à son arrivée au BNDES dans les années 70, dans les nouveaux secteurs de la santé et de l'éducation : « J'ai alors connu le Brésil », dit-il dans un entretien qu'il nous a donné. C'est à cette époque en effet que le BNDE devient BNDES. Le « S », signifiant « social », recouvre néanmoins des réalités mouvantes. Le financement des projets sociaux, dans les années 1970, venait du fonds Finsocial qui permettait de financer sans coût l'installation de crèches, de centres de soins et d'écoles, mais aussi des programmes de contraception pour réduire la natalité et la mortalité maternelle et infantile. Les prêts étaient *não reembolsáveis* (non remboursables), ce qui en faisait des « dons » : « il n'y avait pas d'obligation de payer, mais une obligation de faire, c'est-à-dire de réaliser le projet pour lequel le financement avait été donné. »

---

1 http://www.bndes.gov.br/SiteBNDES/bndes/bndes_pt/Institucional/Apoio_Financeiro/Produtos/FINEM/investimentos_sociais.html

De nos jours, l'action du BNDES dans le domaine social existe encore, mais elle s'apparente davantage à l'action d'une banque qui opère par prêts. Aussi, le terme « social » a pris un sens plus large qui implique aussi bien les travaux pour les transports en commun (métro, bus) afin d'améliorer l'inclusion sociale et diminuer les barrières géographiques dans les villes, que les chantiers pour creuser des égouts. En sus des prêts à des secteurs considérés comme « sociaux » – par exemple le métro de Rio –, une modalité actuellement très répandue d'action sociale du BNDES consiste dans le financement de projets annexes. Au lieu de prêter 10 milliards de réais pour un projet, le BNDES prête 10 milliards plus une somme additionnelle, à un taux encore plus attractif, afin que soit réalisé un projet social. Celui-ci doit être présenté au BNDES et accepté, en fonction des politiques publiques de la mairie[1].

Nous pouvons reprendre les données du BNDES, sur les années 2012 et 2013, afin d'apprécier quels projets sont véritablement « sociaux ». En sélectionnant les vingt principaux projets de ces deux années, on note des projets d'infrastructure – par exemple le financement, en 2012, d'une voie ferrée à Carajas, pour l'entreprise Vale et une valeur de 256 223 500 de réais – et de nombreux projets liés à l'énergie, notamment des améliorations de centrales électriques. Les projets d'infrastructures sociales sont variés : transports urbains, financement pour réaliser des objectifs de politiques nationales de développement, investissement dans la salubrité publique et la logistique ou facilités pour la rénovation de stades.

Le Fundo Social du BNDES s'occupe de financer des projets dans le cadre de la création d'emplois, de services urbains, de la santé, de l'éducation, de la justice et de l'environnement ainsi que du développement régional et social. Très récemment, le BNDES a donné 280,5 millions de réais non remboursables à une coopérative de recycleurs à Uberlândia, dans le Minas Gerais. On rappellera aussi l'octroi de 10 millions destinés à l'inclusion de travailleurs faiblement rémunérés à Santa

---

[1] Entretien avec Luiz Muzzi.

Catarina et celui d'un million pour les éboueurs à São Paulo en 2012. Mentionnons aussi des fonds d'investissement qui sont actuellement le fer de lance de la politique sociale du BNDES. Le fonds ECOO11[1] est composé d'actions d'entreprises brésiliennes produisant le carbone ; le fonds BNDES Empresas Sustentáveis na Amazônia permet de réaliser des investissements pour des projets en Amazonie ayant un impact socio-environnemental positif. Le BNDES est aussi fortement présent dans des fonds de *private equity* en charge des projets environnementaux. Par exemple, le fonds FIP Brasil Sustentabilidade est composé à 49 % d'actions du BNDES, géré par une autre entreprise, privée, et vise à financer des « mécanismes de développement propre ». On peut citer aussi le fonds FIP Caixa Ambiental, pour l'énergie propre, le biodiésel et la salubrité publique, ou le fonds Vale Florestar pour les forêts.

Dans tous les cas, il s'agit de financer le social, mais dans l'ombre de l'industriel, sans remettre en cause le rôle primordial du BNDES qui reste une banque de financement de l'industrie et qui cherche à réparer une faille structurelle de l'économie brésilienne : le manque de crédit. Dans les statistiques du BNDES, l'augmentation du nombre de déboursements à destination du secteur public ne reflète pas une orientation en direction d'investissements de type santé/école/population. Mansueto Almeida, ancien économiste du BNDES et actuellement analyste à l'IPEA, qui tient un blog très informé sur l'économie brésilienne, a écrit dans un article de *Valor Econômico* un texte polémique sur la déviation du sens de *social* : « Le « S » du BNDES vaut-il pour « social » ou pour « secteur public » »[2] ? L'article met en évidence les pressions que le gouvernement exerce, depuis 2009, sur le BNDES afin

[1] http://www.bndes.gov.br/SiteBNDES/bndes/bndes_pt/Institucional/Sala_de_Imprensa/Noticias/2012/mercado_de_capitais/20120511_carbono.html; http://www.bndes.gov.br/SiteBNDES/export/sites/default/bndes_pt/Institucional/Sala_de_Imprensa/Galeria_Arquivos/fundoico2_tabela.pdf

[2] http://www.ipea.gov.br/portal/index.php?option=com_content&view=article&id=21261

qu'il finance des entreprises publiques – une pratique qui, selon l'auteur, n'existait pas avant.

En plus du financement croissant aux entreprises publiques, comme le précise Almeida, le BNDES a prêté plus de 32 milliards de réais aux États fédérés et neuf milliards aux banques publiques (surtout au Banco do Brasil et à la Caixa Econômica Federal). Nous avons pu vérifier cet élément grâce aux données du BNDES : dans la seule année 2013, celui-ci a prêté 2 773 590 332 de réais à la Caixa afin d'ouvrir une ligne de crédit exclusivement destinée aux États fédérés, et 6 150 296 549 de réais au Banco do Brasil S/A pour les mêmes raisons. L'enjeu fondamental de la critique adressée au BNDES en devient par conséquent, depuis ces deux dernières années, « la capture du BNDES par le secteur public, une capture qui apparaît dans l'utilisation croissante de banques publiques pour prêter au secteur public ou aux entreprises publiques »[1].

Le BNDES et la société civile : « Les mouvements sociaux ne peuvent rien imposer au BNDES »[2]

Ce ne sont cependant ni les actions sociales du BNDES ni ses politiques opérationnelles qui génèrent les plus graves critiques de la part des associations de la société civile, mais plutôt certains « mega-projets » ou certains financements à des entreprises reprises de justice. Avant d'examiner ce point, on abordera brièvement l'histoire des relations entre le BNDES et la société civile. Commençons par voir comment la société civile se structure autour du BNDES dans le but d'éclairer le travail de ces organisations ainsi que leurs relations avec l'institution.

---

[1] http://mansueto.wordpress.com/2014/01/31/o-s-do-bndes-e-de-social-ou-e-de-setor-publico/

[2] Entretien avec Adriana Ramos.

Le débat associatif autour du BNDES : un modèle de développement contesté

Les relations entre la société civile et le BNDES sont encore faibles, ce dernier ne semblant pas souhaiter communiquer davantage sur ses activités. Nous avons interrogé à ce propos Adriana Ramos[1], vice-secrétaire exécutif de l'Instituto Socioambiental. Selon elle, depuis 2013, grâce aux investissements pour la Coupe du monde, qui créent un fort impact social dans les grandes villes[2], et peut-être aussi dans la perspective des élections présidentielles, la question de la transparence du BNDES a gagné de l'importance dans la presse nationale. Aussi, « la politique du BNDES de financer de grandes entreprises nationales, certaines ayant de mauvais résultats sur le marché – qu'on pense au groupe EBX, en déroute –, fait que la société civile s'interroge sur ce que fait le BNDES. » C'est donc à la fois le respect des lois environnementales, des populations, et les intérêts économiques des opérations qui sont concernés par ces demandes.

La Plateforma-BNDES, formée de diverses associations[3], née en 2007 et disparue en 2010, a tenté de promouvoir un

[1] Entretien avec Adriana Ramos.

[2] On peut se référer au *Comitê Popular da Copa* pour avoir des exemples de cet impact : http://comitepopularcopapoa2014.blogspot.fr/

[3] Voici la liste complète des associations concernées : Amigos da Terra – Amazônia Brasileira, Associação de Funcionários do BNB, ATTAC – Brasil, Central Única dos Trabalhadores (CUT), Comissão Pastoral da Terra (CPT), Confederação Nacional dos Trabalhadores da Agricultura (CONTAG), Conselho Indigenista Missionário (CIMI), Coordenação das Organizações Indígenas da Amazônia Brasileira (COIAB), Coordenação das Organizações Indígenas da Bacia Amazônica (COICA), Cresol – Sistema de Cooperativas de Crédito Rural com Integração Solidária, Esplar – Centro de Pesquisa e Assessoria, Federação dos Órgãos para Assistência Social e Educacional (FASE), Federação Nacional dos Trabalhadores e Trabalhadoras na Agricultura Familiar (FETRAF), Foro Boliviano sobre Medio Ambiente y Desarrollo (Fobomade), Fórum Brasileiro de ONGs e Movimentos Sociais para o Meio Ambiente e o Desenvolvimento (FBOMS), Fórum Brasileiro de Economia Solidária (FBES), Fórum Brasileiro de Segurança Alimentar e Nutricional (FBSAN), Fórum Popular e Independente do Madeira, Frente Nacional do Saneamento Ambiental (FNSA), Instituto Brasileiro de Análises Sociais e Econômicas (IBASE), Instituto Brasileiro de Inovações Pró-Sociedade Saudável (IBISS-CO), Instituto de Estudos Socioeconômicos (INESC), Instituto mais Democracia, Instituto Políticas Alternativas para o Cone Sul (PACS), Instituto Socioambiental (ISA), Justiça Global, Justiça nos Trilhos, Movimento dos Atingidos por Barragens (MAB), Movimento dos Trabalhadores Rurais Sem Terra

dialogue entre le cabinet de la présidence du BNDES et la société civile. Selon João Roberto Lopes Pinto[1], qui en faisait partie, ce n'est qu'à partir de la gestion de Luciano Coutinho que le BNDES a entamé ce dialogue. Durant les administrations de Demian Fiocca, puis de Guido Mantega, ce n'était pas le cas (cette opinion est partagée par les autres acteurs interrogés).

Trois réunions Plataforma-BNDES ont été réalisées, et les documents relatant les débats (*carta política*) ont été publiés sur internet. Selon les informations recueillies auprès de João Roberto Lopes Pinto et d'Adriana Ramos, les discussions étaient structurées autour de trois thèmes. La transparence est le thème le plus important, car sans elle, il est impossible pour la société civile d'aborder efficacement les autres thématiques. Le BNDES a ouvert la page internet « BNDES Transparente » et publie certaines de ces statistiques depuis 2008, et quelques-unes depuis 2001. Il est vrai qu'il est difficile, voire impossible, de fonder une réflexion uniquement sur les statistiques du BNDES car celles qui ont été rendues publiques sont lacunaires. La banque a refusé de présenter des documents exigés par le Tribunal des comptes ; le quotidien *Folha de São Paulo* a demandé les rapports d'analyse de ses projets, sans succès toutefois.

Lorsque la direction du BNDES approuve les projets, elle le fait en fonction de *relatórios de analise* de l'équipe technique ; cela constitue la base de la décision, mais cette documentation n'est jamais rendue publique. Ce qui pose problème est que les financements sont réalisés avec de l'argent public et qu'ils ont un impact sur la vie des populations. En ce qui concerne les critères sociaux et environnementaux, le débat est surtout centré autour des hydroélectriques et de l'éthanol. En 2009, le BNDES

(MST), Movimento Nacional de Direitos Humanos (MNDH), Movimento Xingu Vivo, Plataforma Direitos Humanos, Econômicos, Sociais, Culturais e Ambientais (DESCHA), Rede Alerta contra o Deserto Verde, Rede Brasileira de Justiça Ambiental, Rede Brasil sobre Instituições Financeiras Multilaterais, Rede Social de Justiça e Direitos Humanos, Rede Brasileira pela Integração dos Povos (REBRIP), Repórter Brasil.

[1] Entretien avec João Roberto Lopes Pinto.

a suggéré qu'il aurait fallu mener un travail conjoint avec la Plateforme BNDES, mais celle-ci s'est désarticulée.

Certaines exploitations de biocombustibles présentent des régimes de travail analogues à l'esclavage. L'entreprise française LCD Dreyfuss, qui exploite l'éthanol au Brésil, a été dénoncée par le Ministério do Trabalho pour des pratiques d'esclavage à l'égard de travailleurs dans une situation de dette financière vis-à-vis de l'entreprise et dont la mobilité est empêchée. L'entreprise est dans la liste noire[1] dressée par le ministère du Travail[2] :

> « Depuis février 2008, les contrats de financement du BNDES incluent la « clause sociale », qui explicite le combat contre les discriminations de race et de genre, contre le travail infantile et les conditions de travail assimilées à l'esclavage. Le respect de la clause sociale était déjà la condition préalable pour recevoir un prêt. Mais, à partir de maintenant, le veto imposé aux pratiques de discriminations a commencé à intégrer de façon explicite les contrats du BNDES. L'initiative émerge de demandes de la société civile et d'un dialogue avec les mouvements sociaux qui réclament au BNDES une posture encore plus claire par rapport à ces conditions de travail assimilées à l'esclavage et au travail infantile, ou encore par rapport aux discriminations. Avec cette clause, le BNDES pourra agir avec davantage de rapidité et de rigueur pour couvrir d'éventuelles pratiques criminelles dans les projets financés (…) comme suspendre le contrat ou obliger le payement immédiat des sommes versées[3]. »

D'après les informations que nous avons pu récolter, les mouvements sociaux ne parviennent pas à vérifier si le BNDES fait effectivement respecter cette clause. En effet, il y a encore des entreprises de la liste sale qui reçoivent des prêts, ce qui nous fait penser que les objectifs économiques prévalent sur la qualité du développement.

---

[1] En portugais, *lista suja* : « liste sale ».

[2] http://reporterbrasil.org.br/listasuja/resultado.php

[3] http://www.bndes.gov.br/SiteBNDES/bndes/bndes_pt/Institucional/BNDES_Transparente/Responsabilidade_Social_e_Ambiental/clausula_social.html

La timidité et la lenteur des évolutions du BNDES sur ce dossier peuvent se comprendre par le caractère incrémental de toute modification de politique. Charles E. Lindblom[1] a forgé le concept d'incrémentalisme pour qualifier les modifications par étapes des politiques et le caractère improbable d'une modification aussi brutale que totale. Cela s'applique tout à fait au BNDES qui, pour des raisons politiques, n'ouvre ses archives qu'au compte-gouttes.

Les relations entre la société civile et le BNDES passent par des canaux de participation, comme le conseil d'administration du BNDES où siège un représentant du principal syndicat, le CUT. Lopes Pinto nous a dit qu'il avait participé à plusieurs réunions avec le président du CUT, qui avait estimé que sa présence dans le conseil du BNDES « *é uma formalidade e não serve a nada. A nossa participação la é nada o mesma coisa* »[2]. D'après Lopes Pinto, les syndicats n'ont pas un réel intérêt à peser sur les activités du BNDES en ceci qu'ils sont associés aux entreprises publiques : ces entreprises sont contrôlées par des conseils de fonds, composés par les catégories d'employés des entreprises publiques. Le concept d'incorporation, utilisé par Collier et Collier[3], peut être utilement convoqué pour comprendre la faiblesse des syndicats face au BNDES. Les États latino-américains ont fait le choix d'incorporer les mouvements travaillistes (*labor movements*) afin de les rendre passifs, comme ce fut le cas sous l'*Estado Novo*. Tout mouvement indépendant de ce type était voué à l'échec, en raison des ressources coercitives du gouvernement. Quant au mouvement officiel, il est relégué au statut de conseil neutre du gouvernement ; la place des syndicats dans les décisions du BNDES serait de cet ordre. Il ne faut pas pousser trop loin l'analogie car ce serait oublier la puissance et l'organisation du CUT. On peut néanmoins formuler l'hypothèse que la faiblesse

---

[1] Charles E. Lindblom, « The Science of "Muddling Through" », *Public Administration Review* 24/3 (1964), p. 153-157.

[2] « C'est une formalité et notre présence ne sert à rien. Que nous soyons là-bas ou pas, c'est pareil. »

[3] Ruth Berins Collier and David Collier, *Shaping the Political Arena*, *op. cit.*, chapitres 2 et 3 sur le Brésil et le Chili.

des syndicats est l'une des *legacies* – pour reprendre un terme du cadre théorique de Collier et Collier – de l'incorporation. Le BNDES serait donc encore une institution politique baignant dans une culture du secret et se situant, du moins en partie, en dehors ou au-dessus de la sphère démocratique. Cette analyse est probablement trop sévère : certes le BNDES n'est pas connu pour le caractère participatif de ses actions, mais son statut d'entreprise publique lui permet en quelque sorte une certaine liberté vis-à-vis des citoyens, sans doute moins vis-à-vis de l'exécutif.

Bien qu'indépendante face à l'État et étrangère au processus d'incorporation, la Plateforme a été démobilisée à partir de 2011[1], à cause de la difficulté d'établir un espace public de discussion[2] dans lequel puisse se nouer un dialogue avec le BNDES, qui se montre imperméable à toute pression sociale. Ce dialogue a été repris, sans coordination, par diverses associations : l'Instituto Brasileiro de Análises Sociais e Econômicas (IBASE), l'Instituto Socio Ambiental (ISA), la Rede Brasil sobre instituçoes financeiras multilaterais[3], le Comitê popular da Copa, et l'Instituto mais Democracia. Ce dernier est né d'une scission politique de l'IBASE, fin 2010, en raison de sa nature. L'IBASE était une ONG qui, pour recevoir des fonds (les ONG dépendent des entreprises mais surtout de l'État), avait tendance, selon Lopes Pinto, à être plus proche du gouvernement : « le financement des ONG et de l'IBASE créait une proximité avec le gouvernement et une dépendance dans le travail. »

En définitive, il n'existe plus de groupe institué, à l'instar de la Plateforme, qui fasse un travail autour du BNDES, mais des centres éclatés de débat. L'IBASE aussi a subi une crise qui s'est confondue avec celle de la Plateforme, le BNDES étant l'un des thèmes de rupture. C'est l'IBASE qui a accompagné

---

[1] Entretien avec Adriana Ramos.

[2] Jürgen Habermas, *De l'éthique de la discussion*, traduit de l'allemand par Mark Hunyadi, Paris, Cerf, 1992 (1ère édition allemande : 1991).

[3] « Il s'agit d'un réseau d'organisations qui s'occupe du FMI et de la Banque mondiale. On s'occupe aussi de la Banque des BRICS, pour laquelle le BNDES sert de modèle. »

l'ouverture du BNDES à l'international : lorsque celui-ci a commencé à augmenter ses prêts dans d'autres pays latino-américains et africains, l'IBASE s'est approchée d'autres organisations du continent. Cela a pris la forme de l'initiative « BNDES en ligne de mire » (*BNDES na mira*), une sorte de forum entre société civile et BNDES, mais, selon Adriana Ramos, avec un agenda très réduit.

Une polémique, par exemple, est née autour de la construction d'une route dans le territoire indigène du parc national Isoboro-Sécure : selon une association qui s'occupe du Fundo Amazônia[1], le BNDES a financé un projet qui met en danger les droits des peuples indigènes en Bolivie. L'Amazonie couvrant plusieurs pays – Brésil, Pérou, Bolivie, Équateur et Venezuela –, l'association s'inquiète des financements du BNDES à l'étranger. Le projet consiste dans l'ouverture d'une route pour rendre accessible un territoire destiné à l'exploitation de bois : « Ce projet signifie la fin de l'intégrité du territoire indigène et le début d'un processus d'occupation et de dégradation d'une des aires pleinement conservées jusqu'à maintenant, dans laquelle vivent les peuples Chimán, Mojeño et Yuracaré. »[2] Selon les membres de l'association, le BNDES se fourvoie en finançant de telles infrastructures qui contreviennent aux droits environnementaux.

À la recherche de la politique environnementale du BNDES

Le BNDES a adopté en 2009 une politique environnementale, inspirée de la Banque mondiale, mais cette politique est incomplète. Lopes Pinto a relaté que, lors d'une réunion entre le mouvement Xingu Vivo et le BNDES, ce dernier a admis de ne pas avoir les moyens d'accompagner l'impact des projets. Pour être financé par le BNDES, chaque projet doit recevoir une licence et une autorisation en fonction de la législation uniquement. Le BNDES n'a pas de règles spécifiques pour les investissements et la protection de

[1] http://deolhonofundoamazonia.ning.com/
[2] Entretien avec Adriana Ramos.

l'environnement : selon Adriana Ramos, les investissements sont uniquement basés sur les autorisations du gouvernement fédéral et sur les questions d'environnement, qui peuvent être politisées. Il est difficile, par ailleurs, de vérifier ces processus et de s'assurer que les conditions établies seront respectées.

Le Département de l'environnement (Area do meio ambiente) du BNDES centralise, avec la présidence, les critiques des associations ; ses relations avec l'Instituto Socio-Ambiental (ISA) ne sont ni solides ni ponctuelles. Ce département gère un fonds social destiné à financer certaines demandes de mouvements sociaux. Selon l'ISA, ce fonds est utilisé de manière politique et clientéliste afin d'aider tel ou tel syndicat, si bien que les personnes interrogées à l'ISA n'ont pas su nous dire quels étaient les impacts positifs de la création de ce département.

La politique environnementale du BNDES est fragile et le BNDES est entré dans le marché de l'économie verte en créant des fonds, comme le Fundo Amazônia, pour vendre et acheter des crédits carbone : « Le BNDES voit cela comme sa grande œuvre environnementale », selon Lopes Pinto. Le Fundo Amazônia par exemple, a été créé avec des capitaux des gouvernements allemand et uruguayen pour contribuer à la diminution du déboisement. Ce projet est accompagné par l'ISA, mais – toujours selon Lopes Pinto –, le BNDES ne parvient pas à engager des discussions avec les populations habitant ces territoires. En outre, il serait envisageable que le BNDES soutienne des projets de déboisement, car ces processus ne sont pas contrôlés.

L'autre principale initiative du BNDES en faveur de l'environnement est l'Iniciativa BNDES Mata Atlântica qui sert à financer gratuitement des projets de protection de cette immense forêt tropicale qui s'étend sur 1 300 000 km^2[1].

---

1 http://www.bndes.gov.br/SiteBNDES/bndes/bndes_pt/Areas_de_Atuacao/Meio_Ambiente/

L'accompagnement et la vérification de la comptabilité des projets avec les lois environnementales est ce qui fait défaut au BNDES, selon les personnes que nous avons interviewées. On peut citer l'exemple de la BR-163, même si cette route n'a pas bénéficié d'un financement direct du BNDES, pour voir comment les mouvements environnementaux entrent en relation avec les financeurs et les exécutants du projet. Il s'agit d'un des investissements les plus problématiques du point de vue des mouvements sociaux en raison de sa taille, de sa nature et de son impact social et environnemental. La préoccupation de l'ISA a été de vérifier la mise en place des conditions exigées par le processus d'autorisation environnemental (*Licenciamento Ambiental*) qui sont les seuls garde-fous étant donné que la banque n'a pas ses propres règles pour canaliser son action. Le travail de l'ISA consiste à chercher les impacts des projets et à les faire connaître sur le site internet. L'autoroute BR-163, dans le Mato Grosso do Sul – autoroute publique privatisée par enchère et maintenant contrôlée par la Compagnie de concessions d'autoroutes (Companhia de Concessões Rodoviárias, CCR) –, est dans l'attente de gros travaux, notamment la pose de l'asphalte[1]. Cette opération sera rendue possible par des prêts du BNDES, dont le groupe CCR est déjà assuré[2] même avant l'enchère, le BNDES exposant alors ses conditions aux concurrents. Ainsi, l'Instituto mais Democracia de commenter :

> « Après maintes pressions, le BNDES, pour la première fois de son histoire, a été un peu moins timide sur son portefeuille de projets privés, à partir de 2008. La relation privilégiée que la banque entretient avec certains grands groupes économiques, en particulier depuis la privatisation, peut expliquer sa résistance à fournir des informations exhaustives sur ses projets en portefeuille et sur ceux déjà en cours. Il est à noter que le BNDES vient de refuser le transfert de l'information au

[1] http://www.socioambiental.org/esp/BR163
[2] http://br.reuters.com/article/topNews/idBRSPE9BG05M20131217

contrôleur général de l'Union elle-même, à la fin du second gouvernement Lula[1]. »

Concernant la transparence, l'évolution du BNDES sous la présidence de Luciano Coutinho demeure positive mais très prudente. Depuis 2013, Coutinho a ouvert le dialogue entre le BNDES et certaines associations de la société civile, par le biais d'un forum. Le rapport de force est à la défaveur de ces associations car, de façon générale, les aspects de la politique du BNDES critiqués par les associations de la société civile font consensus parmi les grands partis du gouvernement (PT, PSDB). Néanmoins, l'apparition dans le cabinet de la présidence de la banque (*Assessoria da direção*) de personnes liées aux mouvements sociaux (nous n'avons pas pu prendre connaissance de leurs noms) permet de faciliter ce dialogue. Selon les personnes interrogées, le BNDES n'a pas évolué, en raison de la nouveauté du processus de dialogue (environ trois ans) ou a peu évolué. En 2009 le BNDES a ouvert « BNDES Transparente » et a commencé à publier des statistiques qui permettent de savoir quelles entreprises et quels travaux ont reçu des prêts du BNDES. Les informations ne remontent qu'à 2008, ce qui fait dire au Ministério Publico Federal[2] qu'il s'agit d'une « obscurité programmée » (*obscuridade programada*). D'autres informations sur ces prêts, même depuis 2008, sont aussi absentes : paramètres des contrats[3], possibilité de croiser les données par exemple. Il est difficile, dans ces conditions, de comprendre ce que fait le BNDES, et encore plus difficile de démêler les quelques scandales[4] associés à ses activités. Comme l'écrit la Plateforme-BNDES :

---

[1] http://www.maisdemocracia.org.br/wp-content/uploads/2012/04/APlataformaBNDESeanovacentralidadedoBanco.pdf

[2] Le Ministério Público Federal, ou Ministère Public Fédéral (MPF) est l'une des branches du Ministério Público da União (MPU) et a pour mission de « promouvoir l'application de la justice, du bien de la société et de la défense de l'État démocratique de droit », selon sa devise. Il existe un Ministério Público da União (MPU) et aussi un ministère dans chaque État (MPF).

[3] http://www.migalhas.com.br/Quentes/17,MI188278,101048-Inexiste+sigilo+bancario+em+relatorios+de+financiamento+produzidos

[4] Il faut admettre que les scandales reliés au BNDES sont rares.

« Malgré le fait qu'il soit une entreprise publique fédérale, le BNDES ne divulgue pas d'informations sur ses financements à des entreprises privées, affirmant que ses activités sont protégées par le secret bancaire. La Procuradoria da República du Distrito Federal (Brasília) argumente que, comme il s'agit d'argent public, le secret bancaire ne s'applique pas. L'action en justice affirme que la banque interprète mal la loi d'accès à l'information (loi 12.527/2011), en sus des principes constitutionnels de la transparence publique, de l'efficacité et de la morale. Cette résistance à fournir des données qui permettraient de savoir comment le BNDES dépense son argent est un motif de préoccupation, affirme le procureur de la République Luciana Loureiro Oliveira, qui a signé l'action civile : ''Si c'était une banque privée, les informations ne seraient pas révélatrices pour le citoyen. Mais dans le cas du BNDES il est important de savoir comment l'argent public est utilisé''[1]. »

En 2012 encore, le BNDES hésitait à publier plus d'informations sur ses activités comme le montre le document de l'Instituto mais Democracia que Lopes Pinto nous a communiqué (« *Solicitação de informações ao BNDES* », en conformité avec la loi d'accès à l'information), datant du 16/05/2012. Ce document se compose d'une liste de demandes de l'Instituto concernant les informations à rendre publiques. Le secret bancaire est le paravent derrière lequel gouvernement et BNDES se cachent pour soustraire au jugement de la société une très grande quantité d'informations : négociation et valeur des projets, bénéficiaires, risques et impacts. L'opacité du BNDES touche aussi ses opérations d'exportation : en 2009, il a prêté à une entreprise pour exporter du gaz au Pérou, sans jamais en divulguer la valeur. Le prêt a d'ailleurs généré une crise diplomatique et politique au Pérou et un ministre, Paul Vilca, a dû démissionner.

Lors des travaux de la Coupe du monde, surtout à Rio, diverses irrégularités ont été identifiées par l'Instituto mais

[1] http://www.plataformabndes.org.br/site/index.php/noticias/368-acao-na-justica-pede-bndes-transparente

Democracia ou le Comitê Popular da Copa, parmi lesquelles la surfacturation (plus de 90 millions de réais) du stade Maracanã. Cette surfacturation est en rapport avec le BNDES car c'est lui qui a approuvé, en 2010, le versement d'un prêt de 400 millions de réais à l'État de Rio de Janeiro pour les travaux du stade[1]. Le Tribunal de Contas da União a demandé des explications sur ce sujet : le BNDES a répondu qu'il ne prêtait pas attention au budget mais uniquement aux garanties du prêteur et au remboursement. À ce problème financier s'ajoute le problème social des expulsions d'habitants autour du stade Maracanã.

L'Instituto Brasileiro do Meio Ambiente (IBAMA), un organe fédéral, a fait une étude sur le projet du barrage de Belo Monte, sur le fleuve Xingu[2] dans le Pará, et a montré que les compensations socio-environnementales de la part de Norte Energia allaient être inexistantes : aucune garantie de salubrité publique n'a été donnée dans les villes touchées, tout comme pour la santé et l'éducation. L'expulsion de 7 000 familles, due à l'inondation d'une partie de la ville, pose aussi problème car l'IBAMA n'a pas d'informations suffisantes sur leur relogement. De plus, Norte Energia souhaite accélérer le planning, ce qui signifie des expulsions immédiates. Selon André Vilas Boas, secrétaire exécutif de l'ISA,

> « À Belo Monte il y a un manque de transparence dans tout le processus, depuis la fiscalisation du pouvoir public à l'inexistence des espaces de dialogue en cas de conflit. Ces facteurs sont fondamentaux pour assurer droits et justice. »

Dans ce cas, on ne peut jeter directement la pierre au BNDES :

> « On ne peut pas dire que le BNDES soit au courant du fait que l'entreprise va expulser les habitants pour faire les travaux ou pour valoriser le terrain, nous n'avons pas les éléments pour

---

[1] http://www.bndes.gov.br/SiteBNDES/bndes/bndes_pt/Institucional/Sala_de_Imprensa/Noticias/2010/todas/20101014_Maracanã.html

[2] http://www.socioambiental.org/sites/blog.socioambiental.org/files/nsa/arquivos/nota_tecnica_final.pdf

l'affirmer ; on peut dire en revanche que le BNDES ne s'inquiète pas du tout de cela. »

Le BNDES semble donc négliger l'accompagnement des projets et ne pas se préoccuper des éventuelles violations des droits commises par les entreprises. Pourtant, la Lei Ambiental prévoit que le financeur du projet soit en quelque sorte co-responsable de ces violations. Les bilans et les rapports du TCU[1] mettent en lumière les irrégularités des projets soutenus par le BNDES[2] :

> « Par l'analyse de quarante-trois contrats auxquels l'Association Pública a eu accès, il a été possible de s'apercevoir que, même avec beaucoup d'exigences formelles de la part du BNDES, les clauses en rapport avec la protection des droits humains et de l'environnement sont pour la plupart des paragraphes standardisés, et ne garantissent pas la réalisation d'accords en fonction de chaque projet spécifiquement[3]. »

Par exemple, pour la construction du barrage de Belo Monte, le BNDES a financé jusqu'à 80 %. On peut se référer à une lettre[4] envoyée par soixante-neuf associations de la société civile nationale et internationale à Luciano Coutinho. Le document s'attache avant toute chose à la rentabilité, très discutée, du complexe de Belo Monte. Le BNDES n'a pas réalisé une étude sur la viabilité économique et sur la classification du risque du projet. Pour la société civile, le fait même d'étudier ce projet est complexe, en raison du manque total d'information. Il est bon de rappeler que la construction du complexe de Belo Monte consiste en un prêt de 22,5 milliards de réais de la part du BNDES à l'entreprise Norte Energia S/A. Il s'agit du plus gros prêt effectué par la banque depuis sa

---

[1] portal2.tcu.gov.br/

[2] Alexandre Sidnei Guimarães (assesseur parlementaire), « *O aumento oficial dos custos das obras da Copa do Mundo FIFA de 2014* », Relatório du Sénat fédéral (19 septembre 2012). Guimarães relève une augmentation de 28,7 % du coût des travaux pour la Coupe du monde.

[3] http://www.apublica.org/2013/12/amazonia-bndes-financia/

[4] http://www.xinguvivo.org.br/wp-content/uploads/2012/12/Carta-Aberta_BNDES_Belo-Monte_Final_04dez2012.pdf

création. L'enquête du TCU (Tribunal das Contas da União, sorte de Cour des comptes brésilienne) et du Ministério Público Federal bute face à la culture du secret de l'institution. Selon les militants qui se réfèrent au dossier judiciaire, le BNDES cache des informations et se « blinde » contre les organes de contrôle. Il existe aussi des enquêtes des organes publics sur d'autres projets extrêmement coûteux : une ligne de transmission d'énergie dans la région Centre-Ouest et un port dans l'État de Bahia.

Aussi, le BNDES ne possède pas encore des lignes directrices socio-environnementales pour orienter ses financements au secteur hydroélectrique, malgré le fait qu'il ait reçu, selon les signataires du document, des notes, « non-judiciaires » mais informatives, de la part de plusieurs organisations pour le mettre en garde contre ce projet. Cela n'a produit aucun changement dans sa posture. Le ton du document est polémique : le BNDES ne considère ni les violations des droits de l'homme des populations indigènes, ni les irrégularités de droit du travail de la part d'entreprises associées au projet, ni les impacts socio-environnementaux. En effet, selon Adriana Ramos, en matière de protection des populations traditionnelles, il n'y a pas d'amélioration significative, tout au plus des dialogues ponctuels, mais pas une institutionnalisation du respect de ces populations. Lors de la construction de l'usine de cellulose Suzano – projet qui équivaut à un déboursement de presque trois milliards de réais par le BNDES –, la banque a demandé à Suzano « d'adopter, durant la période de validité du contrat, des moyens et des actions pour éviter ou corriger les dommages à l'environnement, à la santé et à la sécurité des travailleurs qui pourraient être causés par les travaux »[1]. Or, trois ouvriers sont déjà décédés lors de la construction et, selon Pública, « la loi, en pratique, est ignorée ».

> « Les cas de mort par accidents de travail ne sont pas rares. En plus de Belo Monte, l'usine hydroélectrique de Jirau, dont le consortium est conduit par l'entreprise Camargo Corrêa, a déjà

[1] http://www.adital.com.br/site/noticia_imp.asp?lang=PT&img=S&cod=79031

enregistré quatre decès. Dans le projet Ponte sur le Rio Negro, construit par l'État d'Amazonas, des personnes ont perdu la vie. En septembre 2013, deux travailleurs sont morts durant l'installation d'une unité industrielle de Suzano, productrice de cellulose, dans la ville d'Imperatriz, dans l'État du Maranhão[1]. »

Nombre d'actions en justice du Ministério Público Federal par grands projets d'infrastructure financés en Amazonie

Projet financé	**Valeur du projet (milliards de réais)**	**Actions du Ministère public**
Hyd. Belo Monte	25 milliards	21
Hyd. Jirau	9,5 milliards	8
Hyd. Santo Antônio	6,1 milliards	4
Chemin de fer de Carajás	4 milliards	4
Unité industrielle de Suzano	3,2 milliards	1
Hyd. Teles Pires	2,8 milliards	4
Hyd. Estreito	2,6 milliards	4
Linha Porto Velho – Araraquara	1,9 milliard	
Centrale thermoélectrique Parnaiba	1,2 milliard	
Raffinerie de Alumina	1 milliard	2
Mine de Juruti	1 milliard	2
Centrale thermoélectrique Porto de Itaqui	1 milliard	2

[1] http://www.xinguvivo.org.br/wp-content/uploads/2012/12/Carta-Aberta_BNDES_Belo-Monte_Final_04dez2012.pdf

Expansion du réseau de Cemar (Cia. Energética do Maranhão)	780 000	5
Hyd. Santo Antônio do Jari	730 000	1
América Latina Logística	690 000	1
Gazoduc de TAG/GasPetro	690 000	1
Pont sur le Rio Negro	580 000	2
Hyd. Dardanelos	480 000	5
Hyd. Ferreira Gomes	470 000	1
Investissements du réseau Celpa (centrales électriques du Pará)	440 000	13

Source : http://www.apublica.org/2013/10/bndes-na-amazonia-17-dos-20-maiores-investimentos-tem-acoes-ministerio-publico/
Note : « Hyd. » vaut pour « Centrale hydroélectrique ».

Ce graphique illustre le caractère contestable, et contesté par le pouvoir judiciaire, de nombreux projets d'importance réalisés par le BNDES en Amazonie.

Démocratie et BNDES

Y a-t-il un risque que le BNDES se fourvoie, en raison de la nature du capitalisme brésilien, en finançant d'immenses projets infrastructurels dits sociaux ? Le cas de Rio de Janeiro, ville hôte de la Coupe du monde de 2014 et des Jeux olympiques de 2016, est indicateur à ce sujet.

Quand l'on s'intéresse à l'identité des « propriétaires de Rio » et à celle des entreprises qui construisent les ponts, les routes, les autoroutes urbaines et les stades, le nombre de noms se réduit dramatiquement. On pourrait cependant objecter, sans doute à juste titre, que le nombre d'entreprises à même de réaliser de tels travaux est assez modeste. Si l'on était en France, on penserait à des noms comme Vinci, Veolia ou encore Eiffage. Lors d'un entretien, João Roberto Lopes Pinto nous a donné une brochure en papier glacé de l'Instituto mais Democracia intitulée « *Quem são os donos do Rio ? – abra e descubra* », c'est-à-dire : « Qui sont les propriétaires de Rio ? Ouvrez et découvrez-le ! »

Comme Lopes Pinto le dit, « peu d'entreprises gagnent à Rio mais elles gagnent beaucoup, et la population perd beaucoup ». Ces quelques entreprises, surnommées les « quatre sœurs », portent des noms très impressionnants dans le paysage du capitalisme brésilien : Odebrecht, Andrade Gutierrez, OAS, Camargo Correâ : « Si l'on prend seize des plus grands emprunts octroyés à la ville de Rio, par exemple pour les transports ou les concessions, ils sont tous contrôlés par au moins deux des quatre sœurs. » En plus des « quatre sœurs », on peut évoquer leurs « cousines » : le Groupe X (Eike Baptista), Queiroz Galvão, Carvalho Hosken et Brookfield. Le tableau suivant, issu de la page internet[1] de l'Instituto mais Democracia, permet de voir l'influence, directe ou indirecte, majoritaire ou non, d'un certain nombre d'entreprises dans les projets de travaux publics les plus significatifs.

Participation des « quatre sœurs » aux grands projets de travaux publics de Rio

	Odebrecht	**OAS**	**Camargo Corrêa**	**Andrade Gutierrez**
Linha Amarela				
Metrô Rio				
Nova Dutra				
Via Lagos				
Ponte Rio-Niterói				
Barcas S/A				
Téléphérique Favela de Alemão				

[1] http://www.proprietariosdobrasil.org.br/wiki/index.php?title=Donos_Do_Rio

VLT Centro Rio				
Supervias				
Maracanã				
Vila Olímpica				
Arco Metropolitano				
Transolímpica				
Transcarioca				
Rio-Teresópolis				
Porto Maravilha				
Engenhão				

Source : *Instituto mais Democracia*

« Qui sont les propriétaires de Rio ? »		
Financeur	**Projet de travaux publics financé**	**Valeur en réais**
Mairie	Travaux des BRTs (bus rapides)	**6 milliards**
	VLT Centro	1,2 milliard
	Vila Olímpica	2,5 milliards
	Porto Maravilha	700 000
Total		**4,4 milliards**
BNDES/Caixa	Transcarioca	1,2 milliard
	Renouvellement et construction d'hôtels	1,3 milliard
	Renouvellement du Maracanã	400 000
	Renouvellement de l'aéroport de Rio	4 milliards
Caixa (seule)	Porto Maravilha	3,6 milliards
Total		**10,5 milliards**
Gouvernement de Rio	Ligne 4 du métro	7,5 milliards
	Renouvellement du Maracanã	1,2 milliard
Total		**8,7 milliards**

Source : Instituto mais Democracia

Lopes Pinto s'est exprimé comme il suit sur le site internet de l'Instituto mais Democracia ; il nous a également fait part de son analyse de vive voix pendant notre entretien :

> « Reste encore à indiquer qui orchestre ce petit jeu. On connaît la réponse : le secteur public, que ce soit par des capitaux de son budget, des exceptions fiscales, ou par le financement généreux et volumineux des banques publiques, et surtout du BNDES. Ai-je bien compris ? L'argent public alimente-t-il une concentration de pouvoir économique qui, à son tour, s'alimente d'argent public ? Il faut se demander quel intérêt a une banque publique à financer ce petit jeu. Ces dix dernières années, les "quatre sœurs" ont versé plus d'un milliard de réais dans les campagnes électorales. Une étude récente sur les contributions pour les campagnes des candidats à la Câmara dos Deputados en 2006 a constaté que, pour chaque réal donné, l'entreprise prêteuse a reçu en moyenne 8,5 fois plus sous forme de contrats publics[1]. »

La dialectique entre développement et nature : la légitimité de l'État développementaliste et l'environnement

Dans les années 1990, diverses tendances existaient au sein du BNDES au sujet de la direction, plus moderne, que devait prendre la banque pour se départir de ses orientations passées, trop focalisées sur les grandes industries polluantes. Petites entreprises, innovation technologique, géants économiques étaient des options envisagées. Mais quelle que soit la sensibilité politique des personnes interrogées, qu'elles aient travaillé pendant le gouvernement Sarney, Cardoso, Lula, ou Rousseff, le jugement porté contre les « environnementalistes » (le terme n'est pas péjoratif, en tout cas pas en portugais)[2] est sévère. D'une façon générale, les cadres du BNDES et les environnementalistes s'opposent sur la question suivante : le développement mérite-t-il de payer un prix environnemental et social ? Peut-on financer un projet qui, certes, va fournir de

[1] http://www.proprietariosdobrasil.org.br/wiki/index.php?title=Donos_Do_Rio

[2] Entretien avec Luiz Carlos Prado.

l'électricité en abondance dans une région, mais qui va noyer sous les eaux une zone à l'écosystème riche et où vivent des populations traditionnelles ? Pour Luiz Orenstein, qui travailla au BNDES entre 1990 et 1995 sous les gouvernements Collor et Itamar Franco, le BNDES ne fait que suivre la politique environnementale du gouvernement :

> « Le problème est que la banque n'a jamais su aider correctement l'environnement. On a des lignes de crédit, mais ce n'est pas la banque qui fait la politique environnementale, la banque ne fait que respecter la politique que le gouvernement fait ou doit faire[1]. »

C'est un élément partagé par les diverses personnes rencontrées : le BNDES n'est pas un organe qui édicte des normes, il ne fait que respecter les normes, même si c'est de lui que proviennent les capitaux. Luiz Orenstein ajoute : « Beaucoup de gens disent : non, la banque a l'argent et donc elle est responsable de ce qu'elle pollue. Si le gouvernement dit que nous ne devons faire que des fours à fabriquer le ciment par voie humide, alors la banque s'exécutera, sinon non. »

Si l'on se réfère au « principe responsabilité » de Hans Jonas, selon lequel « l'acteur doit répondre de son acte : il est tenu pour responsable de ses conséquences et, le cas échéant, on lui en fait porter la responsabilité »[2], le BNDES est en tort. Toujours selon Jonas,

> « La continuité résulte de la nature totale de la responsabilité, d'abord au sens presque tautologique que son *exercice* ne doit pas s'interrompre. Ni la charge parentale ni celle du gouvernement ne peuvent se permettre de prendre des vacances, car la vie de l'objet se poursuit sans s'interrompre et elle ré-engendre des requêtes d'un instant à l'autre[3]. »

Le principe responsabilité de Jonas oblige, contrairement à l'impératif catégorique de Kant, de tenir compte de la

---

[1] Entretien avec Luiz Orenstein.

[2] Hans Jonas, *Le principe responsabilité. Une éthique pour la civilisation technologique*, traduit de l'allemand par Jean Greisch, Paris, Flammarion, Champs essais, 2010 (1ère édition allemande, 1979), p. 179.

[3] Hans Jonas, *Le principe responsabilité*, *op. cit.*, p. 207.

dimension temporelle de l'action : une action est responsable non seulement si la maxime de son action peut être généralisée maintenant, mais si elle peut l'être dans le futur. Le texte de Jonas – l'un des plus significatifs de la philosophie morale, auquel l'écologie allemande s'est inspirée –, nous permet de poser un regard différent sur le BNDES. Celui-ci, en tant qu'institution de politique publique, refuse de porter cette responsabilité étendue, réservant au gouvernement fédéral le rôle d'édicter des normes et, finalement, d'assumer ce principe de responsabilité. Selon Adriana Ramos, le gouvernement, étant développementaliste, n'a pas intérêt à aborder la question de l'environnement, étant entendu qu'il considère la croissance comme un bien supérieur à la nature, et que la nature est un prix qui peut être payé sous certaines conditions. Dans le cas de Belo Monte sont dans la balance, d'une part, la production d'électricité, d'autre part, le mode de vie des populations traditionnelles.

Ramos affirme que le gouvernement PT, à l'instar de ceux qui l'on précédé, ne se préoccupe ni de l'environnement ni des minorités traditionnelles, tout en s'étant montré plus flexible sur ces sujets. En effet, tout parti, dès qu'il parvient au pouvoir, met l'accent sur la perspective développementaliste : « l'intérêt national est la croissance ». Tous les partis politiques (PT, PSDB, PMDB) aborderaient ainsi de la même façon la question environnementale et agiraient de connivence avec le BNDES, dont la transparence est empêchée par la « protection » que le gouvernement donne à la banque.

Luiz Carlos Prado a eu l'heureuse expression de « développementaliste régressif » pour qualifier la perspective environnementaliste du développement. Il vise les groupes d'ONG qui s'opposent aux financements octroyés aux très grandes entreprises. Selon Prado, on assiste à une recomposition des élites autour du BNDES :

> « Ces groupes environnementalistes aujourd'hui sont très appuyés par des secteurs ultra-libéraux. Les environnementalistes sont favorables à immobiliser le financement de grands projets, ce qui ne peut que plaire à

certains néolibéraux. Les néolibéraux et des personnes comme Marina Silva se sont ainsi rapprochés. À mon avis, on ne peut plus imaginer que le Brésil aura une structure industrielle comme celle qu'on imaginait dans les années 70 : avec la Chine, ce n'est pas possible. Mais on ne peut pas survivre en exportant des matières premières et des produits de base. »

Cette recomposition des élites va de pair, selon Prado, avec la naissance d'un nouveau type de conservatisme qui n'est pas purement économique et financier (diminuer l'intervention de l'État et laisser le marché se développer, notamment par une augmentation du crédit privé), mais qui utilise les questions environnementales pour justifier une réduction du rôle de l'État dans le financement de grands projets. On a donc, d'une part, le *nouveau conservatisme*, qui accepte le compromis avec l'environnement afin d'assurer le développement industriel et énergétique, et, d'autre part, le *développementalisme régressif*, qui refuserait ce compromis au nom de la conservation du patrimoine naturel.

Un exemple éclairant pour comprendre ce qu'est le développementaliste régressif est celui des projets hydroélectriques, qui ont été bloqués par le mouvement environnementaliste. Sobradinha, dans l'État de Bahia, et Itaipu, à la frontière avec le Paraguay, sont des projets de barrages avec des réservoirs d'eau artificiels. Ces réservoirs d'eau ont un impact environnemental car ils inondent terres et forêts et provoquent le déplacement des habitants ; c'est pourquoi ils ont suscité l'opposition des mouvements environnementaux. Il faut rappeler que dans les années 90 le programme des hydroélectriques avait été interrompu et remplacé par des hydroélectriques à fil d'eau. N'ayant pas de réservoir, ceux-ci ne sont d'aucune aide en cas de rationnement de l'eau, comme cela arriva en 2001 ; ils produisent aussi moins d'électricité si les pluies sont moins abondantes. Un été très chaud, comme celui de 2014, oblige ainsi à l'utilisation de technologies plus sales (centrales à charbon) pour alimenter les climatiseurs électriques et requiert des réserves d'eau pour affronter la sécheresse. C'est l'exemple d'une victoire remportée par les environnementalistes sur le BNDES. En arrêtant de financer les hydroélectriques à réservoir, la banque, selon Demian Fiocca, dépasse ses prérogatives ; tout au plus, elle pourrait financer moins cher les hydroélectriques à fil d'eau.

Le débat entre environnementalistes et BNDES, que ce soit sous le gouvernement Cardoso ou le gouvernement Lula, illustre la façon dont se légitime l'État développementaliste. Celui-ci tire sa légitimité d'une croissance économique rapide, comme l'illustrent diverses expériences historiques. Par exemple, le BNDES, en finançant des entreprises d'énergie (Light et Petrobras, pour ne citer que deux exemples), permet au Brésil d'être énergétiquement indépendant. De là naît un consensus parmi les décideurs publics sur les bienfaits de l'investissement économique de l'État dans l'énergie, considérant comme un moindre mal les dommages faits à la nature : la croissance économique prime.

Des divergences entre libéraux et développementalistes existent, mais tous deux s'opposent aux environnementalistes, pour lesquels la croissance à tout prix est un objectif à remettre en cause, parce qu'elle ne pourrait se faire qu'au mépris de la nature. La légitimation de l'État développementaliste ne peut donc que reposer sur un certain nombre de succès économiques, comme l'indépendance énergétique, malgré des dégâts sur l'environnement.

C'est une vérité historique de dire que, comme l'écrit Leftwich, l'État développementaliste brésilien est né dans un contexte où la société civile est faible, atomisée ou contrôlée (que l'on se souvienne du concept d'incorporation dont parlent Collier et Collier). On peut arguer que c'est sur cette même faiblesse et sur cette atomisation que repose le BNDES : l'IBASE et la Plataforma-BNDES n'ont pas, d'après ce que nous avons vu, le pouvoir d'instaurer un dialogue, voire un rapport de force, avec l'institution. Comme l'a noté Kwon[1], les

[1] Huck-Ju Kwon, « Transforming the Developmental Welfare States in East Asia », *DESA* Working Paper n° 40, New York, United Nations, Department of Economic and Social Affairs, 2007.

États développementalistes sont par nature intolérants à l'égard des associations ou des groupes qui les critiquent. Ces associations font un travail précis sur les actions du BNDES mais n'ont pas une réelle assise politique et sociale.

Les projets du BNDES ont parfois provoqué l'éviction d'habitants. La banque fait aussi la sourde oreille à la plupart des revendications, même à celles qui proviennent des plus hautes instances de l'État. Lorsque le BNDES se défend de l'accusation d'utiliser des capitaux pour des projets polluants – et plus encore pour des projets non rentables ou considérés comme non utiles par certains, comme les stades –, il défend la source de sa légitimité qui est d'intervenir efficacement dans l'économie. Si l'on considère les manifestations qui ont secoué le Brésil en 2013, on pourrait faire l'hypothèse qu'elles pointent, en partie, l'échec du développementalisme qui n'a pas réussi à apporter équité et croissance pour tous, mais seulement pour de grandes entreprises comme les « quatre sœurs ». Ce jugement, toutefois, serait trop sévère.

L'État développementaliste brésilien, en tout cas le BNDES, exclut aussi de sa gouvernance les pans de la société civile qui ne sont pas des acteurs économiques et qui remettent en cause le credo développementaliste[1]. Cela illustre une intuition que nous avons eue mais que nous n'avons pu approfondir dans ce travail, à savoir que le BNDES revêt une telle importance, un tel pouvoir et un tel intérêt national à long terme qu'il est inimaginable, dans une logique d'État, d'en compromettre le modèle, fût-ce au nom de la transparence. Pour aller plus loin dans cette direction, il aurait sans doute fallu adopter une perspective davantage centrée sur le pouvoir central, peut-être ne pas se rendre à Rio de Janeiro mais plutôt à Brasília, et faire entrer en jeu des considérations de relations économiques internationales, voire de géopolitique.

[1] Thandika Mkandawire, « Towards a Development, Democratic and Socially Inclusive Africa Once Again », *CODESRIA Bulletin* 3-4 (2005), p. 47-49.

CONCLUSION

QU'EST DEVENU LE DÉVELOPPEMENTALISME ?

Nous avons vu dans le premier chapitre que l'État développementaliste est une construction sociale née au Brésil dans les années 1930-1950, que cet État a évolué, s'est doté d'institutions et a eu un rôle moteur dans le développement économique du pays. Depuis 1952, le BNDES est le fer de lance de cet État développementaliste car il fournit à l'industrie d'imposantes quantités de crédit. Les fondements de l'État développementaliste sont ancrés dans l'idée qu'une forte intervention étatique est nécessaire, que le libéralisme est une tentation qui doit être éloignée, et que le caractère national du développement contraint à adopter des politiques non coopératives ou de nationalisme économique. Ni la mondialisation ni la parenthèse néolibérale n'ont remis en cause les logiques fondamentales de l'État développementaliste. Le BNDES accroît son rôle dans les prêts et dans le *private equity*. Il finance les concessions de services publics dans tous les secteurs, de l'industrie lourde à l'industrie musicale.

Dans le deuxième chapitre, nous avons constaté que la branche d'investissement du BNDES, le BNDESPAR, représentait, en 2006, 4 % de la capitalisation boursière totale de la bourse de São Paulo. L'État est donc présent comme jamais, mais sous de nouvelles formes : celle de l'État actionnaire caché et celle de la banque de crédit non dirigé. D'une part, le réseau de participations des organes publics (BNDES mais aussi fonds sociaux) s'est étendu depuis 2003 et indique la volonté de l'État de financer des entreprises et d'arbitrer, de surcroît, des situations de fusion ou d'acquisition. Dans ce cadre, l'affaire Vale do Rio Doce est un exemple qui montre l'importance du nationalisme économique et l'attention au caractère local du capital dans l'État développementaliste.

À l'inverse, comme nous avons pu le voir dans le troisième chapitre, l'État développementaliste s'incarne dans une banque non dirigée – en apparence – quand il s'agit de prêter de l'argent à des entreprises, de la plus grande à la plus petite. Analyser les raisons politiques des orientations sectorielles dans les prêts se heurte à diverses difficultés qui n'étaient pas le sujet de ce travail. Nous avons néanmoins pu montrer que le BNDES envisage son rôle comme tout à fait équivalent à celui d'une banque privée, ne choisissant pas des secteurs pour des raisons politiques mais des entreprises pour des raisons de rentabilité financière. D'une part, le BNDES est l'avant-poste de l'État pour l'acquisition de titres boursiers et d'autres actions et a ainsi un rôle qui, s'il n'est pas politisé (nous n'avons pas étudié ce point), répond néanmoins à une logique étatique durable. D'autre part, le BNDES se déleste d'une responsabilité trop forte dans le contenu sectoriel de la politique industrielle, mettant l'accent, comme l'ont fait nos interviewés, sur le caractère exogène de la demande.

Mais, et ce fut le sujet du quatrième chapitre, le BNDES pèse dans l'économie et dans le « petit monde »[1] du capitalisme. La très grande majorité des principaux projets réalisés au Brésil s'appuient sur un financement du BNDES. Les rapports entre celui-ci et la société civile, qui se structurent autour de ces grands projets (stades, barrages...), nous ont permis de mieux connaître le développementalisme brésilien et le débat qui l'entoure. Le BNDES « se cache » quelque peu, laissant la responsabilité de ses financements – qui ont parfois un impact social négatif – à l'État fédéral. C'est l'illustration d'un développementalisme traditionnel où les mouvements sociaux sont impuissants face au capital et où la croissance économique est considérée comme un bien commun supérieur au respect des droits environnementaux et des diverses législations. Le BNDES nous paraît assurer seulement un rôle de financement. La façon dont les élites du BNDES que nous avons pu interroger envisagent le rôle de leur institution dispense celle-ci d'aller plus avant dans l'accompagnement des projets et le

[1] Pour reprendre un terme de Sérgio Lazzarini.

respect des législations, une fois que les obligations formelles sont remplies. Historiquement, le BNDES a été, à plusieurs reprises, à l'avant-garde de politiques qui devinrent par la suite nationales : il commença, par exemple, les privatisations avant qu'elles ne deviennent une politique nationale. On est en droit de se demander s'il n'en sera pas de même en ce qui concerne les thématiques liées à l'environnement et aux droits des travailleurs. À l'heure actuelle, dans nos entretiens, nous avons pu constater un solide consensus parmi les fonctionnaires du BNDES. Ils opposent le développementalisme rétrograde, qui refuse de *payer un prix* écologique pour la croissance économique, et un développementalisme plus moderne qui accepte de payer ce prix.

On ne peut donc pas affirmer que l'État développementaliste n'existe plus. Au contraire. Mais le paradigme « développementaliste » traditionnel permet-il encore de le qualifier avec précision ? Les politiques néolibérales ont en partie échoué ou du moins ont été rejetées, et l'ancien développementalisme semble être un astre éteint : dans les données sur les déboursements du BNDES, on voit que les secteurs traditionnels (sidérurgie, extraction, par exemple) continuent à recevoir des moyens conséquents, mais qu'ils sont concurrencés ou du moins accompagnés de plus en plus par le secteur tertiaire. Selon divers économistes ou sociologues, le développementalisme traditionnel a été remplacé au Brésil par un néo-développementalisme[1]. Si l'on résume les différences entre ancien et nouveau développementalisme, on peut proposer le tableau suivant :

[1] Voir Luiz Carlos Bresser Pereira, « The New Developmentalism », *art. cit.*

Ancien et nouveau développementalisme

Ancien	Nouveau
Industrialisation par substitution aux importations	Croissance par l'exportation combinée avec un marché domestique fort
Rôle directeur de l'État pour obtenir des épargnes et pour investir	L'État est supposé créer des opportunités d'investissement et réduire les inégalités
La politique industrielle est centrale	La politique industrielle est secondaire
Sentiments mêlés envers le déficit budgétaire	Rejet du déficit fiscal
Complaisance relative envers l'inflation	Aucune complaisance envers l'inflation

Source: Bresser Pereira, 2012.

La question du nouveau développementalisme[1] imposerait cependant de s'intéresser à bien d'autres thèmes qu'au seul BNDES. Dans son article « The State after Statism – From Market Direction to Market Support »[2], Jonah Levy explique que l'État développementaliste et le *constructive state* n'existent plus et ont été remplacés par l'État néo-développementaliste. Celui-ci ne cherche pas à diriger le marché mais à le soutenir. Quoi qu'il en soit, Levy considère les pays développés et industriels, mais pour le Brésil la situation est sans doute différente. Comme l'affirme Cornel Ban[3],

1 Sur le concept de nouveau développementalisme, voir David M. Trubek, Helena Alviar, Diogo R. Coutinho, Santos Alvaro éds., *Law and the New Developmental State: the Brazilian Experience in Latin American Context*, Cambridge, Cambridge University Press, 2013, notamment l'article de Mario G. Schapiro, « Rediscovering the Developmental Path? Development Bank, Law, and Innovation Financing in the Brazilian Economy », p. 114-163.

2 Jonah Levy, « The State after Statism, *art. cit.*

3 Cornel Ban, « Brazil's Liberal Neo-Developmentalism: New Paradigm or Edited Orthodoxy? », *Review of International Political Economy* 20/2 (2013), p. 298-331.

> « La principale conclusion est qu'alors que le Brésil a plus qu'un Consensus de Washington[1] 'érodé', il n'a néanmoins pas adopté un paradigme néo-développementaliste à part entière. En revanche, dans la dernière décennie, surtout à partir du second mandat de Lula, les gouvernements brésiliens ont mis en place un paradigme hybride dans lequel une part du contenu du Consensus de Washington a été préservée tandis que d'autres éléments ont été assimilés et replacés par des buts développementalistes et des outils de politique publique. »

Avoir changé ou ne pas avoir changé de « modèle » n'est pas la question. Ce qui est plus intéressant est d'identifier la voie de développement choisie par le gouvernement brésilien. Il nous semble que le néolibéralisme n'a pas eu un impact sensible sur la politique des prêts et d'*equity*. Dans l'orientation sectorielle, l'ancien développementalisme, avec ses secteurs traditionnels, est encore vivant mais sans doute peut-on voir une forme de modernité dans l'élargissement des types d'activités financées par le BNDES, notamment une prise d'importance du secteur tertiaire.

Tout d'abord, dans le tableau ci-dessus, la colonne de droite paraît bien cerner le rôle de l'État brésilien depuis Cardoso, plus particulièrement en ce qui concerne l'inflation. Cependant, comme le montre notre étude du BNDES, le rôle de l'État hésite encore entre ancien développementalisme et nouveau développementalisme. La politique industrielle reste, à notre avis, centrale en termes quantitatifs mais elle se veut moins dirigiste qualitativement parlant, prêtant plus d'attention à la demande de crédit qu'à l'offre, et refusant la solution structuraliste de créer des secteurs ou des entreprises de façon ostensible. Les programmes fédéraux créent des priorités si nombreuses (infrastructure, innovation, matières premières, technologie...) qu'il est difficile de déceler des secteurs phares. Ce modèle du nouveau développementalisme est aussi problématique en ce qui concerne l'orientation vers

[1] Il est important de noter que le compromis entre le Consensus de Washington et le néo-développementalisme n'est pas homogène dans l'économie. La finance a été très déréglementée, mais pas le marché du travail : la gauche ne peut pas déréglementer le marché du travail pour des raisons électorales évidentes.

l'exportation qui n'est pas encore une réalité : l'exportation n'est pas perçue par la stratégie du BNDES comme son objectif principal, comme cela pouvait être le cas en Corée du Sud, mais comme un moyen de solidifier les entreprises en leur assurant une internationalisation relative et un marché plus large. Le rôle de l'État semble ambivalent. La rationalité découlant du Consensus de Washington est conservée, surtout en ce qui concerne l'inflation et l'orientation vers le secteur privé. Mais le rôle du BNDES est un élément proactif d'action du gouvernement réduisant la dépendance du pays vis-à-vis des capitaux étrangers, et l'orientation vers le secteur privé se fait sous la forme d'une plus grande intervention de l'État et non par une démission de ce dernier.

L'État développementaliste brésilien – qu'il se cache par des opérations de *private equity* directes ou indirectes difficiles à retracer, ou qu'il prête de très importantes sommes d'argent – accepte l'ensemble des règles du jeu économique international : concurrence, compétitivité, libéralisme. En témoignent les privatisations et les réformes du gouvernement Cardoso, jamais remises en cause par la suite. Le rôle de l'État développementaliste est celui d'« ami complémentaire » du marché. Il n'est pas au service des marchés, mais aide les entreprises à être efficaces, à créer de l'emploi et un tissu infrastructurel et industriel satisfaisant. Il sert une vision politique du développement national, mais non d'une manière exclusivement nationaliste. L'État brésilien nous est apparu non pas comme essentiellement et continuellement interventionniste mais comme interventionniste en puissance, par le BNDESPAR notamment. Une personne que nous avons rencontrée, presque par hasard, au BNDES nous a dit que les fonctionnaires du BNDES « aiment le marché et ses logiques », mais que, malgré tout, le marché doit être corrigé de temps à autre, et c'est pourquoi le BNDES existe. Le BNDES est donc un appui aux marchés, qui sont « myopes », pour reprendre l'expression de son président, Luciano Coutinho.

Nous ne partageons pas l'opinion de Mayaux et Maillet sur le néolibéralisme des agences qui seraient isolées du politique, voire plus puissantes que le Planalto, comme le disait Lula. Le BNDES n'entre pas dans ce cadre, au contraire, c'est une institution éminemment politique. Quand le BNDES a été « néolibéral », c'était tout d'abord pour survivre en se délestant de coûteux poids morts présents dans son budget, et ensuite pour servir une politique gouvernementale. Le BNDES est une institution intimement liée aux logiques de développement de l'État, et même une réduction, déjà prévue, de son bilan ne remettra pas en cause cette tendance lourde.

D'autres pistes de recherche sont envisageables pour aller plus loin dans la compréhension de la constitution de l'État développementaliste brésilien. Tout d'abord, un effort conceptuel serait souhaitable pour mieux distinguer les concepts d'« État développementaliste » et de « capitalisme d'État ». Il faudrait aussi étendre la réflexion sur la sociologie de l'État brésilien en étroite relation avec la sociologie du capitalisme, dans une perspective historique, voire comparatiste, et répondre à plusieurs questions restées en suspens : comment la politique partisane, l'exécutif et ses considérations à court ou à long terme d'ordre politique, économique et diplomatique peuvent influer sur les décisions d'investissement du BNDES et du BNDESPAR ? Un glissement d'approche, de la sociologie de l'État à celle du capitalisme et des capitalistes, est aussi envisageable pour aborder l'État développementaliste par le bas, dans ses interrelations avec le politique et les milieux d'affaires. Cela pourrait être un tremplin pour étudier la façon dont le BNDES et l'État en général font perdurer des structures sociales inégalitaires par des transferts d'argent.

ANNEXES

Annexe 1 : Le BNDES dans le « Centro » de Rio de Janeiro
La tour principale du BNDES, 100 Avenida República do Chile
Divulgação/BNDES

Annexe 2 : Régimes, présidents du Brésil et présidents du BNDES

Période	Président du Brésil	Dates de mandat	Président du BNDES	Dates de mandat
1930-1945: Époque Vargas	Getúlio Vargas	03/11/1930 29/10/1945	Ari Frederico Torres	07/1952-06/1953
			Válder Lima Sarmanho	06/1953-08/1954
	José Linhares	29/10/1945 - 31/01/1946	-	-
1945-1964: Seconde République brésilienne	Eurico Gaspar Dutra	03/01/1946- 31/01/1951	-	-
	Getúlio Vargas	31/01/1951 – 24/08/1954	-	-
	Café Filho	24/08/1954 - 08/11/1955	Válder Lima Sarmanho	08/1954 - 02/ 1955
			Glycon de Paiva Teixeira	03/ 1955 - 11/ 1955
	Carlos Luz	08/11/1955 - 11/11/1955	Glycon de Paiva Teixeira	11/1955 – 03/1956
	Nereu Ramos	11/11/1955 - 31/01/1956	-	-
	Juscelino Kubitschek	31/01/1956 - 31/01/1961	Lucas Lopes	02/1956 – 06/1958
			Roberto de Oliveira Campos	08/1958 – 07/1959
			Lúcio Martins Meira	07/1959 – 02/1961
	Jânio Quadros	31/01/1961 – 25/08/1961	José Vicente de Faria Lima	02/1961 – 09/1961
	Ranieri	25/08/1961 -	-	

	Mazzilli	07/09/1961		
	João Goulart	07/09/1961 – 01/04/1964	Leocádio de Almeida Antunes	09/1961 – 06/1963
	Ranieri Mazzilli	02/04/1964 – 15/04/1964		
	Castelo Branco	15/04/1964 – 15/03/1967	José Garrido Torres	07/1964 – 03/1967
1964-1985 : Régime militaire	Costa e Silva	15/03/1967 – 31/08/1969	Jayme Magrassi Sá	mars 1967 – octobre 1970
	Junta Governa-tiva Provisória	31/08/1969 – 30/10/1969	-	-
	Garrastazu Médici	30/10/1969 – 15/03/1974	Marcos Pereira Vianna	10/1970 – 03/1974
	Ernesto Geisel	15/03/1974 – 15/03/1979	Marcos Pereira Vianna	
	João Figueredo	15/03/1979 – 15/03/1985	Luiz Antônio Sande de Oliveira	03/1979 – 09/1983
			Jorge Lins Freire	09/1983 – 10/1984
			José Carlos Medeiros da Fonseca	10/1984 – 03/1985
1985 – présent : Nouvelle Républi-que	Tancredo Neves	décédé avant la prise de pouvoir	-	
	José Sarney	15/03/1985 – 15/03/1990	Dilson Domingos Funaro	03/1985 – 08/1985
			André Franco Montoro Filho	08/1985 – 01/1987
			Márcio Fortes	01/1987 – 09/1989
			Ney Fontes de Melo Távora	10/1989 – 03/1990
	Fernando Collor	15/03/1990 - 29/12/1992	Eduardo Modiano	03/1990 – 10/1992

	Itamar Franco	29/12/1992 - 01/01/1995	Antônio Barros de Castro	10/1992 – 03/1993
			Luiz Carlos Delben Leite	03/1993 – 08/1993
			Pérsio Arida	09/1993 – 01/1995
	Fernando Henrique Cardoso (FHC)	01/01/1995 - 01/01/ 2003	Edmars Lisboa Bacha	01/1995 – 11/1995
			Luiz Carlos Mendonça de Barros	11/1995 – 04/1998
			André Pinheiro de Lara Resende	04/1998 – 11/1998
			José Pio Borges de Castro Filho	11/1998 – 07/1999
			Andrea Sandro Calabi	07/1999 – 02/2000
			Francisco Roberto André Gros	02/2000 – 01/2002
			Eleazar de Carvalho Filho	01/2002– 01/2003
	Luís Inácio Lula da Silva	01/01/2003 - 01/01/2011	Carlos Lessa	01/2003 – 11/2004
			Guido Mantega	11/2004 – 03/2006
			Demian Fiocca	03/2006 – 05/2007
			Luciano Coutinho	05/2007 – maintenant
	Dilma Rousseff	01/01/2011 – 01/01/2014, 01/01/ 2014 - maintenant	Luciano Coutinho	

Source : données du BNDES

Annexe 3 : Budget du BNDES de 1953 à 2001

	Valeur en US$[1]	Valeur en R$[2]		Valeur en US$	Valeur en R$
1952	0	0	**1977**	3 455 594 916	16 665 358 009
1953	9 234 320	112 586 047	**1978**	4 051 769 082	18 022 292 583
1954	11 383 656	154 987 525	**1979**	4 163 492 170	17 712 767 169
1955	16 008 892	228 524 952	**1980**	3 329 044 288	13 874 304 635
1956	33 723 019	396 976 102	**1981**	3 101 934 757	10 895 462 894
1957	58 117 771	611 975 596	**1982**	4 004 054 593	13 982 509 925
1958	39 313 933	617 116 711	**1983**	3 653 320 843	16 257 572 629
1959	50 489 986	644 261 192	**1984**	3 277 186 156	14 430 098 801
1960	50 619 562	606 069 241	**1985**	3 006 121 133	13 437 455 844
1961	31 435 621	394 914 344	**1986**	3 499 762 090	14 169 857 287
1962	112 981 23	1 325 817 04	**1987**	4 267 040 271	15 390 332 787

1 1953-1980 – Valeurs calculées en fonction du niveau moyen annuel du dollar

2 Valeurs calculées à partir de la valeur du réal (R$) en décembre 2001

1963	87 347 091	871 391 499	**1988**	4 129 470 769	12 983 353 179
1964	59 325 982	692 556 865	**1989**	3 156 146 365	7 933 793 615
1965	113 723 28	1 242 001 16	**1990**	3 248 020 717	6 281 305 462
1966	150 241 94	1 391 901 95	**1991**	3 077 376 624	6 990 166 931
1967	164 192 55	1 424 487 58	**1992**	3 178 459 605	7 523 972 287
1968	136 081 57	1 224 933 64	**1993**	3 224 244 557	6 733 695 216
1969	252 193 03	2 251 177 85	**1994**	5 511 140 961	10 092 774 001
1970	312 550 08	2 626 058 37	**1995**	7 678 137 476	12 847 192 471
1971	428 703 39	3 439 128 35	**1996**	9 604 997 722	15 833 175 533
1972	629 480 60	4 839 224 74	**1997**	16 461 854 496	27 030 367 992
1973	874 258 90	6 021 865 77	**1998**	16 349 415 150	27 792 152 421
1974	1 637 972 3	9 782 803 53	**1999**	9 881 865 576	23 416 092 921
1975	2 734 111 0	15 287 688 3	**2000**	12 403 811 063	26 282 799 640
1976	3 020 595 8	15 781 720 2	**2001**	10 706 793 720	26 250 638 780

Source : données du BNDES

Annexe 4 : Données sur les privatisations

Pétrochimie : Résultats de ventes d'entreprises de pétrochimie, avec 12 participations actionnaires de Petroquisa et Petrofértil qui ont été vendues entre 1995 2002, US$ millions

Entreprise	Date de l'offre	Recette de la vente	Entreprise	Date de l'offre	Recette de la vente
Copene	15/08/1995	270,5	Polipropileno	01/02/1996	81,2
CPC	29/09/1995	99,6	Koppol	01/02/1996	3,1
Salgema	05/10/1995	139,2	Deten	22/05/1996	12,1
CQR	05/10/1995	1,7	Polibrasil	27/08/1996	99,4
Nitrocarbono	05/12/1995	29,6	EDN	26/09/1996	16,6
Pronor	05/12/1995	63,5	Total		816,5
CBP	05/12/1995	0,04			

Privatisations du secteur minier (millions de dollars)

Type d'offre	Recette de la vente
Enchère	3 299
Offre publique	1 897
Brésilienne	809
Internationale	1 088
Total	5 196

Résultat des enchères des banques fédérales (1995-2002, millions de dollars)

Institutions financières	Date de l'offre	Valeur de la recette
Meridional	04/12/1997	240,1
Banespa	20/11/2000	3 604,3
BEG	04/12/2001	269,4
BEA	24/01/2002	76,8
Total		4 190,6

Résultats des enchères des banques publiques des États fédérés (1995-2002, millions de dollars)

Institutions financières	Date de l'offre	Valeur de la recette
Credireal	07/08/1997	112
Banerj	26/06/1997	289
Cia União de Serguros Gerais	20/11/1997	45
Bemge	14/09/1998	494
Bandepe	17/11/1998	153
Baneb	22/06/1999	147
Banestado	17/10/2000	869
Paraiban	08/11/2001	29
Total		2 138

Résultats de la vente des entreprises fédérales du secteur de l'énergie électrique, dans le cadre du PND (millions de dollars)

Entreprise	**Date de l'offre**	**Valeur de la recette**
Escelsa	11/07/1995	519
Light	21/05/1996	2 509
Gerasul	15/09/1998	880
Total		3 908

Résumé de la vente des entreprises des États fédérés du secteur de la distribution d'énergie électrique (millions de dollars)

Entreprise distributrice	**Date de l'offre**	**Valeur de la recette**
Cerj	20/11/1996	587
Coelba	31/07/1997	1 598
CEEE-Norte-NE	21/10/1997	1 486
CEEE-Centro-Oeste	21/07/1997	1 372
CPFL	05/11/1997	2 731
Enersul	19/11/1997	565
Cemat	27/11/1997	353
Energipe	03/12/1997	520
Cosern	12/12/1997	606
Coelce	02/04/1998	868
Eletropaulo Metropolitana	15/04/1998	1 777
Celpa	09/07/1998	388
Elektro	16/07/1998	1 273
EBE	17/09/1998	860
Celpe	17/02/2000	1 004
Cemar	15/06/2000	289
Saelpa	30/11/2000	185
Total		16 462

Résumé des privatisations d'implantations portuaires

Ports et terminaux	Recette de la vente
CODESP	**251,1**
Porto de Santos	251,1
CDRJ	**113,4**
Porto de Sepetiba	79
Porto do Rio	26,5
Porto de Angra dos Reis	7,9
CODESA	**35,6**
Cais de Capuaba	26,2
Cais de Paul	9,4
CODEBA	
Porto de Salvador	20,9
Total	**421**

Résultats dans la concession d'entreprises du secteur gazier

Entreprise / Concession	Date de l'offre	Recette de la vente
CEG	14/07/1997	430
Riogás	14/07/1997	146
Comgás	14/04/1999	988
Gás Noroeste-SP	09/11/1999	143
Gás Sul-SP	26/04/2000	298
Total		2 005

Résultats dans la concession de téléphonie cellulaire (Bande B, D, E), 1995-2002 (millions de dollars)

Bande	Recette de la vente
B	7 613
D	1 333
E	482
Total	9 428

Telecom : Résultats dans la concession de téléphonie cellulaire (Bande A), 1995-2002 (millions de dollars)

Entreprises	**Recette de la vente**	**Entreprises**	**Recette de la vente**
Telesp Celular	3 082	Tele Leste Celular	368
Tele Sudeste Celular	1 168	Tele Centro Oeste Celular	378
Telemig Celular	649	Tele Norte Celular	161
Tele Celular Sul	601	Total	6 974
Tele Nordeste Celular	567		

Résultats des enchères dans le secteur des télécommunications (millions de dollars)

Entreprise/concession	**Recette de la vente**
Empresas Federais de Telecomunicações	19 327
Telefonia fixa e serviços de longa distância	11 970
Telefonia celular - Bande A	6 947
Oferta aos empregados	293
Concessions	9 556
Téléphonie cellulaire (Bande B+D+E)	9 428
Empresas Espehlo	128
Entreprise des États fédérés	1 018
Total	29 811

Concession d'usines de production d'énergie électrique (millions de dollars)

	Usines concernées	Puissance (MW)	Valeur contractée	Valeur prévue
1996	2	63	0,0	71,5
1997	4	1 122	346,9	1 480,9
1998	7	2 446	479,4	2 215,1
1999	1	44	2,3	54,0
2000	15	2 328	322,5	1 676,1
2001	18	4 896	2 627,3	3 224,8
2002	8	1 584	114,7	1 228,8
Total	55	12 483	3 893,1	9 951,3

Concessions dans le secteur ferroviaire

Programme	Extension (km)
Chemins de fer fédéraux	1 680
Chemins de fer fédéraux délégués aux États	4 252
Chemins de fer des États	3 835
Chemins de fer municipaux	25
Total	9 792

Concessions dans le secteur du ferroviaire (millions de dollars)

Région	Date de l'offre	Extension (km)	Recette de la vente
Ouest	05/05/1996	1 621	63
Centre-est	14/06/1996	7 080	316
Sud-est	20/09/1996	1 674	871
Tereza Cristina	22/11/1996	164	18
Sud	13/12/1996	6 586	208
Nordeste	18/07/1998	193	15
Paulista	10/11/1998	4 236	206
Total		21 554	1 697

Concessions dans le secteur des transports : résultat des enchères dans le secteur (millions de dollars)

Transport	Concessions autorisées	Recette de la vente
Ferroviaire	9	1 963
Métro	1	262
Maritime	1	29
Terminal de Bus/Parking	1	67
Total	12	2 321

Annexe 5 : Statistiques récapitulatives des activités du BNDES
Tableaux récapitulatifs du BNDES par secteur :
Le BNDES dans l'agriculture, la pêche et l'industrie extractive

	Agriculture et pêche	Industrie extractive		Agriculture et pêche	Industrie extractive
2000	1 908,0	120,9	**2008**	5 594,5	3 310,7
2001	2 762,0	396,3	**2009**	6 855,7	3 219,3
2002	4 508,9	250,3	**2010**	10 126,3	1 513,6
2003	4 595,0	157,3	**2011**	9 759,0	3 579,0
2004	6 930,2	242,6	**2012**	11 362,2	1 825,3
2005	4 058,8	337,7	**2013**	18 662,2	4 055,7
2006	3 422,6	1 457,9	**2014**	16 775,1	3 027,3
2007	4 997,8	1 050,5			

Source : BNDES Valeurs en millions de réais

Tableaux récapitulatifs du BNDES par secteur : le BNDES dans l'industrie de transformation

Industrie de Transformation	2000	2001	2002	2003	2004	2005	2006	2007	2008	2009	2010	2011	2012	2013	2014
Boissons	148	375	237	188	115	502	345	405	529	770	1 174	1 568	1 426	801	1 151
Caoutchouc et plastique	190	225	224	251	275	467	473	1 125	933	1 021	1 872	1 499	2 249	2 455	1 461
Papier et Cellulose	322	1 140	1 273	430	1 052	1 415	2 315	1 808	858	3 568	1 623	1 458	4 219	3 831	4 019
Confection, vêtements, accessoires	62	64	69	65	50	60	90	106	394	266	592	1 011	1 478	908	638
Charbon, pétrole, combustibles	22	77	183	48	74	171	1 392	1 798	3 146	23 238	28 712	4 466	6 281	7 244	5 198
Cuir, chaussures et artéfacts	115	117	295	390	165	154	316	171	652	253	715	647	835	602	273
Informatique, électronique, optique	168	291	348	66	144	637	880	830	872	393	943	298	962	836	626

Pharmacie	34	52	114	110	91	129	150	595	302	224	1 303	225	246	548	483
Bois	200	208	236	258	125	210	198	341	512	376	527	543	761	780	455
Manutention, installation	1	1	8	0	2	6	2	14	30	27	66	74	162	218	160
Machines, appareils électriques	278	209	208	229	212	658	674	837	889	1 211	1 156	1 399	1 229	1 690	1 045
Machines et équipements	626	651	929	467	830	1 965	1 695	1 716	1 664	2 617	3 249	2 781	3 419	4 216	2 908
Métallurgie	1 696	1 654	1 020	997	741	1 368	2 161	3 120	3 209	4 488	3 809	2 551	2 538	2 551	2 478
Minerai non métallique	179	172	238	306	274	228	411	440	591	1 245	1 657	1 971	2 204	2 637	1 698
Meubles	41	55	77	113	100	137	82	149	288	206	456	670	1 028	929	610
Autres équipements de transport	2 697	3 328	6 587	5 755	5 963	6 044	4 223	1 700	2 942	2 899	4 411	3 544	2 350	3 452	6 250

Produit du métal	116	174	332	260	256	382	337	522	508	811	1 118	1 204	1 328	1 517	1 588
Agro alimentaire	1 065	1 694	2 090	1 793	1 773	2 396	3 304	4 369	9 544	8 034	12 293	5 262	4 690	7 070	6 124
Produits divers	16	25	34	38	43	90	154	62	65	107	316	295	394	266	261
Chimie	363	636	877	1 055	455	1 013	1 062	1 883	2 176	2 175	3 798	2 458	1 998	3 396	3 572
Textile	356	279	290	388	170	256	176	296	954	381	1 558	1 545	1 235	989	608
Véhicules, carrosserie	1 557	1 282	1 459	2 654	2 575	4 718	5 186	3 065	4 603	5 923	5 790	4 659	4 643	6 852	5 296

Source : BNDES Valeurs arrondies en millions de réais

Tableaux récapitulatifs du BNDES par secteur : le BNDES dans le commerce et les services

Commerce et Services	2001	2002	2003	2004	2005	2006	2007	2008	2009	2010	2011	2012	2013	2014
Administration publique	46	159	114	188	143	128	148	290	4 149	5 129	3 048	12 108	12 099	11 641
Eau, égouts, déchets	90	202	276	245	329	401	654	794	906	1 590	1 550	1 492	1 680	1 827
Logement et alimentation	120	127	73	43	99	85	116	135	190	382	563	694	909	1 113
Arts, culture et sports	30	23	32	17	15	19	23	38	77	122	961	1 568	1 310	715
Transport et livraison	441	281	237	312	776	543	1 013	623	2 085	2 961	3 505	4 699	7 862	10 428
Finance et assurance	153	162	111	99	59	259	257	1 280	414	742	1 342	2 693	4 208	4 624
Immobilier, adminis-tration	174	296	355	265	507	537	870	1 425	1 327	3 416	3 718	4 727	5 255	5 225
Commerce	838	1 112	1 547	867	936	1 829	2 536	3 156	5 597	10 530	11 310	13 202	16 840	17 579

Construction	747	763	814	1 220	1 682	1 539	3 126	4 103	6 550	6 650	7 195	8 029	9 731	10 315
Éducation	163	201	159	142	165	160	142	135	173	183	245	444	488	665
Électricité et gaz	1 423	8 852	5 082	6 507	4 963	3 564	6 940	8 923	14 716	13 878	16 286	19 359	20 367	19 598
Information, communi-cation	64	57	28	48	132	115	473	584	341	599	586	551	861	1 134
Autres activités de services	10	21	15	34	37	49	56	81	82	134	176	198	183	243
Santé et services sociaux	162	209	207	149	141	418	399	304	416	497	673	731	1 174	1 542
Télécoms	3 112	654	252	1 645	1 670	2 134	3 379	6 188	3 835	2 104	3 108	4 836	2 695	5 295
Transport aérien	7	4	1	11	165	94	19	11	470	571	395	546	335	547
Transport maritime	132	245	613	688	422	477	708	662	915	1 565	1 981	2 223	2 206	388

Transport terrestre	1 612	2 136	2 946	4 655	7 310	8 423	12 58 8	17 53 1	23 737	28 474	28 624	18 844	25 538	28 118

Source : BNDES Valeurs arrondies en millions de réais

Tableaux récapitulatifs du BNDES par secteur
Totaux dans les secteurs du commerce et des services et dans l'industrie de transformation

	Total Commerce et Services	**Total Industrie de Transformation**		**Total Commerce et Services**	**Total Industrie de Transformation**
2000	10 749,7	33 750,7	**2008**	46 262,5	130 192,9
2001	9321,4	33 352,7	**2009**	65 979,1	194 200,6
2002	15 503,0	50 137,0	**2010**	79 527,7	238 203,6
2003	12 861,4	43 588,1	**2011**	85 265,0	212 670,7
2004	17 134,8	51 759,4	**2012**	96 943,7	241 574,6
2005	19 551,1	64 114,5	**2013**	113 741,3	283 284,4
2006	20 774,5	69 179,3	**2014**	120 996,2	290 908,2

2007	33 448,0	94 254,2

Source : BNDES Valeurs en millions de réais

Annexe 6 : Plus grands clients du BNDES de 2008 à 2013

	Client	**Valeur R$**
2008	Açúcar e álcool Oswaldo Ribeiro de Mendonça ltda	163 228 485
2008	Usina Boa Vista S/A	161 574 669
2008	Perdigão Agroindustrial Mato Grosso ltda	156 593 796
2008	Cocal comércio industria cana açúcar e álcool ltda	144 043 019
2008	Brenco holding S/A	140 000 000
2008	Usina Colombo S/A - açúcar e álcool	122 743 634
2008	Açucareira Virgolino de Oliveira S/A	113 522 374
2008	Amaggi exportação e importação ltda	111 628 634
2008	Duratex	106 445 944
2008	Vonpar refrescos	91 518 000
2009	JBS S/Aé	3 479 600 000
2009	BRF Brasil Foods S/A	750 000 000

2009	AMBEV	710 045 584
2009	Volkswagen do Brasil indústria veículos automotores ltda	642 705 006
2009	COSAN Centroeste S/A açúcar e álcool	635 719 506
2009	Estaleiro Atlântico sul S/A	525 730 160
2009	Marfrig alimentos S/A	400 000 000
2009	Companhia Brasileira de Energia Renovável (Brenco, Odebrecht)	233 160 957
2010	Caixa Econômica Federal	4 000000 000
2010	Município do Rio de Janeiro	1 201 186 541
2010	Estado da Bahia	1 091 585 400
2010	Estado do Ceará	1 041 759 150
2010	Companhia de Saneamento de Minas Gerais (COPASA)	9 22 832 234
2010	Estado de São Paulo	826 000 000
2010	Estado de Pernambuco	660 983 000
2010	Estado do Amazonas	587 726 000
2010	Cie de saneamento básico do Estado de São Paulo	520 891 015
2010	Estado do Maranhão	433 092 000
2011	Eldorado Celulose e Papel ltda	2 801 096 760

2011	Votorantim cimentos S/A	1 139 473 973
2011	Alberto pasqualini (Refap S/A)	1 127 349 480
2011	Usiminas	1 088 466 104
2011	Petrobrás	1 023 233 230
2011	Vale S/A	879 220 436
2011	Companhia Petroquímica de Pernambuco	605 606 000
2011	Companhia integrada textil de Pernambuco (CITEPE)	561 538 000
2011	Braskem S/A	526 885 478
2011	OSX Construção naval S/A	389 263 118
2013	Financiadora de Estudos e Projetos (FINEP)	3 000 000 000
2013	Anglo-american minerio de ferro Brasil S/A	2 650 000 000
2013	Centrais eletricas brasileiras S/A	2 500 000 000
2013	Concessionária do aeroporto intl Guarulhos	2 439 300 000
2013	Supervia concessionaria de transporte ferroviario S/A j	1 635 927 000

Sources : données publiques du BNDES, fichiers excel des projets contractés depuis 2008

Annexe 7 : Plus grands contrats signés par le BNDES en 2012 et 2013

	Client	Valeur en R$	Secteur
2013	Petrobrás Netherlands B V (PNBV)	9 877 869 968	Industrie de transformation
2013	Tim celular S/A	5 700 000 000	Commerce et services
2013	Estado do Maranhão	3 801 000 000	Commerce et services
2013	Estado do Rio de Janeiro	3 031 405 000	Commerce et services
2013	Estado de Santa Catarina	3 000 000 000	Commerce et services
2013	Financiadora de Estudos e Projetos (FINEP)	3 000 000 000	Commerce et services
2013	Anglo-american minério de ferro Brasil S/A	2 650 000 000	Industrie extractive
2013	Centrais eletricas brasileiras S/A	2 500 000 000	Commerce et services

2013	Concessionaria do aeroporto internacional de Guarulhos (São Paulo)	2 439 300 000	Commerce et services
2013	Supervia concessionaria de transporte ferroviario	1 635 927 000	Commerce et services
2012	Norte energia S/A	9 814 686 000	Commerce et services
2012	Petrobras, Petróleo brasileiro S/A	7 191 259 100	Industrie de transformation
2012	Banco do Brasil S/A	6 150 296 549	Commerce et services
2012	Vale S/A	3 207 626 000	Industrie extractive
2012	Estado do Espírito Santo	3 000 000 000	Commerce et services
2012	Caixa Econômica Federal	2 773 590 332	Commerce et services
2012	Vale S/A	2 562 235 000	Commerce et services
2012	CMPC Celulose Riograndense ltda	2 510 661 000	Industrie de transformation

2012	Telemar Norte Leste S/A	2 430 766 000	Commerce et services
2012	TCA - Tecnologia em componentes automotivos S/A	2 427 597 000	Industrie de transformation

Source : données publiques du BNDES, « Consulta às operações do BNDES »

Annexe 8 : Liste des entretiens cités

Nom, prénom	**Lieu**	**Raison de l'entretien**
Arida, Pérsio	São Paulo	Gouverneur de la Banque centrale, président du BNDES, Chairman de BTG Pactual
Barros de Castro, Lavinia	Rio de Janeiro	Économiste de l'aire de gestion des risques du BNDES, professeur à l'Ibmec
Belluzzo, Luiz Gonzaga	Campinas (SP)	Fondateur de l'Université de Campinas, ancien assesseur personnel de Lula et Dilma Rousseff

Dias David, Mauricio	Rio de Janeiro	Économiste du BNDES
Fiocca, Demian	Rio de Janeiro	Vice-président, puis président du BNDES
Giambiagi, Fábio	Rio de Janeiro	Économiste du BNDES, membre du Centro Celso Furtado
Landau, Elena	Rio de Janeiro	Directrice des privatisations du BNDES (gouvernement Cardoso)
Lessa, Carlos	Rio de Janeiro	Économiste de la CEPAL, ancien président du BNDES
Lopes Pinto, João Roberto	Rio de Janeiro	Militant lié à la Plataforma BNDES, à l'IBASE, directeur de l'Instituto mais Democracia, professeur à l'UNIRIO et à PUC-RJ
Miterhof, Marcelo	Rio de Janeiro	Assesseur actuel de la Présidence du BNDES
Muzzi, Luiz	Rio de Janeiro	Gérant dans l'aire financière au BNDES
Orenstein, Luiz	Rio de Janeiro	Ancien fonctionnaire du BNDES, ancien directeur de l'aire financière et de crédit. Travaille actuellement dans un fonds d'investissement
Pastori, Antonio	Rio de Janeiro	Économiste du BNDES, retraité

Pestana, Marcus	Brasília	Député fédéral
Prado, Luiz Carlos	Rio de Janeiro	Assesseur du président du BNDES Carlos Lessa, professeur de l'UFRJ
Queiroz, Helder	Rio de Janeiro	Président de l'Agence Nationale du Pétrole
Ramos, Adriana	Brasília	Vice Executive Secretary d'ISA socio ambiental
Severo, Quintino	São Paulo	Directeur du CODEFAT, président de la section économie du CUT
Teixeira Torres Filho, Ernani	Rio de Janeiro	Ancien superintendant au BNDES, directeur de divers secteurs (social, crédit, pétrole, infrastructures…) professeur à l'UFRJ

BIBLIOGRAPHIE

ABRANCHES, Sérgio, *The Divided Leviathan: State and Economic Policy Formation in Authoritarian Brazil*, PhD. Dissertation, Cornell University, 1984.

——, « Presidencialismo de coalizão: o dilema institucional bresileiro », *Revista de Ciências Sociais* 31/1 (1988), p. 5-34.

AMSDEN, Alice, *Asia's Next Giant: South Korea and Late Industrialization*, Oxford/New York, Oxford University Press, 1989.

——, *The Rise of the 'Rest'. Challenges to the West from Late-Industrializing Economies*, Oxford/New York, Oxford University Press, 2001.

ANTUNES DE ANDRADE MAIA, Bento, *O papel do BNDES: críticas ao crédito e ao FAT*, Campinas, SP, Faculdades Campinas (FACAMP), 2007.

ARBIX, Glauco & MARTIN, Scott B., « Beyond Developmentalism and Market Fundamentalism in Brazil: Inclusionary State Activism without Statism », *Workshop on State Development and Global Governance*, A Global Legal Studies Center and the WAGE, University of Wisconsin-Madison, March 12-13, 2010.

ARIDA, Pérsio, « Mecanismos compulsórios e mercado de capitais: propostas de política econômica », Rio de Janeiro, Casa da Garças, mai 2005 (texte soumis à discussion n° 8), p. 1-9.

AUDINET, Pierre, *L'État entrepreneur en Inde et au Brésil – Économie du sucre et de l'éthanol*, Paris, L'Harmattan, 1998.

BAER, Werner, « Import Substitution and Industrialization in Latin America: Experiences and Interpretations », *Latin American Research Review* 7 (1972), p. 95-122.

———, *The Brazilian Economy. Growth and Development*, 6e edition, Boulder/London, Lynne Rienner Publishers, 2008.

——— & VILLELA Annibal V., « The Changing Nature of Development Banking in Brazil », *Journal of Interamerican Studies and World Affairs* 22/4 (1980), p. 423-440.

BAN, Cornel, « Brazil's Liberal Neo-Developmentalism: New Paradigm or Edited Orthodoxy? », *Review of International Political Economy* 20/2 (2013), p. 298-331.

BARBOSA, Nelson, PEREIRA DE SOUZA, José Antonio, « A inflexão do governo Lula: política econômica, crescimento e distribuição de renda », dans Emir SADER, Marco Aurélio GARCIA, *Brasil entre o Passado e o Futuro*, São Paulo, Boitempo Editorial, 2010.

BASTIDE, Roger, « Trois livres sur le Brésil », *Revue française de science politique* 5 (1955), p. 110-118.

BLOCK, Fred, « Swimming against the Current: The Rise of a Hidden Developmental State in the United States », *Politics & Society* 36/2 (2008), p.169-206.

BOIX, Carles, « Privatizing the Public Business Sector in the 1980s: Economic Performance, Partisan Responses, and Divided Governments », *British Journal of Political Science* 27/4 (1997), p. 473-496.

———, *Political Parties, Growth and Equality*, Cambridge, Cambridge University Press, 1998.

BOUSSAGUET, Laurie et AL., *Dictionnaire des politiques publiques*, 3e édition actualisée et augmentée, Paris, Presses de Sciences Po, « Références », 2010.

BRENNER, Neil, *New State Spaces: Urban Governance and the Rescaling of Statehood*, Oxford, Oxford University Press, 2004.

BRENNER, Robert, *Merchants and Revolution: Commercial Change, Political Conflict, and London's Overseas Traders, 1550-1653*, Princeton, Princeton University Press, 1993.

BRESSER PEREIRA, Luiz Carlos, *Economic Crisis & State Reform in Brazil – Toward a New Interpretation of Latin America*, Boulder, Colo/London, Lynne Rienner Publishers, 1996.

———, « The New Developmentalism as a Weberian Ideal Type », texto para discussão 319 (octobre 2012), Escola de economia de São Paulo, Fundacão Getúlio Vargas.

BRUCE, David C., « Brazilian Technocrats and Economic Development Policy », *Public Administration and Development* 5/2 (1985), p. 169-175.

BYEONG-CHEON, Lee éd., *Developmental Dictatorship and the Park Chung-hee Era: The Shaping of Modernity in the Republic of Korea*, Paramus, New Jersey, Homa and & Sekey Books, 2003.

CARDOSO, Fernando Henrique et FALETTO, Enzo, *Dépendance et développement en Amérique latine*, Paris, Presses Universitaires de France, 1969.

CASTLES, Francis G., *The Disappearing State? Retrenchment Realities in an Age of Globalization,* Cheltenham, Edward Elgar, 2007.

CATERMOL, Fabrício, « BNDES-*exim*: 15 anos de apoio às exportações brasileiras », *Revista do BNDES* 12/24 (2005), p. 3-30.

CENTENO, Miguel Angel, « Blood and Debt: War and Taxation in Nineteenth-Century Latin America », *Journal of Sociology* 102/6 (1997), p. 1565-1605.

———, *Blood and Debt War and the Nation-State in Latin America*, Philadelphia, Pennsylvania State University Press, 2002.

CHIBBER, Vivek, « Bureaucratic Rationality and the Developmental State », *American Journal of Sociology* 107/4 (2002), p. 951-989.

———, *Locked in Place: State-Building and Late Industrialization in India*, Princeton, Princeton University Press, 2003.

———, « Reviving the Developmental State? The Myth of the 'National Bourgeoisie' », *Socialist Register* 41 (2005), p. 226-246.

COLLIER BERINS, Ruth and COLLIER, David, *Shaping Political Arena*, Notre Dame, University of Notre Dame Press, 2002.

CROUCH, Colin, *Post-Democracy*, Cambridge, Polity Press, 2004.

———, *The Strange non Death of Neoliberalism*, Cambridge, Polity Press, 2011

CURRALERO, Claudia, *A atuação do Sistema BNDES como instituição financeira de fomento no período 1952-1996*, Tese (mestrado em economia) – Instituto de Economia, Universidade Estadual de Campinas, Campinas, 1998.

DABÈNE, Olivier, *Amérique latine, la démocratie dégradée*, Bruxelles, Complexe, 1997.

———, *La Gauche en Amérique latine 1998-2012*, Paris, Presses de Sciences Po, 2012.

DALAND, Robert T., *Brazilian Planning. Development Politics and Administration*, Chapel Hill, N.C., The University of North Carolina Press, 1967.

———, *Exploring Brazilian Bureaucracy: Performance and Pathology*, Washington D.C., University Press of America, 1981.

DE CASTRO, José, *Geografia da Fome*, Rio de Janeiro, Editora O Cruzeiro, 1946 (*Géographie de la faim. Le dilemme brésilien : pain ou acier*, Paris, Seuil, 1964).

DE MELLO BELLUZZO, Luiz Gonzaga, « Os pesadelos do senhor Meirelles », *Folha de São Paulo*, 21 novembre 2004.

DE MELLO E SOUSA, Nelson, « Public Administration and Economic Development », dans Robert T. DALAND éd., *Perspectives of Brazilian Public Administration*, volume I, Los Angeles, Getúlio Vargas Foundation and University of Southern California, 1963.

DE OLIVEIRA CAMPOS, Roberto, *Economia, Planejamento e Nacionalismo*, Rio de Janeiro, APEC Editora, 1963.

———, *Ensaios de História Econômica e Sociologia*, Rio de Janeiro, APEC Editora, 1964.

———, *Reflections on Latin American Development*, Austin, University of Texas Press, 1967.

DIAMOND, William, *Development Banks*, Baltimore, The John Hopkins Press, 1957.

DOS SANTOS, Teotonio, « The Structure of Dependence », *American Economic Review* 60/5 (1970), p. 235-246.

ELIAS, Norbert, *Dynamique de l'Occident*, Paris, Calmann Levy, 1975 (= 2ème partie de *Über prozess der Zivilisation*, Basel, Verlag Haus zum Falken, 1939).

EVANS, Peter, *Dependent Development: The Alliance of Multinational State and Local Capital in Brazil*, Princeton, Princeton University Press, 1979.

———, *Embedded Autonomy. States and Industrial Transformation*, Princeton, Princeton University Press, 1995.

———, « In Search of the 21st Century Development State », *The Centre for Global Political Economy*. Working Paper n° 4, Brighton, University of Sussex, décembre 2008.

FAORO, Raymundo, *Os Donos do Poder. Formação do Patronato Politico Brasileiro*, vol. 2, São Paulo, Ed. da Universidade de São Paulo, 1975.

FEITAL PINTO, Rogério, *The Political Ecology of the Brazilian National Bank for Development (BNDE)*, A thesis presented to the department of Political Science, Washington, D.C., University of North Carolina, 1969.

FLORES, Mario, « O desenvolvimento e seus problemas », *Instituto Millenium*, 10 juin 2006.

FOSTER VIDAL André Carvalho e BARROS DA HORA, André, « A atuaçao do BNDES nos setores de florestas plantadas, painéis de madeira, celulose e papéis: o periodo 2001-2010 », *BNDES Setorial* 34 (septembre 2011), p. 133-172.

FRANZESE, Robert, *Macroeconomic Policies of Developed Democracies*, Cambridge, Cambridge University Press, 2002.

FRIEDBERG, Erhard et URFALINO, Philippe, *Le jeu du catalogue, les contraintes de l'action culturelle dans les villes*, Paris, La documentation française, 1984.

FURTADO, Celso, *Desenvolvimento e Subdesenvolvimento*, Rio de Janeiro, Fundo de Cultura, 1961.

———, *Development and Underdevelopment*, Los Angeles, University of California Press, 1964.

———, *Théorie du développement économique*, Paris, PUF, 1970.

———, *Formação Econômica do Brasil*, 14e edition, São Paulo, Companhia Editora Nacional, 1976.

———, *Accumulation and Development: The Logic of Industrial Civilization*, Oxford, Martin Robertson, 1983.

GALLETTA, Paulo, « A exaustâo do setor público e a desestatizaçao », *Econômia em Perspectiva* 50 (1988).

GARRETT, Geoffrey, *Partisan Politics in the Global Economy*, Cambridge, Cambridge University Press, 1998.

GEDDES Barbara, *Politician's Dilemma*, Berkeley and Los Angeles, University of California Press, 1994.

GERSCHENKRON, Alexander, *Economic Backwardness in Historical Perspective*, Cambridge, MA, Belknap, 1962.

GOLDENSTEIN, Lidia O., « O desafio da economia criativa », *Digesto Econômico* LXV 458 (mai 2010).

GORDON NEMBHARD, Jessica, *Capital Control, Financial Regulation, and Industrial Policy in South Korea and Brazil*, Westport, Connecticut/London, Praeger, 1996.

HABERMAS, Jürgen, *De l'éthique de la discussion*, traduit de l'allemand par Mark Hunyadi, Paris, Cerf, 1992 (1ere édition allemande : 1991).

HADDAD, Claudio, « É preciso fechar o 'granaduto' », *Valor Econômico*, São Paulo, 25 février 2005.

HAGGARD, Stephan, « The East Asian NICs in Comparative Perspective », *Annals of the American Academy of Political and Social Science* 505 (1989), p. 129-141.

———, *Pathways from the Periphery. The Politics of Growth in Newly Industrializing Countries*, Ithaca, Cornell University Press, 1990.

HALL, Peter A., *Governing the Economy: the Politics of State Intervention in Britain and France*, Oxford, Oxford University Press, 1986.

——— et TAYLOR, Rosemary C. R., « La science politique et les trois néo-institutionnalismes », *Revue française de science politique* 3-4 (1997), p. 469-496.

——— & SOSKICE David W., éds., *Varieties of Capitalism. The Institutional Foundation of Comparative Advantage*, Oxford, Oxford University Press, 2001.

HARVEY, David, *A Brief History of Neoliberalism*, Oxford, Oxford University Press, 2005.

HAY, Colin, *Demystifying Globalization*, London, Macmillan/St Martin's Press, 2000.

———, « Globalization's Impact on States », dans J. RAVENHILL éd., *Global Political Economy*, 3e édition, Oxford, Oxford University Press, 2011, p. 314-346.

HIRSCHMAN, Albert, *The Strategy of Economic Development*, New Haven, Yale University Press, 1958.

HOCHESTETLER Kathryn & MONTERO, Alfred P., « Inertial Statism and the New Developmentalist State in Brazil », paper held at the symposium of the *Latin America Studies Association Conference*, 23-26 mai 2012, San Francisco.

HOWKINS, John, *The Creative Economy. How People Make Money from Ideas*, London, Penguin Books, 2001.

JESSOP, Bob, *The Future of the Capitalist State*, Cambridge, Polity Press, 2002.

JOHNSON, Chalmers, *Miti and the Japanese Miracle – The Growth of Industrial Policy, 1925-1975*, Stanford, Stanford University Press, 1982.

———, « The Developmental State. Odyssey of a Concept », dans Meredith WOO-CUMINGS éd., *The Developmental State*, New York, Cornell University, 1999, p. 32-60.

JONAS, Hans, *Le principe responsabilité. Une éthique pour la civilisation technologique*, traduit de l'allemand par Jean Greisch, Paris, Flammarion, Champs essais, 2010 (1ere édition allemande, 1979).

KAPSTEIN Ethan B., « Brazil: Continued State Dominance », dans Raymond VERNON éd., *The Promise of Privatization*, New York, Council of Foreign Relations, 1988, p. 122-148.

KLÜGER, Elisa, *Sobre elites de Estado no Brasil contemporâneo: trajetórias e representações de diretores do Banco Nacional de Desenvolvimento Econômico e Social (1994-2011)*, (these soutenue à l'USP en 2013).

KOHLI, Atul, *State-Directed Development: Political Power and Industrialization in the Global Periphery*, Cambridge, Cambridge University Press, 2004.

KWON, Huck-ju, *The Welfare State in Korea. The Politics of Legitimation*, Basingstoke, Macmillan, 1999.

———, « Transforming the Developmental Welfare States in East Asia », *DESA* Working Paper n° 40, New York, United Nations, Department of Economic and Social Affairs, 2007.

LAGE DE SOUSA, Filipe, org., *BNDES 60 anos. Perspectivas setoriais*, vol. 1-2, Rio de Janeiro, BNDES, 2012.

LANGE, Matthew, MAHONEY, James, vom HAU, Matthias, « Colonialism and Development: A Comparative Analysis of Spanish and British Colonies », *American Journal of Sociology* 111/5 (2006), p. 1412-1462.

LASCOUMES, Pierre et LE GALÈS, Patrick, « Conclusion : de l'innovation instrumentale à la recomposition de l'État », dans Pierre LASCOUMES et Patrick LE GALÈS dir., *Gouverner par les instruments*, Paris, Presses de Sciences Po, 2005, p. 357-370.

LAZZARINI, Sérgio G., *Capitalismo de laços. Os donos do Brasil e suas conexões*, Rio de Janeiro, Elsevier Editora, 2011.

———, MUSACCHIO, Aldo, « Leviathan as a Minority Shareholder: A Study of Equity Purchases by the Brazilian National Development Bank (BNDES), 1995-2003 », Harvard Business School, Working Paper 11-073 (12/2010).

———, MUSACCHIO, Aldo, BANDEIRA-DE-MELLO, Rodrigo, MARCON, Rosilene, « What Development Banks Do? Evidence from Brazil 2002-2009 », Harvard Business School, Working Paper 12-047, 8/12/2011.

———, OTTAVIANO, Gianmarco I.P., LAGE DE SOUSA, Filipe, « The Effects of BNDES Loans on the Productivity of Brazilian Manufacturing Firms », Harvard Business School, Working Paper, mai 2011.

———, Aldo MUSACCHIO, « Leviathan Evolving: New Varieties of State Capitalism in Brazil and Beyond », Presented at the International Society for the New Institutional Economics Annual Conference, Florence, July 20-22, 2013.

LEFTWICH, Adrian, *States of Development. On the Primacy of Politics in Development*, Cambridge, Polity Press, 2000.

———, « Democracy and Development. Is there Institutional Compatibility? », *Democratization* 12 (2005), p. 686-703.

LE GALÈS, Patrick, « La restructuration de l'État en Grande-Bretagne », dans Pierre LASCOUMES et Patrick LE GALÈS dir., *Gouverner par les instruments*, Paris, Presses de Sciences Po, 2005, p. 237-271.

LEVY, Jonah D., « The State after Statism – From Market Direction to Market Support », dans Jonah D. LEVY éd., *The State after Statism: New State Activities in the Age of Liberalization*, Cambridge, Mass./London, Harvard University Press, 2006, p. 367-393.

LINDBLOM, Charles E., « The Science of "Muddling Through" », *Public Administration Review* 24/3 (1964), p. 153-157.

———, *Politics and Markets – The World's Political-Economic Systems*, New York, Basic Books/HarperCollins, 1977.

———, *The Market System. What it Is, How It Works, and What to Make of It*, New Haven & London, Yale University Press, 2001.

LINKOHR, Rolf, « La política energética latinoamericana: entre el Estado y el mercado », *Nueva Sociedad* 204 (2006), p. 90-103.

LORRAIN, Dominique, « Le désarroi du politique ? », dans Pierre LASCOUMES et Patrick LE GALÈS dir., *Gouverner par les instruments*, Paris, Presses de Sciences Po, 2005, p. 163-197.

LOUAULT, Frédéric, « Un renouvellement brésilien en trompe-l'œil ? », dans Olivier DABÈNE dir., *La Gauche en Amérique latine, 1998-2012*, Paris, Presses de Sciences Po, 2012, p. 37-74.

MAHONEY, James, *Colonialism and Postcolonial Development. Spanish America in Comparative Perspective*, Studies in Comparative Politics, Cambridge, Cambridge University Press, 2010.

MAJONE, Giandomenico, « From the Positive to the Regulatory State: Causes and Consequences of Changes in the Mode of Governance », *Journal of Public Policy*, 17/2 (1997), p. 139-167.

MARINI, Mauro, « Brazilian Subimperialism », *Monthly Review* 23/9 (1972), p. 14-24.

MAXWELL, Kenneth, « *Porque o Brasil foi diferente* », dans Carlos Guilherme MOTA org., *Viagem Incompleta. A Experiência Brasileira*, São Paulo, Editora Senac, 2000.

MAYAUX, Pierre-Louis et MAILLET, Antoine, « Gérer l'héritage de l'État néolibéral. Les gauches latino-américaines face aux régulateurs indépendants », dans Olivier DABÈNE, dir., *La Gauche en Amérique latine, 1998-2012*, Paris, Presses de Sciences Po, 2012, p. 203-235.

MEDRADO, André, RIVERA, Ricardo, « Avaliação do apoio do BNDES ao setor de software e serviços de IT », *BNDES Setorial* 38 (septembre 2013), p. 329-372.

MERRIAM, Charles E., *Prologue to Politics*, Chicago, The University of Chicago Press, 1939.

MESQUITA MOREIRA, Mauricio, *Industrialization, Trade and Market Failures: the Role of the Government Intervention in Brazil and South Korea*, New York, Saint Martin's Press, 1995.

METTLER, Suzanne, « The Submerged State: the Challenges of Social Policy Reform in Obama Era », *Perspectives on Politics* 8/3 (2010), p. 803-824.

———, *The Submerged State: How Invisible Government Policies Undermine American Democracy*, Chicago and London, The University of Chicago Press, 2011.

MIGON, Marcio N., VARELLA GOMES, Sergio B., « O papel crescente das agências de crédito à exportação no setor aeronáutico e perspectivas a partir de 2010 », *BNDES Setorial* (*Setor Aéreo*) 32 (2010), p. 91-112.

———, NYKO, Diego, GARCIA, Jorge Luiz Faria, SIQUEIRA FERREIRA SOARES DOS REIS, Brunno Luiz, « O déficit de produçao de etanol no Brasil entre 2012 e 2015 : determinantes, consequências e sugestões de política », *BNDES Setorial* 35 (mars 2012), p. 277-302.

———, NYKO, Diego, « O BNDES e o setor sucroenergético em 2012: a inovação como prioridade », *Informe Setorial*, Area Industrial n° 25 (juin 2013), p. 1-4.

MKANDAWIRE, Thandika, « Thinking about Developmental States in Africa », *Cambridge Journal of Economics* 25 (2001), p. 289-313.

———, « Towards a Development, Democratic and Socially Inclusive Africa Once Again », *CODESRIA Bulletin* 3-4 (2005), p. 47-49.

MODENESI, Rui L., « O proemprego, o FAT e o BNDES : parceria entre a sociedade civil e o Estado », *Revista do BNDES*, 9/18 (décembre 2002), p. 3-32.

MORAIS Lecio, & SAAD-FILHO, Alfredo, « Neo-Developmentalism and the Challenges of Economic Policy-Making under Dilma Rousseff », *Critical Sociology* 6/07 (2012), p. 789-798.

MOREIRA Terezinha, « A hora e a vez do saneamento », *Revista do BNDES* 10 (1998), p. 1-40.

———, « Saneamento básico: desafios e oportunidades », *Revista do BNDES* 6 (1996), p. 157-172.

———, « A infra-estrutura urbana », dans *BNDES 50 anos: histórias setoriais*, 2002, p. 277-295.

MOSLEY, Layna, *Global Capital and National Governments*, Cambridge UK/New York, Cambridge University Press, 2003.

MUSACCHIO, Aldo and LAZZARINI Sérgio G., « Leviathan in Business: Varieties of State Capitalism and their Implications for Economic Performance », Harvard Business School Working Paper, No. 12- 108, June 2012.

——— and LAZZARINI Sérgio G., *Reinventing State Capitalism: Leviathan in Business, Brazil and Beyond*, Cambridge, Harvard University Press, 2014.

NADER, Nazmi, « The Impact of Foreign Capital on the Brazilian Economy », *The Quarterly Review of Economics and Finance* 38/3 (1998), p. 483-502.

NAUGHTON, Barry, *Growing Out of the Plan: Chinese Economic Reform, 1978-1993*, Cambridge, Cambridge University Press, 1995.

NYKO, Diego et AL., « A corrida tecnológica pelos biocombustíveis de segunda geração: uma perspectiva comparada », *BNDES Setorial* 32 (septembre 2010), p. 5-48.

———, « O setor sucroenergético em 2011 », *Informe Setorial*, Area Industrial n° 22 (mars 2012), p. 1-3.

OHMAE, Kenichi, *The Borderless World: Power and Strategy in the Interlinked Economy*, London, Harper Collins, 1990.

PANIGO, Demian et QUENAN, Carlos, « La situation macroéconomique du Brésil 2003-2004 : un bilan préliminaire », dans Denis ROLLAND et Joëlle CHASSIN (coord.), *Pour comprendre le Brésil de Lula*, Paris, L'Harmattan, 2004, p. 81-113.

PIERSON, Paul, *Politics in Time: History, Institutions, and Social Analysis*, Princeton, Princeton University Press, 2004.

POLANYI, Karl, *The Great Transformation*, Boston, Beacon Press, 1944.

RAMOS, Antonio Guerreiro, *Administraçâo e Estratégia do Desenvolvimento*, Rio de Janeiro, Editora da Fundação Getúlio Vargas, 1966.

RICARDO, David, *On the Principals of Political Economy and Taxation*, London, John Murray, 1817.

ROCHA FONSECA, Paulus Vinicius, « Embraer: um caso de sucesso com apoio do BNDES », *Revista do BNDES* 37 (juin 2012), p. 39-66.

RODRIK, Dani, « Getting Interventions Right: How South Korea and Taiwan Grew Rich », *NBER* Working Paper n° 4964 (12/1994).

SABBATINI, R. et AL., *Construção naval. Relatório de acompanhamento setorial*, ABDI-UNICAMP, vol. 2, Campinas, juin 2008.

SCHAPIRO, Mario G., « Rediscovering the Developmental Path? Development Bank, Law, and Innovation Financing in the Brazilian Economy », dans David M. TRUBEK, Helena ALVIAR, Diogo R. COUTINHO, Santos ALVARO éds., *Law and the New Developmental State: the Brazilian Experience in Latin American Context*, Cambridge, Cambridge University Press, 2013, p. 114-163.

SCHEINGATE Adam, « Why Can't Americans See the State? », *The Forum* 74 (2009), p. 1-14.

SCHMIDT, Vivien A., *The Futures of European Capitalism*, Oxford, Oxford University Press, 2002.

SCHMITTER, Philippe, *Interest Conflict and Political Change in Brazil*, Stanford, Stanford University Press, 1971.

SCHNEIDER, Ben Ross, *Business Politics and the State in Twentieth-Century Latin America*, Cambridge, Cambridge University Press, 2004.

SCHUTTE, Giorgio Romano, « Brasil: nuevo desarrolismo y petróleo de aguas profundas », *Nueva Sociedad* 244 (2013), p. 122-133.

SHONFIELD, Andrew, *Modern Capitalism: the Changing Balance of Public and Private Power*, Oxford, Oxford University Press, 1965.

SIKKINK, Kathryn, *Ideas and Institutions. Developmentalism in Brazil and Argentina*, New York, Cornell University Press, 1991.

SKIDMORE, Thomas E., *Brasil: de Getúlio a Castello (1930-64)*, São Paulo, Companhia das Letras, 2007 (traduit de l'anglais par Berilo Vargas : *Politics in Brazil (1930-1964). An Experiment in Democracy*, Oxford, Oxford University Press, 1967).

———, *Brazil: Five Centuries of Change*, Oxford, Oxford University Press, 2009.

SKOCPOL, Theda, « Bringing the State back in: Strategies of Analysis in Current Research », dans Peter B. EVANS, Dietrich RUESCHEMEYER and Theda SKOCPOL éds., *Bringing the State Back In*, Cambridge, Cambridge University Press, 1995, p. 1-37.

———, « The Politics of American Social Policy, Past and Future », dans Victor R. FUCHS éd., *Individual and Social Responsibility: Child Care, Education, Medical Care, and Long-Term Care in America*, Chicago, University of Chicago Press, 1996, p. 309-340.

———, with WEIR, Margaret, and SHOLA ORLOFF, Ann éds., *The Politics of Social Policy in the United States*, Princeton, Princeton University Press, 1988.

SMITH, Adam, *An Inquiry into the Nature and the Causes of the Wealth of Nations*, London, W. Strahan, 1776.

STEINBRUCH, Benjamin, « A ousadia é a persistência », *Folha de São Paulo*, 16 novembre 2004.

STREECK, Wolfgang, & THELEN, Kathleen éds., *Beyond Continuity: Institutional Change in Advanced Political Economies*, Oxford, Oxford University Press, 2005.

TEIXEIRA TORRES FILHO, Ernani, « A reforma do sistema FAT-BNDES: críticas à proposta Arida », *Revista do BNDES* 24 (décembre 2005), p. 31-42.

———, « Crédito direcionado e direcionamento do crédito: situaçao atual e perspectivas », *Revista do BNDES* 13, n° 25 (juin 2006), p. 35-50.

THELEN, Kathleen, « Historical Institutionalism in Comparative Politics », *Annual Review of Political Science* 2 (1999), p. 369-404.

TILLY, Charles, éd., *The Formation of National States in Western Europe*, Princeton, Princeton University Press, 1975.

———, *Coercion, Capital and European States*, Oxford, Blackwell, 1990.

———, *Contention and Democracy in Europe, 1650-2000*, Cambridge, Cambridge University Press, 2004.

———, *Contrainte et capital dans la formation de l'Europe : 990-1990*, Paris, Aubier, 1992.

———, *Trust and Rule*, Cambridge, Cambridge University Press, 2005.

———, « Cities, States and Trust Networks: chapter 1 of *Cities and States in World History* », *Theory and Society* 39, 3-4 (2010), p. 265-280.

TRUBEK, David M., ALVIAR, Helena, COUTINHO, Diogo R., ALVARO, Santos éds., *Law and the New Developmental State: the Brazilian Experience in Latin American Context*, Cambridge, Cambridge University Press, 2013.

TYLER, William G., « Brazilian Industrialization and Industrial Policies: a Survey », *World Development* 4/10-11 (1976), p. 863-882.

VOGEL, Steven, *Freer Markets, More Rules: Regulatory Reform in Advanced Industrial Countries*, Ithaca, Cornell University Press, 1996.

WADE, Robert, *Governing the Market: Economic Theory and the Role of Government in East Asian Industrialization*, Princeton, Princeton University Press, 1992.

WALLERSTEIN, Immanuel, « The Rise and Future Demise of the World Capitalist System: Concepts for Comparative Analysis », *Comparative Studies in Society and History* 15/4 (1974), p. 387-415.

———, « Dependence in Interdependent World: The Limited Possibilities of Transformation within the Capitalist World-Economy », *The African Studies Review* 17/1 (1974), p. 1-26.

———, « Semi-Peripheral Countries and the Contemporary World Crisis », *Theory and Society* 3/4 (1976), p. 461-484.

WEISS, Linda, *The Myth of the Powerless State: Governing the Economy in a Global Era*, Cambridge, Polity Press, 1998.

WILLIS, Eliza J., « Explaining Bureaucratic Independence in Brazil: The Experience of the National Economic Development Bank », *Journal of Latin American Studies* 27/03 (1995), p. 625-661.

WOO-CUMINGS, Meredith, éd., *The Developmental State,* Ithaca (N. Y.), Cornell University Press, 1999.

Sites consultés

https://www.google.fr/#q=doing+business+2014

http://veja.abril.com.br/noticia/economia/mmx-de-eike-batista-recebera-mais-r-935-milhoes-do-bndes

http://veja.abril.com.br/noticia/brasil/lula-fez-lobby-para-ajudar-eike-batista-e-quase-deu-certo--2

http://veja.abril.com.br/noticia/economia/bndes-deve-bancar-aumento-de-capital-de-empresa-de-eike.

www.BNDES.gov.br/SiteBNDES/.../BNDES.../Interviews

http://www.BNDES.gov.br/SiteBNDES/BNDES/BNDES_en/Institucional/Corporate_Governance/Sources_of_Funding/

http://www.camara.gov.br/proposicoesWeb/prop_mostrarintegra?codteor=510490&filename=Tramitacao-PDC+374/2007

http://g1.globo.com/economia/negocios/noticia/2012/02/governo-arrecada-r-245-bilhoes-com-leilao-de-aeroportos.html.

http://jovempan.uol.com.br/noticias/economia/especialistas-criticam-privatizacao-tardia-dos-aeroportos-brasileiros.html

http://oglobo.globo.com/economia/dilma-incredulos-terao-um-dia-de-amargura-com-privatizacao-de-aeroportos-10855896

http://portuguese.ruvr.ru/2013_11_23/Brasil-fatura-alto-com-leil-o-de-aeroportos-e-caminha-para-ampliar-privatiza-o-1315/

http://oglobo.globo.com/economia/dilma-incredulos-terao-um-dia-de-amargura-com-privatizacao-de-aeroportos-10855896

http://www1.folha.uol.com.br/mercado/2014/01/1393574-bndes-volta-a-favorecer-o-grupo-frigorifico-marfrig.shtml

http://www1.folha.uol.com.br/mercado/2014/01/1399694-plano-de-negocios-define-injecao-afirma-banco.shtml.

http://www2.camara.leg.br/busca/?tiponormaF=Decreto+Legislativo&o=relevance&v=legislacao&numero=374&ano=2007&btnPesquisar.x=16&btnPesquisar.y=12&btnPesquisar=OK

http://www12.senado.gov.br/senado/presidencia/colecao-discurso

https://www.moodys.com/research/Moodys-downgrades-BNDESs-and-Caixas-senior-ratings-to-Baa2-lowers--PR_268321

http://noticias.uol.com.br/cotidiano/ultimas-noticias/2013/11/22/aeroporto-do-galeao-e-leiloado-por-r-19-bi-confins-e-arrematado-por-r-182-bi.htm

http://www1.folha.uol.com.br/fsp/mercado/145113-privatizado-galeao-passa-a-ser-61-estatal.shtml

http://veja.abril.com.br/noticia/economia/depois-do-fgts-e-a-vez-do-BNDESPAR-comprar-fatia-da-odebrecht-transport

http://veja.abril.com.br/blog/rodrigo-constantino/economia/pt-vai-privatizar-galeao-e-confins-no-dia-das-bruxas/

http://jornalggn.com.br/noticia/valor-pago-pela-odebrecht-pelo-galeao-intriga-mercado

http://www1.folha.uol.com.br/fsp/mercado/145113-privatizado-galeao-passa-a-ser-61-estatal.shtml

http://veja.abril.com.br/blog/rodrigo-constantino/privatizacao/a-privatizacao-do-galeao/

http://exame.abril.com.br/brasil/noticias/bndes-aprova-r-4-27-bi-para-guarulhos-e-brasilia
http://oglobo.globo.com/economia/Petrobrás-diz-que-conteudo-local-nao-prioridade-diante-da-falta-de-folego-da-industria-11898831
http://tribunadaimprensa.com.br/?p=4742
http://www.brasildefato.com.br/node/11305
http://www.proprietariosdobrasil.org.br/index.php/en/ranking?f=mostra_rede &incorporado=1&id_empresa=74&aba=grafico
http://www.brasildefato.com.br/node/11305
http://www.proprietariosdobrasil.org.br/index.php/en/ranking?f=mostra_rede &id_empresa=20&aba=grafico
http://www.proprietariosdobrasil.org.br/index.php/en/metodologia
http://g1.globo.com/economia/noticia/2013/10/consorcio-formado-por-Petrobrás-e-mais-4-empresas-vence-leilao-de-libra.html
http://veja.abril.com.br/noticia/economia/depois-de-arrecadar-r-15-bi-dilma-afirma-que-libra-nao-foi-privatizacao
http://noticias.r7.com/economia/noticias/dilma-nega-que-leilao-do-campo-de-libra-seja-privatizacao-20131021.html
http://www.redebrasilatual.com.br/trabalho/2013/10/ministro-edison-lobao-confirma-que-leilao-do-campo-de-libra-sera-mantido-3972.html
https://www.google.fr/search?q=carlos+lessa+campo+libra&rlz=1C5CHFA_enFR506FR506&oq=carlos+lessa+campo+libra&aqs=chrome..69i57.2414j0j7&sourceid=chrome&espv=210&es_sm=119&ie=UTF-8
http://www.ihu.unisinos.br/entrevistas/524817-pre-sal-brasileiro-e-ouro-em-po-entrevista-especial-com-carlos-lessa
http://economia.ig.com.br/bndes-desembolsara-r-500-bi-para-plano-brasil-maior-ate-2014/n1597112940324.html
http://www.pac.gov.br/sobre-o-pac/medidas.
http://www.pac.gov.br/sobre-o-pac
http://www.pac.gov.br/pub/up/relatorio/bd73d3affded625141bee7b35a53d10c.pdf
http://exame.abril.com.br/revista-exame/edicoes/1058/noticias/mais-uma-caixa-preta
http://www.bndes.gov.br/SiteBNDES/bndes/bndes_pt/Areas_de_Atuacao/Infraestrutura/pac.html
http://www.bndes.gov.br/SiteBNDES/bndes/bndes_pt/Institucional/Apoio_Financeiro/Programas_e_Fundos/financiamentoPAC.html
http://www.pdp.gov.br/paginas/conheca_pdp.aspx?path=Conhe%C3%A7a%20a%20PDP
http://www.pdp.gov.br/paginas/macrometas.aspx?path=Macrometas
http://www.bndes.gov.br/SiteBNDES/bndes/bndes_pt/Institucional/Apoio_Financeiro/Plano_inova_empresa/
http://www.estadao.com.br/noticias/geral,coutinho-rebate-criticas-de-concentracao-de-emprestimos-do-bndes,593634,0.htm
https://www.cartaobndes.gov.br/cartaobndes/paginascartao/Catalogo.asp?Acao=BS&CTRL=
http://www.bndes.gov.br/SiteBNDES/bndes/bndes_pt/Institucional/Publicacoes/Consulta_Expressa/

http://www.risiinfo.com/
Site RAIS = *Relaçao Anual de informaçoes Sociais*, 2011: www.rais.gov.br/
http://www2.planalto.gov.br/acompanhe-o-planalto/discursos/discursos-da-presidenta/discurso-da-presidenta-da-republica-dilma-rousseff-durante-cerimonia-de-lancamento-do-plano-brasil-maior
http://www.bndes.gov.br/SiteBNDES/bndes/bndes_pt/Institucional/BNDES_Transparente/Estatisticas_Operacionais/
http://www.bndes.gov.br/SiteBNDES/bndes/bndes_pt/Institucional/Apoio_Financeiro/Produtos/FINEM/investimentos_sociais.html
http://www.bndes.gov.br/SiteBNDES/bndes/bndes_pt/Institucional/Sala_de_Imprensa/Noticias/2012/mercado_de_capitais/20120511_carbono.html;
http://www.bndes.gov.br/SiteBNDES/export/sites/default/bndes_pt/Institucional/Sala_de_Imprensa/Galeria_Arquivos/fundoico2_tabela.pdf
http://www.ipea.gov.br/portal/index.php?option=com_content&view=article&id=21261
http://mansueto.wordpress.com/2014/01/31/o-s-do-bndes-e-de-social-ou-e-de-setor-publico/
http://comitepopularcopapoa2014.blogspot.fr/
http://reporterbrasil.org.br/listasuja/resultado.php
http://www.bndes.gov.br/SiteBNDES/bndes/bndes_pt/Institucional/BNDES_Transparente/Responsabilidade_Social_e_Ambiental/clausula_social.html
http://deolhonofundoamazonia.ning.com/
http://www.bndes.gov.br/SiteBNDES/bndes/bndes_pt/Areas_de_Atuacao/Meio_Ambiente/
http://maisdemocracia.org.br/blog/2012/05/25/bndes-movimentos-sociais-querem-transparencia/
http://www.socioambiental.org/esp/BR163
http://br.reuters.com/article/topNews/idBRSPE9BG05M20131217
http://www.maisdemocracia.org.br/wp-content/uploads/2012/04/APlataformaBNDESeanovacentralidadedoBanco.pdf
http://www.migalhas.com.br/Quentes/17,MI188278,101048-Inexiste+sigilo+bancario+em+relatorios+de+financiamento+produzidos
http://www.plataformabndes.org.br/site/index.php/noticias/368-acao-na-justica-pede-bndes-transparente
http://www.bndes.gov.br/SiteBNDES/bndes/bndes_pt/Institucional/Sala_de_Imprensa/Noticias/2010/todas/20101014_Maracanã.html
http://www.socioambiental.org/sites/blog.socioambiental.org/files/nsa/arquivos/nota_tecnica_final.pdf
portal2.tcu.gov.br/
http://www.apublica.org/2013/12/amazonia-bndes-financia/
http://www.xinguvivo.org.br/wp-content/uploads/2012/12/Carta-Aberta_BNDES_Belo-Monte_Final_04dez2012.pdf
http://www.adital.com.br/site/noticia_imp.asp?lang=PT&img=S&cod=79031
http://www.xinguvivo.org.br/wp-content/uploads/2012/12/Carta-Aberta_BNDES_Belo-Monte_Final_04dez2012.pdf
http://www.proprietariosdobrasil.org.br/wiki/index.php?title=Donos_Do_Rio
http://www.proprietariosdobrasil.org.br/wiki/index.php?title=Donos_Do_Rio

REMERCIEMENTS

Je désire exprimer ma plus vive reconnaissance au professeur Patrick Le Galès qui a accepté de diriger mon mémoire et m'a prodigué très généreusement ses conseils tout au long de l'élaboration de la recherche.

Ma gratitude va également aux professeurs Hélène Combes et Olivier Dabène qui ont organisé les ateliers de recherche par zone pendant l'année 2013-2014. Le professeur Dabène m'a aidé à préciser la problématique du mémoire et la stratégie d'enquête.

Je tiens à remercier le professeur Philippe Bezes, que j'avais consulté en février 2013 pour avoir des éclaircissements sur certains aspects de mon sujet.

Le professeur Jean Cartier Bresson m'a mis en relation, au début de mon travail, avec Victor Prochnik, professeur à l'UFRJ, grâce auquel j'ai pu établir mes premiers contacts avec les fonctionnaires du BNDES. Le professeur Pierre Salama m'a, quant à lui, présenté à Mauricio Dias David, économiste au BNDES pendant trente ans, qui m'a introduit auprès de ses collègues. Qu'ils trouvent tous ici l'expression de ma reconnaissance.

Je remercie tout particulièrement Elena Landau, directrice du programme de privatisation au BNDES, et Rubens Ricupero, ministre du président Itamar Franco : ils ont facilité le début de ma recherche en me donnant de précieux contacts.

De même, je suis reconnaissant à toutes les personnes qui m'ont reçu et m'ont consacré du temps pour m'expliquer leur action, présente ou passée, pour le développement de leur pays.

Demian Fiocca, ancien président du BNDES, m'a aimablement reçu dans son bureau de Rio de Janeiro ; Pérsio Arida, ancien président du BNDES, a eu la gentillesse de m'accorder un entretien téléphonique malgré un agenda très chargé, tout comme Marcus Pestana, député fédéral de Minas Gerais. Carlos Lessa, ancien président du BNDES, m'a très chaleureusement accueilli dans sa maison de Cosme Velho, à Rio de Janeiro ; Ernani Teixeira Torres

Filho, ancien superintendant au BNDES, a longuement répondu à mes questions. Luiz Orenstein, ancien directeur au BNDES, m'a reçu dans son bureau de Leblon et Fábio Giambiagi, économiste au BNDES, dans les locaux du Centro Celso Furtado. J'ai plaisir à leur exprimer ma plus profonde reconnaissance.

Je remercie Helder Queiroz, directeur de l'Agence Nationale du Pétrole, qui m'a accordé un entretien, et Luiz Muzzi, gérant dans l'aire financière au BNDES, avec lequel j'ai eu une très longue conversation, avant qu'il ne me conduise à la bibliothèque du BNDES. Luiz Carlos Prado, professeur à l'UFRJ, ancien assesseur à la présidence du BNDES, João Roberto Lopes Pinto, professeur à l'UNIRIO et président de l'Instituto mais Democracia, Adriana Ramos, de l'Instituto Socioambiental, ainsi que Lavinia Barros de Castro, économiste au BNDES, et Ana Celia Barros de Castro, veuve de l'ancien président du BNDES Antônio Barros de Castro, doivent aussi être mentionnés ici pour leur aide généreuse et les informations qu'ils m'ont données sans compter.

J'ai une dette particulière à l'égard de la Présidence du BNDES, notamment à l'égard de João Carlos Ferraz, vice-président, et de Marcelo Miterhof, assesseur de la Présidence, qui m'a consacré un long et riche entretien.

Mes camarades Felipe Camêlo et Guilherme Denes, qui ont effectué un semestre d'échanges à Sciences Po en 2014, m'ont suggéré des contacts à Rio : je les remercie très vivement.

Joëlle Chassin a bien voulu accueillir mon travail dans cette collection qu'elle dirige : je lui exprime toute ma gratitude.

À ma mère, Madeleine Scopello, Correspondant de l'Institut, vont enfin mes pensées reconnaissantes pour son soutien tout au long de mon parcours de recherche.

TABLE DES SCHÉMAS, TABLEAUX ET ILLUSTRATIONS

TABLE DES MATIÈRES

Amérique latine

aux éditions L'Harmattan

Dernières parutions

POLITIQUE ÉTRANGÈRE DU BRÉSIL AU XXIe SIÈCLE
L'action autonomiste et universaliste d'une puissance mondialisée
Muxagato Bruno - Préface de Georges Couffignal
Lors de la dernière décennie, le Brésil a opéré une projection internationale sans précédent dans l'histoire du pays, essentiellement grâce à l'action diplomatique volontariste du président Lula. La politique extérieure brésilienne a combiné les relations Sud-Nord et Sud-Sud, dans le but d'affirmer le pays en tant qu'acteur global. L'auteur se propose ici d'explorer la question centrale de l'insertion du géant sud-américain dans le jeu mondial.
(Coll. Recherches Amériques latines, 35.00 euros, 346 p.)
ISBN : 978-2-343-05860-3, ISBN EBOOK : 978-2-336-37616-5

LE DÉMANTÈLEMENT DU BUDGET PARTICIPATIF DE PORTO ALEGRE ?
Démocratie participative et communauté politique
Langelier Simon
Le budget participatif de Porto Alegre au Brésil est fréquemment cité en exemple comme modèle de prédilection offrant une alternative crédible à la démocratie libérale. En donnant accès à ce nouvel espace public aux citoyens, il a redéfini notre conception de la communauté politique et notre rapport avec le pouvoir. Mais, plus de vingt-cinq ans après sa création, que reste-t-il de ce modèle de démocratie participative ?
(Coll. Recherches et documents Amériques latines, 26.00 euros, 248 p.)
ISBN : 978-2-343-05970-9, ISBN EBOOK : 978-2-336-37797-1

MYTHES, RITUELS ET POLITIQUE DES INCAS DANS LA TOURMENTE DE LA CONQUISTA
Szemínski Jan, Ziólkowski Mariusz - Avant-propos de Nathan Wachtel
Traduction en français du polonais et de l'espagnol d'Arnold Lebeuf
À la différence d'autres bâtisseurs d'empires, les Incas ne disposaient d'aucune supériorité technique ou militaire significative sur les peuples qu'ils soumirent ou contrôlèrent. Leur succès s'ancrait dans une habile politique et une propagande efficace dont la doctrine religieuse impériale formait le noyau. Les deux auteurs, philologue et archéologue, étudient les mythes, rites et univers politique des Incas, éclairent les causes supposées de l'effondrement de leur empire.
(Coll. Horizons Amérique Latine, 39.00 euros, 440 p.)
ISBN : 978-2-343-03160-6, ISBN EBOOK : 978-2-336-37347-8

LES MAPUCHE À LA MODE
Modes d'existence et de résistance au Chili, en Argentine et au-delà
Sous la direction de Ricardo Salas-Astrain et Fabien Le Bonniec
Les treize essais réunis ici détaillent les caractéristiques principales du monde socioculturel mapuche au Chili et en Argentine, montrant la revitalisation de leurs ressources sociales et politiques pour s'imposer en tant que protagonistes de leur insertion dans le monde contemporain.
(Coll. Esthétiques, 31.00 euros, 298 p.)
ISBN : 978-2-343-05031-7, ISBN EBOOK : 978-2-336-37415-4

LES DROITS INDIGÈNES EN AMÉRIQUE LATINE
Sous la direction d'Arnaud Martin
La découverte de l'Amérique latine en 1492 marqua, pour les peuples amérindiens, le début d'une longue descente aux enfers. Massacrées, réduites en esclavage ou condamnées à choisir entre l'exclusion et l'assimilation, les populations indigènes semblaient condamnées à disparaître. Cinq siècles plus tard, le constat est tout autre et l'on peut parler d'un «retour des peuples indigènes». Le droit international et interne reflète cette transformation, reconnaissant la légitimité des droits indigènes et leur accordant une protection imparfaite, mais qui constitue un progrès considérable.
(Coll. Droit comparé, 32.00 euros, 318 p.)
ISBN : 978-2-343-05658-6, ISBN EBOOK : 978-2-336-37443-7

LA COOPÉRATION MÉDICALE INTERNATIONALE DE CUBA
L'altruisme récompensé
Howlett - Martin Patrick
Alors que les facultés de médecine cubaines forment gratuitement des milliers d'étudiants issus de milieux défavorisés des pays du Sud, Cuba dispose aujourd'hui d'un nombre de personnel de santé en mission d'assistance à l'étranger plus élevé que toutes les nations du G8 réunies. Si ces services médicaux sont aujourd'hui monnayés auprès des pays qui ont la capacité financière de les rémunérer, l'altruisme et l'internationalisme à l'origine de cette coopération prédominent toujours.
(Coll. Inter-National, 21.00 euros, 214 p.)
ISBN : 978-2-343-06038-5, ISBN EBOOK : 978-2-336-37424-6

ÊTRE NOIR AU BRÉSIL AUJOURD'HUI
Identités et mémoires en mutation
Sous la direction d'Ewa Bogalska-Martin
Traditionnellement, l'identité nationale au Brésil fut construite autour de l'idée de démocratie raciale, allant de pair avec le développement d'une «spécificité positive» du peuple brésilien issu du métissage entre Blancs, Noirs et Indiens. Or, sous l'impulsion du président Lula, le pays connaît un tournant dans le traitement de la question ethnique. La préservation des minorités invisibles dans l'histoire et la culture brésilienne officielle s'exprime aujourd'hui avec force.
(Coll. La Librairie des Humanités, 24.00 euros, 352 p.)
ISBN : 978-2-343-05345-5, ISBN EBOOK : 978-2-336-37141-2

PRATIQUE DE LA CAPOEIRA EN FRANCE ET AU ROYAUME-UNI
Granada da Silva Ferreira Daniel
Préface de Stefania Capone et Matthias Röhrig Assunção
La capoeira, cet art martial d'origine afrobrésilienne, est en pleine vigueur au XXIe siècle dans plusieurs pays de par le monde. Le présent ouvrage analyse les processus de transnationalisation de la capoeira en France et en Angleterre. Si son expansion accompagne l'émigration de Brésiliens en quête de meilleures conditions de vie et de travail à l'étranger, mais elle s'appuie également en grande partie sur l'appropriation et l'adaptation des pratiquants locaux.
(Coll. Inter-National, 29.00 euros, 280 p.)
ISBN : 978-2-343-05209-0, ISBN EBOOK : 978-2-336-37159-7

LES FRANÇAIS AU MEXIQUE
XVIIIe-XXIe SIÈCLE (Volume 1)
Migrations et absences
Sous la direction de Javier Pérez Siller et Jean-Marie Lassus
Quarante chercheurs dressent un bilan sur le sens de trois siècles de présence française au Mexique. Flux migratoires, transferts de savoirs et techniques, marginalité des migrants ou leurs réseaux, leurs traces, négoces, institutions ; fictions, représentations et conflits d'interprétations -plus qu'un simple inventaire, ce volume questionne le phénomène migratoire, multiplie les approches patrimoniales, régionales, militaires, démographiques et politiques, témoins d'une aventure tant individuelle que collective.
(Coll. Recherches Amériques latines, 40.00 euros, 416 p.)
ISBN : 978-2-343-05608-1, ISBN EBOOK : 978-2-336-37041-5

LES FRANÇAIS AU MEXIQUE – XVIIIe-XXIe SIÈCLE (Volume 2)
Savoirs, réseaux et représentations
Sous la direction de Javier Pérez Siller et Jean-Marie Lassus
40 chercheurs dressent un bilan sur le sens de trois siècles de présence française au Mexique. Ce second volume rend compte de la circulation des savoirs et de l'évolution des pratiques dans les domaines des sciences de l'éducation, de la géographie, l'histoire des «antiquités mexicaines», des utopies politiques - dans lesquels les Français ont pris une part peu commune. La dernière partie revisite les fictions et représentations dans les domaines littéraire ou artistique.
(Coll. Recherches Amériques latines, 48.00 euros, 498 p.)
ISBN : 978-2-343-05607-4, ISBN EBOOK : 978-2-336-37040-8

LE DROIT DES DROITS
De l'application des droits fondamentaux en Colombie au prisme du droit comparé
Bernal Pulido Carlos
Les nouvelles constitutions promulguées en Amérique latine à partir de la dernière décennie du XXe siècle, comme celle de Colombie de 1991, ont entraîné des transformations sans précédent dans la structure et le fonctionnement du droit des pays de la région. Le changement le plus important est celui relatif aux droits fondamentaux. De nos jours, ce n'est plus le droit qui est la mesure des droits, mais les droits qui sont la mesure du droit. Les droits fondamentaux sont

le prisme à travers lequel il faut interpréter tout le droit ordinaire ; le droit latino-américain d'aujourd'hui est ainsi le droit des droits.
(Coll. Droit comparé, 37.50 euros, 372 p.)
ISBN : 978-2-343-04835-2, ISBN EBOOK : 978-2-336-36848-1

LA REPRÉSENTATION DU SUJET NOIR DANS L'HISTORIOGRAPHIE COLOMBIENNE
Le cas de Carthagène des Indes (1811-1815)
Montes Montoya Angélica
Quelle est l'image de la population noire dans le récit historique des Indépendances en Amérique latine et comment cette image a-t-elle été construite ? Cet essai montre, à partir du cas colombien, quelle représentation des Noirs a été fabriquée par ses historiens du XXe siècle, et interroge la contextualisation des discours historiques, la relation entre récit historique et parcours de l'historien, et les conséquences des discours historiques dans l'ordre du politique comme des représentations socio-raciales.
(Coll. Recherches Amériques latines, 15.50 euros, 154 p.)
ISBN : 978-2-343-05327-1, ISBN EBOOK : 978-2-336-36924-2

CHILI 1973-2013
Mémoires ouvertes
Sous la direction de Hélène Finet et Francis Desvois
Le coup d'État militaire du 11 septembre 1973 contre Salvador Allende a fortement divisé la société chilienne. Les tensions entre les différents partis politiques accompagnent les divergences entre «ceux de l'intérieur» et les exilés. Pour ces derniers, le conflit de générations produit une dialectique inédite entre la fidélité à l'avant et là-bas des parents et un ici et maintenant occidentalisé. Cet ouvrage questionne un pays sur lequel planent l'ombre omniprésente du président Salvador Allende et le souvenir de Pablo Neruda, mort quelques jours après le coup d'État.
(Coll. Recherches Amériques latines, 17.50 euros, 176 p.)
ISBN : 978-2-343-05407-0, ISBN EBOOK : 978-2-336-36768-2

ADOPTIONS, DONS ET ABANDONS AU MEXIQUE ET EN COLOMBIE
Des parents vulnérables
Sous la direction de Françoise Lestage et Maria-Eugenia Olavarria
Depuis les années 1990, les études sur la parenté ont connu un nouvel essor en Europe et aux États-Unis tout en empruntant d'autres voies que celles de l'anthropologie «classique» : le genre, la sexualité ou les représentations de la conception et du corps. Les textes de ce volume participent de ce renouveau et affirment également l'intérêt de relier deux champs de l'anthropologie : la parenté d'une part, la migration et les études interethniques de l'autre. L'étude est conduite au Mexique et en Colombie.
(Coll. Recherches Amériques latines, 22.00 euros, 220 p.)
ISBN : 978-2-343-05147-5, ISBN EBOOK : 978-2-336-36509-1

L'HARMATTAN ITALIA
Via Degli Artisti 15; 10124 Torino
harmattan.italia@gmail.com

L'HARMATTAN HONGRIE
Könyvesbolt ; Kossuth L. u. 14-16
1053 Budapest

L'HARMATTAN KINSHASA
185, avenue Nyangwe
Commune de Lingwala
Kinshasa, R.D. Congo
(00243) 998697603 ou (00243) 999229662

L'HARMATTAN CONGO
67, av. E. P. Lumumba
Bât. – Congo Pharmacie (Bib. Nat.)
BP2874 Brazzaville
harmattan.congo@yahoo.fr

L'HARMATTAN GUINÉE
Almamya Rue KA 028, en face
du restaurant Le Cèdre
OKB agency BP 3470 Conakry
(00224) 657 20 85 08 / 664 28 91 96
harmattanguinee@yahoo.fr

L'HARMATTAN MALI
Rue 73, Porte 536, Niamakoro,
Cité Unicef, Bamako
Tél. 00 (223) 20205724 / +(223) 76378082
poudiougopaul@yahoo.fr
pp.harmattan@gmail.com

L'HARMATTAN CAMEROUN
TSINGA/FECAFOOT
BP 11486 Yaoundé
699198028/675441949
harmattancam@yahoo.com

L'HARMATTAN CÔTE D'IVOIRE
Résidence Karl / cité des arts
Abidjan-Cocody 03 BP 1588 Abidjan 03
(00225) 05 77 87 31
etien_nda@yahoo.fr

L'HARMATTAN BURKINA
Penou Achille Some
Ouagadougou
(+226) 70 26 88 27

L'HARMATTAN SÉNÉGAL
10 VDN en face Mermoz, après le pont de Fann
BP 45034 Dakar Fann
33 825 98 58 / 33 860 9858
senharmattan@gmail.com / senlibraire@gmail.com
www.harmattansenegal.com

www.ingramcontent.com/pod-product-compliance
Lightning Source LLC
LaVergne TN
LVHW011306061026
849535LV00005B/1428
* 9 7 8 2 3 4 3 1 1 2 1 6 9 *